商 业 创 新 创 业 系 列 教 材

"上海市085内涵建设工程"建设成果

商业调查与市场发现

朱文敏 曹剑涛/主编

立信会计 出版社

LIXIN ACCOUNTING PUBLISHING HOUSE

图书在版编目(CIP)数据

商业调查与市场发现 / 朱文敏,曹剑涛主编. —上海:立信会计出版社,2016.5

商业创新创业系列教材

ISBN 978 - 7 - 5429 - 5003 - 1

Ⅰ.①商… Ⅱ.①朱…②曹… Ⅲ.①市场调查—教材 Ⅳ.①F713.52

中国版本图书馆 CIP 数据核字(2016)第 115055 号

策划编辑	洪梅春
责任编辑	陈 昕
封面设计	南房间

商业调查与市场发现

出版发行	立信会计出版社		
地　　址	上海市中山西路 2230 号	邮政编码	200235
电　　话	(021)64411389	传　　真	(021)64411325
网　　址	www.lixinaph.com	电子邮箱	lxaph@sh163.net
网上书店	www.shlx.net	电　　话	(021)64411071
经　　销	各地新华书店		

印　　刷	常熟市梅李印刷有限公司		
开　　本	787 毫米×1092 毫米	1/16	
印　　张	16.75		
字　　数	270 千字		
版　　次	2016 年 5 月第 1 版		
印　　次	2016 年 5 月第 1 次		
印　　数	1—2100		
书　　号	ISBN 978 - 7 - 5429 - 5003 - 1/F		
定　　价	32.00 元		

如有印订差错,请与本社联系调换

商业创新创业系列教材

编 委 会

序

　　海啸来了，猪也会飞！移动互联网的出现，催生了新的商业生态圈，这是一个需要想象力与创新力的年代。创新无所不在，已经成为推动社会进步的第一生产力。

　　在商业领域，创新不是为了标新立异，而是为了想法与做法的统一。如果能够由此带来效益，那么这样的创新便可称之为"有效创新"；如果说创新是发展的硬道理，那么有效创新才是发展的真道理。有人说，过去三十年不怕做不到，就怕想不到；未来三十年不怕想不到，就怕做不到。为什么呢？在信息技术高度发达的未来社会，公开透明成为社会的主流发展趋势，你能想到的，别人也能想到，但你能做到的，别人不一定能做到。只有有效创新，才能不断适应环境的改变；只有培养创新人才，才能真正适应时代的需要。

　　为了适应大学生创新创业教学的需要，提升大学生的创新意识与创业能力，用创新创业的意识去就业，上海商学院"创新创业实践教学团队"在一系列调查研究基础上，采取校内专家与校外行家相结合的方式，组建了教材编写团队，首批出版的教材包括 5 本：《商业创新主张》《商业创新思维》《商业创新案例》《商业调查与市场发现》和《商业营销策划》。

本系列教材的出版得到了"上海市 085 内涵建设工程"的经费支持，也得到了联华超市股份有限公司、农工商超市（集团）有限公司、上海西郊国际农产品交易有限公司、上海华联罗森有限公司、浙江兴合电子商务有限公司、安徽乐城投资股份有限公司、上海神仙实业有限公司、上海浦东故里记忆文化创意有限公司、《中国商界》杂志社以及商业创新实验室等单位的支持。教材编写过程中还参考了有关专家学者的著作和论文，以及新媒体发布的资讯，在此一并致谢！

本系列教材以消费需求为纵轴，以时代变革为横轴，以创业精神为动力，以创新思维为技法，从商业原点探索商业逻辑，结构新颖，素材鲜活，文笔诙谐，用叙述故事的方式，向读者展现了一系列原创性市场发现与应用型研究成果，既可作为大学生创新创业教学用书，也可作为企业经营管理人员的参考用书。

编者

2016 年 5 月

前　言

　　面对"信息化"的消费者,商业活动必须小心"触摸",细心感受一个个全新的消费主体,这也是商业发展的基本方向。移动互联网技术以及两线融合的发展,推动了消费信息精准量化的进程,但无论是海量的"大数据"还是其背后隐藏的"小数据",都需要有睿智的"调查思维"去挖掘与分析。由此催生了一种叫做"数据科学家"的新职业,这种职业需要工作者擅长数学与计算机,并对某个行业了如指掌。作为数据科学家最基本的素养是要有"数感",即对数据的敏感性与全面洞悉。本教材旨在通过大量调查研究与数据挖掘的实例,培养对这一职业感兴趣的专业人士的"数感"。

　　本教材是上海商学院市场营销系师生近 10 年来持续开展应用型研究的成果汇总与提炼,共分为基础篇、实践篇和创新篇三篇。第一篇基础篇:调查方法,从实际应用视角介绍了 14 种常见的市场调查问题的解决方案。第二篇实战篇:调查项目,详细阐述了大学生诉求、农产品批发市场、人力资源需求、大型综合超市顾客满意度、零供关系、预付卡等专题项目的调查设计与数据分析。第三篇创新篇:调查发现,这是一个"发现市场"的过程,展示了师生合作开展的调查成果,涉及自有品牌、标准化菜场、上海老品牌、百货店 O2O、便利店、超市比价、买手店、纺织品老字号、家电连锁店、大学生在线消费、微信营销、老年人服饰、进场费、价格战、双十一消费等问题。每一个调查项目,都经历了问题假设、调查设计、数据采集、统计分析、调查发现、报告发布等环节。

本教材由朱文敏、曹剑涛主编,第一篇由周勇、朱文敏、曹剑涛、池丽华、李仉辉、王大群、王丽芳、康海燕编写;第二篇由周勇、池丽华编写;第三篇是由学生在教师指导下完成的。

本教材的最大特点是通过编者亲身经历的调查研究实例介绍调查思路与调查方法,教材中所介绍的很多调查项目,可以复制、延伸与深化,为应用型本科教学提供市场调研的实践范例。本教材在体系上,按照市场调查的实际运作过程展开布局;在内容上,既吸纳了科学的理论知识,又融入了实际案例,展示了很多创新调查方法,因而具有很强的可操作性。

在多个调查项目中,我们得到了周泓先生在数据统计分析方面的技术支持;在编写过程中,我们也查阅和借鉴了有关专家、学者的文献资料,在此,对这些著作的作者一并致谢!我们真诚希望与同行们互动交流,不断完善教材内容,并希望邀请更多的专家学者、职业经理人参与教材修订。教材中若有疏漏之处,望读者批评指正。我们的联系方式:朱文敏(455697424@qq.com)、曹剑涛(cajata@qq.com)。

朱文敏　曹剑涛

2016 年 5 月 10 日

目　　录

第1篇 基础篇:调查方法

市场调查是一个发现问题的过程,确立调查主题、问题假设、规划调查方案、设计调查表、落实信息收集来源与方法、数据真实性控制、消费者调查、品牌调查、数据分析工具的应用、调查报告撰写等,都有一整套方法。本篇将通过以上所述的一系列内容,介绍实用的市场调查理论与方法。

1.1 确定调查主题

对企业来说,确定调查主题并不是一件难事。因为每个企业在特定时期总会遇到各种问题,为了摸清情况、了解需求、分析原因或寻找对策,就需要作相应的调查。对确立调查主题比较迷茫的是研究者以及他们的学生,他们往往不知道对什么进行调查会有学术价值和应用价值。下面先来看看几个企业的调查,是怎么确立调查主题的,然后再介绍选择调查主题的七种实用方法。

一、确定市场调查主题实例

[实例1.1] 原因分析类调查。1991年上海联华超市成立以后,到1993年上海超市有五个品牌300多家门店,但大都经营艰难,于是上海市从1994年开始对连锁超市实施一系列扶持政策。但越扶持发现问题越多,其中有一个技术瓶颈问题是:零售企业要推广以POS系统为基础的信息化技术,但很多商品都没有条形码,而供应商则抱怨零售商不使用POS机,即使有条形码也没有用。于是在1995年,原上海市商业委员会、上海市经济委员会、上海市技术监督局与原上海市财贸管理干部学院(上海商学院的前身)联合发起了"上海工业产品与商业企业商

品条码应用情况调查",调查的目的只有一个:商业企业销售商品的条码化率(即有效条码占比)是多少?通过对上海市百一店沪太店、农工商超市、联华超市、华联超市等的调查,发现上海当时的条码化率在60%左右。这一数据显示,条码化率较低是阻碍商业信息化进程的主要原因。该调查报告发布以后,直接推动了《上海市条码管理办法》的出台。

[实例1.2] 竞争店调查。1998年,上海农工商超市想利用位于金沙江路真北路的总部基地开设大卖场。当时沪上只有麦德龙、家乐福等外资大卖场,于是就确定了全面调查两家外资大卖场的计划,调查目的很明确:引用家乐福的"形",了解位于真北路上的麦德龙总部的价格体系与毛利结构。对麦德龙的价格调查其实也很简单,把几万个商品一个个记下来,再通过估算的价格核定其毛利率。当初调查计算的结果是毛利率约为8%。后来从行业了解到:麦德龙所售卖的商品,食品占60%,毛利率为8%,毛利率贡献度为4.8%;非食品占40%,毛利率为12%,毛利率贡献度为4.8%。所以,其综合毛利率为9.6%。

[实例1.3] 寻找对策调查。2002年,上海出现了一家以"伍缘折扣"命名的"店中店",即在大卖场内划出一个区域封闭收银,专售均价5元的日用杂货。其经营理念直接来源于日本的"百旦馆",即100日元的均价店。这种店在日本确实非常流行,商品丰富、价格便宜,生意很好。但引入中国以后发现:店中店只卖均价杂货的方式似乎有些水土不服,经营业绩参差不齐。于是公司首先撤掉了"店中店",这样就减少了收银机与收银员的开支。到2004年,公司决定独立开设"伍缘折扣店",并打破了只卖非食品以及售价5元的界限,开始售卖烟酒、生鲜食品,将均价5元的定牌商品压缩到一个较小的空间。为了验证这一转型是否正确,并进一步明确主导品类,于是开展了市场调查。调查显示:伍缘折扣"以食为主",蛋、菜、肉、奶、油、酒、米等商品的销售占比高达1/3。可见,伍缘从店中店转型为独立店,并且注重食品,尤其是生鲜食品的销售是符合顾客就近便利需求的。这项调查为店铺转型提供了策略方向。

二、确定市场调查主题的方法

下面介绍几种实用的确定调查主题的路径方法,主要包括:政策法规导向法、消费热点关注法、行业动向跟踪法、举一反三推理法、重点数据提炼法、争议问题实证法、困惑问题众筹法等。

（1）政策法规导向法。每一次新的政策或法律、法规出台前，都可以有意识地组织开展对相关问题的市场调查。例如，2011 年 1 月 26 日，国家发展和改革委员会发布通报：一些城市的部分超市存在虚构原价、低价招徕顾客高价结算、不履行价格承诺、误导性价格标示等欺诈行为，并点名上海 3 家家乐福超市存在价格欺诈。1 月 28 日，上海市有关部门组织召开了一个通报会，发出了"1·28 通知"。1 月 29 日，上海市价格主管部门根据《价格违法行为行政处罚规定》对家乐福超市联洋店、南翔店和张江店各开出了 50 万元的罚单，并发出行政处罚事先告知书送达各门店。这一处罚，与 2010 年 12 月 4 日发布的《国务院关于修改〈价格违法行为行政处罚规定〉的决定》直接相关，该"决定"对助推涨价、联合涨价以及欺骗性价格作了加重处罚的新规定，如增加了第七条："经营者违反价格法第十四条的规定，利用虚假的或者使人误解的价格手段，诱骗消费者或者其他经营者与其进行交易的，责令改正，没收违法所得，并处违法所得 5 倍以下的罚款；没有违法所得的，处 5 万元以上 50 万元以下的罚款；情节严重的，责令停业整顿，或者由工商行政管理机关吊销营业执照。"此次对家乐福 3 家门店实施罚款的主要依据就是该"决定"的第七条。每年我国都有大量政策法规出台或修订，如 2015 年包装饮用水新国家标准与号称史上最严的食品安全法相继出台，对行业经营情况与消费者需求情况，可以设计出相应的调查主题。

（2）消费热点关注法。每个时期消费者关注的热点问题不尽相同，只要通过自己的消费体验或有意识的网上搜索就可以大致了解到社会上近期所关注的消费热点问题。可以从季节导向、商品导向、价格导向、服务导向等多个视角去调查。比如，有个时期大家都在说境内商品价格比境外高，不同超市内同样商品的价格差异大。于是，我们就利用各种机会作价格比对，教师到台湾地区演讲，比对台湾地区便利店与上海便利店的差异后发现：台湾地区的全家便利店，5 粒装费力罗巧克力售 59 元新台币，约合 12.8 元人民币，同样规格的巧克力在上海久光百货地下室的屈臣氏则卖 18.5 元，比台湾地区的全家便利店贵 30.8%。学生在教师指导下还利用公开发布的"超市晒价"信息作了具体的分析，得出了更有说服力的分析结论，获得了物价局的认可。开展这些小调查，有利于培养师生亲近顾客、贴近市场、靠近企业的良好习惯，虽然发现的问题可能很小，但很有意义。

（3）行业动向跟踪法。行业出现了什么问题？各界对这些问题有哪些观点？专业教师应该选择一些基本的领域，长期跟踪行业问题，持之以恒，就会有收获。如对猪肉价格与猪苗价格的跟踪。最近几年,猪肉价格一直走低,但 2015 年以来猪肉价格终于向上攀升,随之升高的还有猪苗价格。将这些商品的价格波动与国际市场大宗农产品期货合约的价格联系在一起分析,就能获得新的发现。

(4) 举一反三推理法。消费者接触市场,会遇到好商家,也会遇到各种不良商家,对这些感受,要从专业的视角进行深入观察,必要时可以设立一个主题来开展调查。如近年来上海标准化菜场内肉菜的价格不断攀升,而菜场外的菜店越来越繁荣,自从 2014 年永辉超市在上海开办以后,卖场人气很旺。永辉超市到底是用什么吸引了精明的上海消费者? 带着这个问题,通过对永辉超市与标准化菜场的价格比对发现:14 种菜场和超市共有的蔬菜价格,永辉超市的价格平均比菜场便宜 33.5%。另外还发现:如今的商家,骗人的招数不断翻新,于是就开展一项名为"还有多少商家蒙顾客"的调查。这些小调查都是来源于亲身经历的体验,只有处处留心,时时关注,才能不断提炼出好的调查主题。

(5) 重点数据提炼法。在大数据时代,要特别关注各种各样的小数据。与繁复的"大数据"不同,"小数据"所反映的主要是涉及个体特征的一些数据。如果多关注个体数据,往往就能发现总体情况。例如,有学生在上海一个大卖场实习,向老师请教要把握哪些基本数据。老师根据学生毕业论文的选题,给出了一个建议:收集自有品牌商品数占比、销售额占比、毛利额占比,用这三个指标分析该店铺的自有品牌经营情况。数据出来以后经过多次校验、统计发现:该店自有品牌商品品项占比仅为 3.38%;销售额占比仅为 1.28%,销售额占比低于品项占比 2.1 个百分点;自有品牌毛利率为 22.03%,比全店的综合毛利率 10.98%高出一倍多。但这仅仅是核定的毛利率水平,实际毛利额占比仅为 2.49%,高于销售额占比(1.28%),低于品项占比(3.38%)。这是十分糟糕的一种情况。这一调查发现,有利于提炼出新的调查主题。

(6) 争议问题实证法。零供关系既是我国流通领域的老问题,也是一个新问题。在行业中,有两个完全相反的观点已经延续很长时间了:供应商说,零售商盘剥供应商;零售商说,供应商比零售商赚钱多。为此,我们用 4 个指标,对国内外 48 家上市公司 2008—2012 年期间的数据进行了比对分析,通过数据分析发现:净利率、净资产收益率两个衡量企业收益水平的指标国内外 24 家供应商都远远高于零售商,而且在过去 4 年中保持同等差距。可见，零售商的盈利水平大大低于供应商，尽管供应商不断抱怨零售商挤压他们的盈利空间，但零售商其实也没有多大的盈利空间。数据与事实虽然不能消除争议，但可以表明一种状况，这也是调查分析的价值所在。从这个调查也可以获得一个启示：并不是所有的调查都需要用问卷调查，单纯的上市公司年报分析就可以获得许多新的发现，关键是要设计好主题与相应的分析指标。

（7）困惑问题众筹法。对一时难以把握的困惑问题，可以借用众筹的思路，先在微信里问问企业界、学术界的专业人士，也可以问问消费大众。例如，近年来在应用型本科专业试点过程中，有些地方的教育主管部门硬性规定"要试点就必须搞双证"，即将毕业生考取职业资格证书与毕业证书绑定。我们认为：鼓励学生考证也许是帮助学生更好实现就业的一条道路，但在国务院正大力整顿与削减职业资格证书的大背景下，硬性规定毕业证书与职业资格证书绑定的"双证融通"办法有待商榷。为了了解行业大佬们的观点，我们在网上发布了一条微信：行业大佬们，你们看重大学生的职业资格证书吗？微信发出不多时，行业老总、人事经理以及本校的毕业生纷纷发表观点，华为老兵刘江峰就三个字：没有用；本校毕业生说：应聘的时候从来没有一个老总要我们营销专业的应聘者提供职业资格证书。大家比较一致的观点是：专业不同，要求不同，让学生自己选择比较好，不要硬性规定。对营销专业的学生来说，尽早进入社会、体验市场、用户、金钱、商品、伙伴，比什么都重要。可见，出现困惑问题时多利用网络，这是一种很有效的解决办法。但要做到这一点，平时也要与行业中人多交流、多分享，要获得行业的认可，才能获得行业的更多支持。这就是"融于实践、源于实践、高于实践、服务实践"的道理所在。

1.2 设计市场调查假设

在中学时代，我们学过命题。命题就是一个针对某个现象真或者假的判断，它是有待验证的。我们之所以作市场调查是因为不了解市场现象的本质，因此我们作市场调查前，首先需要提出一些假设性命题。

一、什么是市场调查假设

假设从本意上讲是一种假定，研究者在搜集资料之前对某些客观事物的一种假定说明,是科学认识事物本质的逻辑起点。在科学研究中,研究者往往根据一定的理论、知识、经验和现象提出因果性或规律性的假定解释。

同样,在商业调查中,市场调查假设就是调查者在搜集资料前对要进行市场调查对象的特征及相互联系的变量之间作出一种推测性判断或假定。在作调查之前,首先要做的是确定调研问题方向和关键假设,然后通过具体调查来验证或者推翻假设。事实上,很多企业管理咨询公司用的就是这个方法,业内称为 hypothesis—driven approach(假设驱动)。

例如,在《政府晒价的影响力及企业应对的策略》一文中,我们发现:上海市发展与改革委员会实施的政府晒价,将不同商家的商品价格"晒"在一起,便于消费者比较不同商家的商品价格信息,实现阳光消费,反过来能够更好地促进商家做好自己的经营管理工作。那么事实是不是这样呢? 我们提出了这样的调查假设:政府晒价,给消费者带来了什么,对企业产生了怎样的影响? 围绕这样的调查假设,设计相关的调查问卷,实施调查,进行数据分析之后,对商家提出了相应的建议。上海是一个商业相对发达的城市,商业业态种类繁多,特别是近年来外来便利店的快速成长远远高于本土便利店的增长。根据上海主要便利店门店数与销售额相关资料统计分析发现:外资便利店单店销售额普遍高于内资便利店。因此,基于这种现象我们提出调查假设:外资便利店在哪些方面做得比内资便利店更好? 是服务、商品品类、交易方式还是选址? 在这样调查假设的前提下,指导学生设计相应的调查问卷,开展调查、得出数据、形成调查报告《上海中外便利店的比较分析》。

二、调查假设形成途径

调查假设是一种对不明事实的假定,因此这种假设不是凭空臆想或猜测。理论上讲,提出调查假设的基本方法是演绎法和归纳法。演绎是指从一般到个别,即从某一理论出发考察某一特定的对象,对这一对象的有关情况进行推测。例如,迪尔凯姆在其著作《自杀论》中,就是根据"社会问题的产生与社会整合程度的高低有密切关系"的社会整合理论,推演出"自杀的原因在于社会的整合程度过高或过低"这一调查假设。迪尔凯姆便是运用这一调查假设开展研究并得出结论的。归纳就是从个别到一般,即从许多个别事实中概括出有关事物、现象的一般性认识或结论。例如,同样是社会问题"青少年性格影响因素分析",研究者就可以根据自身经验或者相关信息提出调查假设：家庭中父母性格开朗，其子女性格也开朗；家庭氛围很和谐，其孩子性格也开朗；父母很专制，孩子的逆反情绪越明显，等等。需要说明的是，不论是运用演绎法还是归纳法，都应在发现问题和观察到的现象的基础上进行。

本教材中对于商业调查假设形成的途径归纳为三类：基于问题、现象或对未来预判。

（1）问题引出调查假设。这类假设相对来讲较为容易提出，特别是企业经营数据的变化产生的问题，如企业经营环境的变化引发了竞争格局的变化导致企业销售量变化；零售企业经营的商品种类繁多，不同商品品类的销售额占比变化、毛利率变化、不同时段销售数据的变化、成本或者费用的变化、商品周转变化、顾客数量的变化、顾客购买行为的变化等，都会引发问题的产生。这样一来，便可根据问题提出调查假设。假设的作用就是帮助我们对这些问题做进一步的思考，是什么原因导致这种变化？我们把所有相关的能够引发问题的原因列出来，作为问题假设，再通过具体调查问卷反映出来，然后实施调查去验证这些问题假设，找出引发数据变化的真正原因。

（2）现象引出调查假设。人们在实际生活中，会观察到无数的事实，比如，有晴天也会有雨天，有日食也会有月食，有自然灾害也会有瓜熟蒂落等各种自然现象。现象往往是人们熟悉的，一旦从熟悉的现象中产生想法或者提出问题，形成调查假设，就可能发现新的观点或产生新的理论。如牛顿对苹果的自由落体现象的探索提出了著名的万有引力定理。因此我们需要培养学生的观察能力，就需要引导他们观察现实，努力探索现实背后的变量之间的因果关系或者相关关系。例如，有同学夏天购买饮料解暑，到超市后发现有很多饮料产品，于是想了解不同超市饮料的品类、价格及消费者偏爱情况，这些对于超市饮料的销售会产生怎样的影响？影响因素有哪些？从而产生调查假设：不同季节、不同品类的饮料对超市整体销售状况的影响及占比。又如，现在网络零售发展速度之快超过人们的想象，很多同学都采取网购方式进行购物，对于这种现象我们也可以提出调查假设：网购成为学生的首选购物方式。同样我们也发现网购中依然有很多欺骗消费者的现象，也存在售卖假货现象，但是网购的增长速度并没有降低，由此我们也可以提出调查假设：网购中店家的不诚信行为对消费者的影响不大。这些假设都需要我们开展实际调查，通过大量数据来验证假设或者得出新的结论或建议。但是,对纯事实描述性的调查,是不需要假设的,如调查大学生每天上网的时间。但这样的调查意义不大,我们需要培养学生通过观察来揭示现象背后的原因,这才是调查真正的目的。

(3) 对未来趋势预估的调查假设。未来趋势的变化往往是基于以往的现象对未来形成判断而提出的调查假设。很多新产品出现之前的调查都是通过这类调查假设进行的。例如,福特在开发汽车的时候进行了用户调查,其调查假设并没有只专注于汽车应该提供的某些功能或产品假设上,如果这样假设,用户的反馈只会是"我要一匹更快的马",而不是挖掘出类似"交通运输不方便不高效,现有交通工具太高昂"这样的用户痛点,也就不会有后面的经济适用、快捷方便的 T 型车。对新产品的开发,可以提出这样的调查假设:这一类用户可能需要这种功能;他们在现有产品上有很多尚未解决的痛点。这些假设通过调查可能被接受,也有可能被推翻。可能最后用户反馈告诉你的信息就是,他们在你假设的使用情景中大部分痛点已经得以满足,根本不值得你再去花大力气开发一些功能。日本丰田公司认为:只要能够打开美国汽车市场,那么全世界的市场就不在话下(当然,这一假设也是基于可靠的数据经验分析得来)。故丰田派遣工程师前往美国各大汽车 4S 店开展调查,总结出 100 条美国人买车之后最头疼的问题(也就是汽车返修率最高的原因)。回国之后,丰田倾其所能,聘请技术工程师、投资大学,全力解决最麻烦、最头疼的前 10 个问题。这些问题的攻克使得丰田就此崛起。注意,并非所有新产品的研发都需要进行调查假设,有的甚至根本不需要调查,如苹果公司的乔布斯,就是以自己的想象研发新产品,引领市场。

三、设计合理调查假设的前提

上述三个调查假设形成途径,都需要调查者开动脑筋、勤于观察、勤于思考,日积月累,才会不断发现问题或者透过现象探究背后的因果关系或者为今后产品更好满足消费者需要,提出自己的想法并设计调查假设,从而能够更好地开展市场调查。对市场营销专业的学生而言,更需要培养其观察力、思考力与分析力。

在设计调查假设时要注意:假设的作用是帮助我们对研究的问题做进一步的思考,通过调查必须对假设进行论证,这样的调查结论可信度较高。当一个调查主题确定后,所有的调查问题就可以进行假设提问。每一个具体提问之前或者当你设计完所有提问之后，必须通盘思考：①每一项提问所获得的结果，能不能包含在你所想要查明的整个大问题之内；②这些问题是否处于同一个深度或者结构层次上；③是否已经足够全面，有没有遗漏。

1.3　规划可行的市场调查方案

市场调查方案是指在正式调查之前，根据市场调查的目的和要求，对其各个方面和各个阶段所作的通盘考虑和安排。市场调查总体方案是否科学、可行，关系到整个市场调查工作的成败。

市场调查是一项复杂的、严肃的、技术性较强的工作，为了在调查过程中统一认识、统一内容、统一方法、统一步骤，圆满完成调查任务，就必须事先制定一个科学、严密、可行的工作计划和组织措施，以便所有参加调查工作的人员都依此执行。无论是大范围的调查工作，还是小规模的调查工作，都会涉及相互联系的各个方面和各个阶段。这里所讲的调查工作的各个方面是对调查工作的横向设计，就是要考虑到调查所要涉及的各个组成项目，避免调查内容上出现重复和遗漏。这里所说的各个阶段，则是对调查工作纵向方面的设计，它是指调查工作所需经历的各个环节，即调查资料的搜集、整理和分析等。只有对此事作出统一考虑和安排，才能保证调查工作有秩序、有步骤地顺利进行，减少调查误差，提高调查质量。

市场调查方案的规划，就是根据调查研究的目的和调查对象的性质，在进行实际调查之前，对调查工作总任务的各个方面和各个阶段进行通盘考虑和安排，提出相应的调查实施方案，制定合理的工作程序，市场调查总体方案的规划主要包括下述几个内容。

一、确定调查目的

明确调查目的是市场调查方案规划的首要问题，只有确定了调查目的，才能确定调查的范围、内容和方法，否则就会列入一些无关紧要的调查项目，而漏掉一些重要的调查项目，无法满足市场调查的要求。例如，1990年我国第四次人口普查的目的就规定得十分明确，即"准确地查清第三次人口普查以来我国人口在数量、地区分布、结构和素质方面的变化，为科学地制定国民经济和社会发展战略与规划，统筹安排人民的物质和文化生活，检查人口政策执行情况提供可靠的依据"。可见，确定调查目的，就是明确在调查中要解决哪些问题,通过调查要取得什么样的资料,取得这些资料有什么用途等问题。衡量一个调查方案是否科学的标准,主要就是看方案的设计是否体现调查目的的要求,是否符合客观实际。

二、确定调查对象和调查单位

明确了调查目的之后,就要确定调查对象和调查单位,这主要是为了解决向谁调查和由谁来具体提供资料的问题。调查对象就是根据调查目的、任务确定调查的范围以及所要调查的总体,它是由某些性质上相同的许多调查单位所组成的。调查单位就是所要调查的社会经济现象总体中的个体,即调查对象中的各个具体单位,它是调查中要调查登记的各个调查项目的承担者。例如,为了研究某市各广告公司的经营情况及存在的问题,需要对全市广告公司进行全面调查,那么,该市所有广告公司就是调查对象,每一个广告公司就是调查单位。

在确定调查对象和调查单位时,应该注意以下四个问题。

第一,由于市场现象具有复杂多变的特点,因此,在许多情况下,调查对象也是比较复杂的,必须用科学的理论为指导,严格规定调查对象的含义,并指出它与其他有关现象的界限,以免造成调查登记时由于界限不清而发生差错。例如,以城市职工为调查对象,就应该明确城市职工的含义,划清城市职工与非城市职工、职工与居民等概念的界限。

第二,调查单位的确定取决于调查目的和调查对象,调查目的和调查对象变化了,调查单位也要随之改变。例如,要调查城市职工本人基本情况时,调查单位就不再是每一户城市职工家庭,而是每一个城市职工了。

第三,调查单位与填报单位是有区别的,调查单位是调查项目的承担者,而填报单位是调查中填报调查资料的单位。例如,对某地区工业企业设备进行普查,调查单位为该地区工业企业的每台设备,而填报单位是该地区每个工业企业。但在有的情况下,两者又是一致的。例如,在进行职工基本情况调查时,调查单位和填报单位都是每一个职工。在调查方案设计中,当两者不一致时,应当明确从何处取得资料并防止调查单位重复和遗漏。

第四,不同的调查方式会产生不同的调查单位。如采取普查方式,调查总体内所包括的全部单位都是调查单位;如采取重点调查方式,只有选定的少数重点单位是调查单位;如果采取典型调查方式,只有选出的有代表性的单位是调查单位;如果采取抽样调查方式,则用各种抽样方法抽出的样本单位是调查单位。

三、确定调查项目

调查项目是指对调查单位所要调查的主要内容,确定调查项目就是要明确向被调查者了解些什么问题,调查项目一般就是调查单位的各个标志的名称。例如,在消费者调查中,消费者的性别、民族、文化程度、年龄、收入等,其标志可分为品质标志和数量标志。品质标志说明事物质的特征,不能用数量表示,只能用文字表示,如上例中的性别、民族和文化程度;数量标志表明事物的数量特征,它可以用数量来表示,如上例中的年龄和收入。标志的具体表现是指在标志名称之后所标明的属性或数值,如上例中消费者的年龄为 30 岁或 50 岁,性别是男性或女性等。

在确定调查项目时,除了要考虑调查目的和调查对象的特点外,还要注意以下几个问题。

第一,确定的调查项目应当既是调查任务所需,又是能够取得答案的。要充分满足调查目的需要又可以取得答案这两个条件,否则不应列入。

第二,项目的表达必须明确,要使答案具有确定的表示形式,如数字式、是否式或文字式等。否则,会使被调查者产生不同理解而给出不同的答案,造成汇总时的困难。

第三,确定调查项目应尽可能做到项目之间相互关联,使取得的资料相互对照,以便了解现象发生变化的原因、条件和后果,便于检查答案的准确性。

第四,调查项目的含义要明确、肯定,必要时可附上调查项目解释的内容。

四、制订调查提纲和调查表

当调查项目确定后,可将调查项目科学地分类、排列,制成调查提纲或调查表,方便调查登记和汇总。

调查表一般由表头、表体和表脚三个部分组成。

调查表表头包括:调查表的名称、调查单位(或填报单位)的名称、性质和隶属关系等。表头上填写的内容一般不作统计分析之用,但它是核实和复查调查单位的依据。

调查表表体包括:调查项目、栏号和计量单位等,它是调查表的主要部分。

调查表表脚包括：调查者或填报人的签名和调查日期等，其目的是为了明确责任，一旦发现问题，便于查寻。

调查表分单一表和一览表两种，单一表是每张调查表只登记一个调查单位的资料，常在调查项目较多时使用。它的优点是便于分组整理，缺点是每张表都注有调查地点、时间及其他共同事项，造成人力、物力和时间的耗费较大。一览表是一张调查表可登记多个单位的调查资料，它的优点是当调查项目不多时，应用一览表能使人一目了然，还可将调查表中各有关单位的资料相互核对，其缺点是对每个调查单位不能登记更多的项目。

调查表拟定后，为便于正确填表、统一规格，还要附填表说明。填表说明的内容包括对调查表中各个项目的解释，有关计算方法以及填表时应注意的事项等，填表说明应力求准确、简明扼要、通俗易懂。

五、确定调查时间和调查工作期限

调查时间是指调查资料所属的时间。如果所要调查的是时期现象，就要明确规定资料所反映的是调查对象从何时起到何时止的资料。如果调查的是时点现象，就要明确规定统一的标准调查时点。

调查期限是规定调查工作的开始时间和结束时间。调查期限包括从调查方案设计到提交调查报告的整个工作时间，也包括各个阶段的起始时间，其目的是使调查工作能及时开展、按时完成。为了提高信息资料的有效性，在可能的情况下，调查期限应适当缩短。

六、确定调查地点

在调查方案中，还要明确规定调查地点。调查地点与调查单位通常是一致的，但也有不一致的情况，当两者不一致时，有必要规定调查地点。例如，人口普查规定调查登记常住人口，即人口的常住地点。若登记时不在常住地点或不在本地常住的流动人口，均须明确规定处理办法，以免调查资料出现遗漏和重复。

七、确定调查方式和方法

在调查方案中，还要规定采用什么组织方式和方法取得调查资料。搜集调查资料的方式有普查、重点调查、典型调查、抽样调查等。具体调查方法有文案法、访问法、观察法和实验法等。在调查时,采用何种方式、方法不是固定和统一的,而是取决于调查对象和调查任务。在市场经济条件下,为准确、及时、全面地取得市场信息,尤其应注意多种调查方式的结合运用。

八、确定调查资料整理和分析方法

采用实地调查方法搜集的原始资料大多是零散的、不系统的,只能反映事物的表象,无法深入研究事物的本质和规律性,这就要求对大量原始资料进行加工汇总,使之系统化、条理化。目前这种资料处理工作一般已由计算机进行,这在设计时也应予以考虑,包括采用何种操作程序以保证必要的运算速度、计算精度及特殊目的。

随着经济理论的发展和计算机的运用,越来越多的现代统计分析手段可供我们在分析时选择,如回归分析、相关分析、聚类分析等。每种分析技术都有其自身的特点和适用性,因此,应根据调查的要求,选择最佳的分析方法并在方案中加以规定。

九、确定提交报告的方式

确定提交报告的方式主要包括报告书的形式和份数,报告书的基本内容、报告书中图表量的大小等。

十、制订调查的组织计划

调查的组织计划主要是指调查的组织领导、调查机构的设置、人员的选择和培训、工作步骤及其善后处理等,它是确保实施调查的具体工作计划。为了有效制订调查的组织计划,必要的时候,还必须明确规定调查的组织方式。

1.4　二手资料调查

确定好市场调查主题,设计好调查假设,规划好可行的市场调查方案之后,必须选定合适的市场调查方法进行市场调研。甚至,在确定市场调查主题、设计调查假设、规划市场调查方案的过程中,就应当考虑选用合适的市场调查方法。因此可以说,选定合适有效的市场调查方法对顺利进行市场调查有着重要意义。市场调查获取信息资料,一般有两种形式:一种是通过

"案头调查",收集"二手资料"或已经公开的信息,以便明确调查主题相关的背景材料,为深入调查指明方向;另一种是通过"实地调查",收集"一手资料"(即原始材料)。在本小节,我们首先来了解如何获取二手资料。

一、二手资料来源途径

在市场调查中,进行实地调查获取第一手资料是十分重要的。但是,所有信息都靠取得第一手资料而获得,既费时又费事。大多数情况下,调查人员还可通过二手资料的收集,特别是公开信息的收集,使企业迅速了解有关信息,把握市场机会,也可以快速、有效地了解调研项目的背景,据此确定调研方向,为下一步的直接调查奠定基础。例如,上海商学院学生科研组通过有关媒体了解到上海市发改委自 2011 年 12 月起,已开始试行"主副食品价格信息定期公布"工作的信息,那么,"政府晒价"至今已历时几年了,效果如何,消费者有何反应,商家又是如何应对的……因而,科研组针对这些问题展开调查,并在此基础上撰写发表了论文《政府晒价的影响力及企业应对的策略》,该论文的发表引起了上海发改委下属的上海市价格监测与成本调查队的关注。与实地调查相比,利用公开信息有以下优势:成本相对较低,资料比较容易找到,收集资料所用时间相对较短。正是鉴于上述优点,公开信息的收集常常是市场调查的首选方法,几乎所有的市场调查都可以始于公开信息收集。因此,利用公开信息获得新的发现是企业决策者以及市场调查人员的常规活动。

[实例 1.4] 格林斯潘(美联储前主席)开创了美国历史上最长的经济上升期,对美国经济繁荣作出了卓越贡献。在他还是一名学生的时候,就写出了一份令人刮目相看的调查报告,为其以后的人生辉煌打下了坚实的基础。那是 1950 年,朝鲜战争爆发,美国五角大楼把所有的军用物资购买计划列为保密文件,包括美国国际工业联合会在内的投资机构都想了解美国政府对原材料的需求量,从而预测备战计划对股市的影响。这在平时,只要翻看有关的文件就行了,但在战时则不可能。所以,在人才济济的美国工业联合会里没有人愿意调查这一切。有个年轻的兼职调查员自告奋勇,他就是当时还是纽约大学学生的格林斯潘。

格林斯潘是怎么开展调查的呢?他首先想到 1949 年,朝鲜战争还没有爆发,军事会议还没有保密。于是他花费大量精力研究 1 年来的新闻报告和政府公告,了解到 1949 年和 1950 年美国空军规模和装备基本一致。他又从 1949 年的记录中了解到美国有多少架飞机、新战斗机的型号、后备战斗机的数量,然后再预计出损耗,从而预测出战争期间每个型号战斗机的需求量。格林斯潘又找来各种飞机制造厂的技术报告和工程手册进行仔细研读,弄清了每个型号战斗机需要的原材料。综合多方面的调查,格林斯潘算出了美国政府对原材料的总需求量。由于他计算出的数字非常接近美国政府保密文件里的数字,这给投资者带来了丰厚的回报,格林斯潘也成功引起了人们的关注。

[实例 1.5] 1959 年 9 月 25 日,中国石油勘探队在东北松辽盆地陆相沉积中找到了工业性油流。当时正值国庆 10 周年,所以这个油田以"大庆"命名。

当时大庆油田的位置、规模和加工能力均严格对外保密,日本为了确定能否和中国做成炼油设备的交易,迫切需要知道大庆油田的位置、规模和加工能力。为此,日本情报机构从中国公开的刊物中收集了大量有关的信息,对所收集的信息进行了严格的定性及定量处理后得出了有关大庆油田的位置、规模和加工能力的准确情报。日本情报部门从当时的《人民日报》上看到了题为《大庆精神大庆人》的报道,确定了中国有大庆油田。以此为线索,日本情报机构开始全面搜集中国报刊、杂志上有关大庆的报道。从 1966 年第 1 期《中国画报》上刊登的铁人王进喜戴皮帽子的照片和运送原油火车上灰土的厚度,判断出油田在东北地区;根据《人民中国》杂志关于工人从火车站将设备人拉肩扛到钻井现场和王进喜在马家窑的有关报道弄清了油田的确切位置;从王进喜出席了人民代表大会判定油田出油了;之后又根据《中国画报》上刊登的一幅炼油厂反应塔的照片中扶手栏杆的比例,推算出油罐的外径及内径,进而推算出了油田的产油能力。在此基础上,日本企业马上按照大庆油田的特点设计出了有关的设备,并在随后的中国设备进口中一举击败了欧美各国的竞争对手,使其设备顺利地进入了中国市场。

从以上两个实例中可以看出,二手资料的来源主要有以下途径:

(1)各级政府部门发布的有关资料。各级计委、财政、工商、税务、银行、贸易等部门经常定期或不定期发布各种有关政策法规、价格、商品供求等信息。

(2)各级统计部门发布的有关统计资料。各级统计部门每年都定期或不定期地发布国民经济统计资料。各级统计局每年还出版统计年鉴,内容包括综合、人口与就业、投资、财政、工业、农业、建筑业、商业、对外贸易、人民生活文化、教育、卫生、环保等许多重要的国民经济统计资料。

（3）行业协会或行业管理机构发布的本行业的统计数据、行业市场分析报告、市场行情报告、工商企业名录、产业研究、商业评论、行业政策法规等数据和资料，这些资料是研究行业状况和市场竞争的重要依据。

（4）各种信息中心和信息咨询公司提供的市场信息资料。这些专业信息机构资料齐全、信息灵敏度高、专业性强、可靠程度大。为满足客户需要，它们有时还代办咨询、检索、定向服务或进行市场调查。

（5）各种公开出版物。如可翻阅有关科技书籍、杂志、报纸。这些出版物经常登载科技信息、文献资料、广告资料、市场行情、预测资料和各种经济信息。

此外，还有电视广播提供的各类资料，各类研究机构的各种调研报告、研究论文集，各类专业组织的调查报告、统计报告以及相关资料，各种博览会、展销会、交易会和订货会，以及各种国际组织、外国使馆、驻外使馆、办事处等提供的各种国际市场资料。而随着互联网的发展，其所具有的查寻方便、复制方便、存储方便、使用方便、成本低、可跨地域国界等特点，使其信息几乎可覆盖所有主题，因而，来自互联网所提供的信息会越来越多。

二、二手资料获取方法

（1）查找法是获取公开信息的基本方法。根据查找的原则，首先，可在企业内部的信息资料库查找，这是最为快捷、方便的。如果企业信息系统完备，在企业内部不仅可以获得大量反映企业本身经营状况的资料，还可以获得关于供应商、竞争对手、客户、市场等方面的资料。其次，还需要到企业外部查找，主要是到一些公共机构查找。

（2）索取法是指向占有信息资料的单位或个人无代价地索取。由于索取无代价，其效果在很大程度上取决于对方的态度。因此，在索取资料时应注意：①尽量向平时有联系的单位或个人索取；②索取资料时要和该单位人员友好沟通；③索取的资料数量应适可而止。

（3）购买法是指通过付出一定量的资金向有关单位和部门购买所需资料的方式。随着信息的商品化，许多专业信息公司的信息实行有价转让，如专业咨询机构、行业协会、信息中心等单位定期或不定期出版的市场分析报告等。在购买资料时，调查者应注意进行鉴别，确保购买信息的质量，同时控制有价二手资料的比例。

（4）交换法是指与信息机构或其他单位进行对等的信息交流。这是一种信息共享的合作关系,交换的双方都向对方无代价提供资料并获得对方无代价提供的资料。

（5）接受法是指接受外界主动、免费提供的信息资料。随着现代营销观念的确立,越来越多的企业或单位为宣传自身及其产品和服务,主动向社会广为传递各种信息,包括广告、产品说明书、宣传材料等。作为信息资料的接受者,要注意积累这些信息。

三、利用二手资料需注意的事项

尽管公开信息对调研是很有帮助的,但由于公开信息存在一定局限性和缺点,因而在收集和使用公开信息时应当谨慎,需要注意以下四方面:

（1）针对性。根据研究目的,有针对性地重点收集与调查课题有关的第二手资料。既要注意收集内容的针对性,又要注意针对资料的来源进行定向搜集。要注意资料的适用性和够用性,避免无用的垃圾信息产生。

（2）时效性。二手资料的时效性较差,如果资料反映的情况发生变化,就失去了利用价值。为此,应注意用最快的速度及时收集、分析和利用各种最新的数据和资料,及时更新数据库,以缩短二手资料的时滞性,提高资料的时间价值。

（3）全面性。应通过各种信息渠道,利用各种机会,采用多种方式广开信息源,大量收集与调研课题有关联的有价值的信息,力求二手资料收集的广泛性、全面性。

（4）准确性。应注意评价二手资料和数据的适用性和准确性。

1.5　一手资料调查

很多市场研究人员虽然对市场现象有一定的想法和推断,却没有通过一手资料的收集来体现这些想法和推断的正确性和准确性,从而导致研究结果没有说服力,可信度不高,缺少实践性。在社会发展日新月异的今天,新的市场发现亟须获取有效的一手资料。在此,介绍获取第一手资料的主要方法。

第一手资料,也叫原始资料,是指调查研究人员自己直接经过搜集整理或通过经验所得的资料,包括原创性的文献资料、实物资料、口述资料等。

通过一手资料,研究人员可以直接获取事件、活动或行为的事实、信息或数据,了解人们对事物的看法、打算、动机等情况。作为调查研究最直接的证据,一手资料的真实性、生动性、可信性、原创性、保密性的特点,使其比转手的、间接获取的二手资料更具价值。

一、收集第一手资料的过程

调查是一项技术含量相当高的工作,从制定调查方案到选取样本,从调查执行到信息、数据的整理,从信息、数据的分析到形成结论指导决策,都需要一定的专业性工作。一般情况下,第一手资料的收集按照以下步骤进行:

第一步:确定调查研究的目的;

第二步:确定收集第一手资料的内容和来源;

第三步:确定收集资料的方法;

第四步:收集资料;

第五步:对收集到的资料再确认;

第六步:正确使用收集到的第一手资料。

二、获取第一手资料市场调查方法的分类

获取第一手资料的市场调查方法主要包括观察法、问卷法、访问法、实验法等。有时,根据不同的分类标准,市场调查方法可进行不同的分类。

(1)按照调查的范围进行分类,市场调查方法可以分为普查与抽样调查。普查法是对所调查目标群体全部进行调查,抽样调查法是对所调查目标群体进行抽样调查。

(2)按照调查方式进行分类,市场调查方法可以分为电话调查、邮寄调查、网络调查、入户调查、街头调查等。

(3)按照期望获得的调查结果性质进行划分,市场调查法可分为定量调查与定性调查。定量调查法是对一定数量的有代表性的样本,进行封闭式(结构性)问卷调查,然后对调查数据进行数据录入、整理和分析的方法。定性调查法是以小样本为基础、非结构式为形式,探索性的调查方法。两者在使用过程中,各有优缺点,是相辅相成的。

三、获取第一手资料的主要调查方法

第一手资料获得之后,研究人员通过定量或定性的分析研究,为研究和

决策提供重要的依据。那么如何获取第一手资料呢? 以下将介绍市场调查中常用的获取第一手资料的方法,主要包括观察法、问卷调查法、访谈法、实验法等。

1. 观察法

观察法是指对自然状态中的研究对象进行观察,通过测量或记录来获取一定时间或时期内的信息或资料。从观测的时间角度来分类,其可以分为纵向观察、横向观察和纵横结合观察三种形式;从观测者的参与角度方面来分类,其可以大致分为非参与式与参与式的观察法;从观察的方式来分类,其还可分为直接观察法、仪器观察法和实际痕迹观察法。

应用观察法获取第一手资料,在观测和记录的过程中需要研究者将研究的主题与被观测的内容良好地联系起来,随时记录观测到的内容以及产生的想法,只要不影响被观测者的行为,应边观察边记录,并且对记录进行及时的整理,写下个人的印象、感受、观点、推断等。观察法作为实地研究获取资料的一种方法,常常需要有一定的研究假设作为前提,据此有的放矢地收集有用的资料或信息,发现支持或不支持研究假设的证据。同时在观测中,研究者要注意随时完善自己的假设,以动态的眼光来分析所观测的事件,从而获得对研究主题更加有效和更高质量的信息或数据。调查者应具有丰富的经验和专业技能,对信息的收集具有高度的敏感性。

在市场调查研究中,观察法十分适用于人的行为研究,如调查消费者行为时有目的、有计划地观察被调查者的言语、行动和表情等来研究消费者心理活动的规律。此方法的优点是,身临其境地观察研究对象或研究事物,理解事件的缘由或特征,直接获取翔实的数据或信息资料。此方法的缺点则是比较耗时、费力;且当被观察者发觉自己被观察时,可能会改变其最真实的活动,内在因素不一定能被观察出来;对观察人员的专业素质要求较高。

2. 问卷调查法

调查问卷是研究人员常用的一种获取第一手资料的方法,费时少,成本低,样本量较大。根据问卷的问题形式,其可分为开放式调查问卷和封闭式调查问卷。开放式调查问卷不提供问题的备选答案,而让被调查者回答问题;封闭式问卷是让被调查者在备选答案中进行选择。开放式问卷适合于探索性研究,所获得的信息内容丰富且生动,然而由于被调查者可能会嫌耗时耗力而拒绝回答;封闭式问卷简便快速,所收集的量化信息便于统计分析。封闭式问卷的后面往往会设计 1～2 个开放式问题。

根据问卷调查的形式,其主要分为邮递问卷调查、面对面问卷调查、电话问卷调查、网络问卷调查等几种形式。问卷的发送可以有多种形式,如入户发送、道路拦截发送、机构或单位发送、会议发送、随商品或样品发送、网络发送、报刊发送等。

问卷调查的工作程序一般为:

第一步:确定需要收集的信息内容;

第二步:确定问卷调查的方案和具体形式;

第三步:问卷内容的设计与编写;

第四步:问卷的整体版面设计;

第五步:预测试;

第六步:判断有无修改的必要;

第七步:调查问卷定稿;

第八步:进行问卷调查;

第九步:对收集的数据或信息进行分析研究。

调查问卷设计时要注意排版清晰、整齐、美观,减少被调查者花费的时间和精力。调查问卷具有较为规范的格式要求,常用的格式为:

第一部分:介绍自己或研究单位;说明调查的目的、内容,恳请接受调查;强调对收集到的信息保密,感谢合作;如需寄回,说明寄回方式、日期;如有赠品需说明。

第二部分:答题要求说明;具体问题;被调查者的基本情况信息。

第三部分:提示;结束语;再次表示感谢。

问卷是要进行分析研究的,因此设计时要尽可能与统计方法相结合,以便于作资料的整理、输入以及日后的统计分析。问卷中问题的内容可分为反应特征、行为和态度三个方面。特征问题用来调查人们的基本情况,如年龄、行业、职业、文化程度等,可形成分类变量进行统计分析。行为问题用来调查人们的行为事件,如"您在过去的 3 年间是否购房""您在未来 1 年中是否有更新手机的计划",这类行为问题可通过"是"或"否"形成分类变量进行统计分析。态度问题则调查人们对某一项事物的看法、意见、情感等主观认识,可形成连续变量进行统计分析。开放式问题往往难以获得量化的资料和信息,可使用其他的分析方法进行研究。

调查问卷所获得的第一手资料的质量对研究结论的准确性和可信性有着重要的影响,因此要十分注意问卷设计质量和实际调查过程质量,切忌随意构建不完善的问卷和调查执行不当。设计问卷时应多从被调查者的角度考虑问题，需要注意以下事项：语句尽量简短明确、容易被理解，避免出现含糊不清的词语，避免用双重否定，避免术语和缩略语，描述问题不应加入个人观点，避免给出诱导性（含有褒贬性）或自作假设（明知故问）的问题；问题的顺序一般是将简单的问题放在前面，复杂或难的问题放在后面，一般性问题放在前面，特殊的问题放在后面，封闭式问题放在前面，开放式问题放在后面，个人信息及敏感问题宜放在问卷最后。此外，还要充分考虑和照顾被调查者的隐私，避免给被调查者拒绝或回避的机会，增进被调查者提供真实答案的能力和意愿。

一般运用问卷调查法，主要通过电话调查、邮寄调查和网络调查三种方式进行。

（1）电话调查。电话调查即利用电话作为媒介，与消费者进行信息交流，从而达到信息搜集的目的。有传统电话调查和计算机辅助电话调查两种方式。传统电话调查是调查人员使用普通电话，按照随时拨号的方法，选中拨打的号码，并筛选调查消费者，然后对照纸质问卷逐题提问，并用笔记录答案。这种调查一般适用于问题简单、容易回答、占用时间短的调查项目。计算机辅助电话调查（CATI）是调查人员戴着耳机式电话坐在计算机旁边，由计算机系统随机拨号，调查人员筛选消费者，然后按照屏幕上显示的问卷，对消费者进行访问，并将答案直接输入计算机系统的方式。与传统电话相比，它具有缩短访谈时间、提高数据质量、省时省力、及时提供数据分析结果的优点。

（2）邮寄调查。邮寄调查是指调查人员将设计好的问卷，以邮件方式寄给被调查的消费者，并要求被调查消费者自行填写并寄回，以此来收集所需信息的方式。采用这种方式，一个地区可以广泛邮寄，方式灵活，被调查的消费者有充分考虑的时间，不受他人干扰，可以有更准确的答案。因而，这种调查方式时间较长，很多人甚至不看邮件，拒答率较高，返回完整问卷的人不多，导致调查人员很难控制样本量。这一方法往往配合其他调研方法一起使用。邮寄调查的具体形式有很多，采用比较多的有邮局寄送、随广告发放、随产品发放等。

（3）网络调查。网络调查是以网络（包括手机和电脑）为载体，搜集、整理、分析特定对象统计资料的一种新型的调查方式方法。也就是说，网络调查是一种以各种基于互联网的技术手段为研究工具，利用网页问卷、电子邮件问卷、网上聊天室、电子公告等网络多媒体通信手段来收集调查数据和访谈资料的新型调查方法。随着电脑和手机的普及以及互联网的广泛应用,网络调查法方兴未艾。同以上调查法相比,它具有以下优势:调查范围扩大;调查时效强;调查成本低廉;匿名性强;可操控性强;人为误差小;问卷形式多样,具有较强互动性。同时,网络调查法也存在一定局限性:网络普及程度影响调查取样的范围;调查样本缺少代表性;网络调查的安全性得不到保障;网络调查的无应答误差问题。

3. 访谈法

访谈法是采用沟通交流的方式就所研究的问题收集信息资料的方法,可以通过直接的访谈(面谈),也可以通过电话访谈、邮件访谈、网上访谈等方式。访谈获得的样本量较少,但调查者通过与受访者的交流,可以详细了解事物、活动的情况,获取受访者的心理、意见、想法等丰富的信息。面谈的优点是:访谈过程灵活、内容深入,可以及时确认信息和排除误解,方便发现更多的信息;缺点是:时间和费用方面的成本较高。电话、邮件和网上访谈省时便捷,但往往不如面谈所获得的信息丰富和深入。

根据研究需要,访谈可设计为结构式访谈和非结构式访谈。结构式访谈在事前应明确需要的信息内容并且制定访谈提纲,事先对访谈中可能出现的回答做好准备,有时还需指导被访谈者回答问题,目的是尽可能获得翔实的信息;非结构式访谈则不依照一个已规划好的问题顺序提问,而是从开放式的问题出发围绕研究内容进行自由的沟通交流,非结构式访谈的目的往往是引出一些初步的议题,以帮助研究者确定变量。访谈调查要求调查者具有良好的倾听能力和洞察力,熟悉访谈主题或研究领域,善于捕捉关键问题,非结构式访谈对调查者的要求尤其如此。问卷调查是一种结构式的调查方法,可与访谈法结合使用。

访谈调查的流程为:

第一步:确定访谈人员、受访人员、访谈的地点;

第二步:确定访谈的内容或问题;

第三步:进行访谈,并作记录;

第四步:复核访谈记录内容,整理访谈资料;

第五步:根据访谈资料进行分析研究。

制定访谈提纲时,可以进行预访谈来完善访谈方案,以便提高访谈效果。正式访谈前,调查者应告知受访者访谈的意图或目的、访谈者的机构

（必要时出示证件、备用资料等）、访谈内容的用处、是否匿名访谈、是否录音、需占用的大概时间等。访谈的时间、地点根据调查目的和调查内容而定，以不易引起对方反感为原则。访谈者要表现得礼貌而专业，开始时要自我介绍，结束时要表示感谢，要与受访者建立信任与和谐的关系，并注意鼓励受访者回答问题。在访谈开始时，调查者要注意制造良好的沟通氛围，在访谈中要注意聆听，细心观察，包括语言信息与非语言信息，作好记录，根据受访者的反应进行灵活的应变，围绕主题使沟通不断深入，以获得高质量的信息和数据。对于结构式访谈，尽量按照事先设计的访谈方案进行访谈。访谈记录可以通过录音、摄像或速记的方式以原始形式保留下来，也可以是调查者将所有重要的信息或数据记录下来，事后再查阅相关资料对它们进行补充。无论哪一种形式，每次访谈后采访者应对访谈记录给予及时的复核。

焦点小组座谈是市场调查中常用的一种通过特定小组访谈收集信息的方法，在市场调查中又叫特定人群研究。焦点小组由一些特意挑选的具有代表性的被调查者组成，他们被安排在一个房间内接受调查。经验丰富的营销调研者将与这些人在一起进行沟通，还可以安排他们接触产品实物（如样品）或视觉画面（如广告），让他们围绕一定的话题畅所欲言，从而收集到具有深度的、高质量的反馈信息，研究人员通常会在单面可见的屏幕后面观察特定人群的行为言语。一个焦点小组通常是由 8～10 位参与者组成，主持人鼓励参与者进行讨论，发表各自意见，然后研究人员会将话题集中到对分析研究有用的特定的话题范围内。这种调查方法的特点是组织起来较为复杂、成本也较高，要由经验丰富的市场研究人员进行。

此外，拦截式访问和入户访问，也是访谈法的两种重要形式。拦截访问，即调查人员可在固定场所拦截符合调查条件的消费者，进行面对面的访问。这是一种十分流行的调查方法，因为这种调查方法相对简单，超市、写字楼、街面、车站、停车场、商场等公共场所均可以进行这样的访问调查。例如，本教材中"上海老年人服饰消费调查报告"，学生采用的调查方法就是拦截访问，他们在各大超市门口以及居民区访问上了年纪的大爷和大妈，了解他们对服饰的消费心理和消费行为。入户访问，即调查人员按抽样方案的要求，选取适当的消费者，并按事先规定的方法，到抽中的消费者家庭中，依照问卷或调查提纲进行面对面的直接提问，问卷可为访问式问卷和自填式问卷，问题可是封闭式的，也可是开放式的。但由于入户访问成本、拒访率均较高，致使入户访问方法的使用越来越少。

　　不可否认,访谈调查会出现信息的偏差,这些偏差有的来自访谈者,比如访谈者对问题的描述不够清晰,有的则来自受访者,比如受访者不愿意如实回答问题,有的还会来自访谈的环境因素,比如访谈调查双方的气氛不融洽。调查研究人员应注意尽量避免偏差的发生。

　　4. 实验法

　　实验法是以因果相关关系为依据,设立实验组与控制组,通过有目的地控制一定的条件或创设一定的情境,探索自变量和因变量之间因果关系的一种方法,如不同价格、不同包装、不同款式、不同广告、不同促销对商品销售效果的影响,都可以用实验法。这种方法耗时耗费都比较大,所以在市场调查实践中的应用并不是很普遍。但是,对业界、创业人士、学生来说,具备"实验意识"是十分重要的,不仅要有想法,更要快速地去实施,只有"快一点行动""快一点落地""快一点失败",才能"少一点失败"。看看下面的实验:不太好销售的罐头食品3罐1扎均价10元,用堆头陈列方式售卖,半个月的销售量超过全年销售量;陈列在货架上的糖果,用堆头方式销售,销售量剧增15倍;本来5块钱一个也无人问津的西瓜,加了一个勺子卖5元钱半个,卖到脱销;本来以为便利店都是小额交易,能不能拉信用卡都无所谓,但自从信用卡开通以后,销售量明显上升;水果店卖菜生意总是不好,但菜场卖水果,一铺养全家;有宾馆做起了床单、毛巾、家居用品生意,因为在这些商品上都加上了一个二维码,顾客只要喜欢,就可以扫一扫买一件,而酒店与供应商约定了售卖商品的抽成比例;专家对手机进行细菌测试发现,手机屏幕上附着2 000多种细菌,可以导致伤风、肠胃病、耳道发炎甚至肺炎、乙肝等疾病,细菌包括白喉及疱疹等,这些细菌随着使用者的手指,一路"旅游"到身体的各处,这一问题已经引起业界的关注,不少清洗、护理手机屏幕的方法已经不陌生,比如每1~2个月更换一次手机屏幕或者保护膜,而近日高调面世的商务旗舰手机中兴AXON则展示了一个创新方向就是"防菌屏",等等。由此可见,实验与实践出真知灼见,是照亮前程的明灯。

　　总的来说,作调查要层层深入,不断挖掘,从背景调查到实地调查,从数据统计到相关分析,从发现问题到探索原因,从揭示规律到提出对策,有圈有点,有料有策,才能算是一个有价值的调查。当前不少学生所作的调查,只有简单的统计数据,如男女比、年龄分类占比、收入分类占比、学历分类占比等,没有将这些基本信息与具体的指标数值联系起来进行相关分析。因此,他们很难获得全新的调查发现。此外,由于缺乏对调查对象的深入访谈与对调查内容的专业理解，因而看不到隐藏在数据背后的信息，难以进行较深层的分析。这主要是因为缺乏对行业的专业认知。以前总有人说记者写的行业报道不专业，如今这种状况正在被那些勤奋、敬业、专业的行业记者所改变，他们不仅具有丰富的专业知识、法律知识与行业背景，而且非常敬业，用"卧底"与"潜伏"等艰难方式去调查和揭示真相。这种精神是值得专业人士学习的。

最后，还应该注意，不少非常规的调查方法，也很实用、很有效。例如，有个零售公司的老总说："我在一家食用油厂投了 5％ 的股份，我就可以知道食用油真实的生产成本是多少。"还有来自国外的成年学生在我国的高端培训班学习，他们不太发言，但非常认真地参加讨论，主要是了解国内企业老总们所关心的问题，以便向自己的公司报告。这种方式可以称之为"插入式培训调查"。又如，假如要了解一个便利店一天的销售量，最简单的办法是看系统，但竞争店的系统你看不到。还有一个办法就是问银行，当天解缴多少，但小小一家便利店，其实也没有一对一的银行户头。有一种更简便易行的方法是"翻垃圾桶，捡收银条"，通过收银条的序号，估算一天的客流量与客单价，从而计算一天的销售量。调查既是耐力活、辛苦活，又是智慧活、技术活。

1.6　设计调查问卷

调查问卷在一些场合也称为调查表，其是市场调查的重要工具，也是收集市场信息和相关数据的基本方式。

一、调查问卷的类型

在一些商科教材上，调查表和调查问卷并不是同一个概念。一般而言，调查表是用纵横交叉的表格按一定顺序排列调查项目的形式，它主要用于数据搜集；调查问卷是根据调查项目设计的对受访者进行调查、询问、填答的测试问卷或记录清单，既可以是口头提问的提纲，也可以是可供受访者填写的问卷，它不仅应用于数据搜集，又应用于测定态度、行为、动机等定性项目。但是，两者总体上大同小异，调查者在使用时没必要刻意区分两者的区别。有时，调查表可以改成问卷的样式，调查问卷也可以改成调查表的样式；更多时，两者混在一起，合二为一。在本教材中，调查表与调查问卷统称为调查表。因此,调查表是指以表单样式或问卷形式,向受访者征询并收集市场信息的调查工具。

调查表根据调查者对调查内容的控制程度,可以分为结构型调查表和非结构型调查表。

1. 结构型调查表

结构型调查表又称标准化或控制式调查表。它的特点是每个问题的提问方式和可能答案都是固定的,提问方式在调查时都不能改动,所有被调查者都回答同一种结构的问题。结构型调查表还可分为封闭式调查表、开放式调查表和半封闭式调查表三种样式。

(1)封闭式调查表。它是指对提出的问题规定了备选答案,被调查者只是从已给定的答案中作出选择的问卷。它的优点是:答案标准化,便于归类整理;可事先编码,有利于信息处理;被调查者只需选择其中的答案,可以节省答卷时间。但是,封闭式问卷由于规定的答案有限,往往不能充分体现不同回答者的各种意见;同时,不同的人对同一问题的理解是不相同的,甚至会产生相反的理解,因而对问题的不正确理解难以识别。

(2)开放式调查表。它是指只提出问题,不提供任何备选答案,由被调查者自由回答的调查表。这种调查表所列的每个问题对被调查者来说都是一样的,但可根据自己的理解自由回答。其优点是:回答者可以充分发表自己的看法和意见,对某些答案过多的问题尤其适宜。但开放式调查答案多种多样,不规范,资料分散,难以量化,编码困难,对某些较复杂的问题,回答者要用较多的时间去思考,容易引起回答者的不快或拒绝回答。此外,这种问卷要求回答者要具有一定的写作技巧和语言表达能力。

(3)半封闭式调查表。它是封闭式调查表和开放式调查表相结合的调查表。如在一个问题中,除给出一定的标准答案外,还列出"其他"等开放式答案以备被调查者在"其他"下自由作答。或者在整个调查表中,一部分问题是封闭性的,一部分问题是开放性的。半封闭式调查表可以兼顾封闭式调查表和开放式调查表的优点,克服其局限性。

2. 非结构型调查表

非结构型调查表是指事先不准备标准表格、提问方式和标准化备选答案,只是规定调查方向和询问内容,由调查者和被调查者自由交谈的调查表。需要指出的是,非结构型问卷并不是真正没有结构,只是调查表结构没有固定的形式而已。为了了解某方面的情况,调查者必须事先准备一些问题，写在纸上或留在记忆中，然后对被调查者进行提问。在不改变调查内容和方式时，可以改变提问的方式。如"你旅游的目的是什么？""你为什么要旅游？"这样提问的目的都是一样的，只不过是提问的方式不同而已，被调查者不受标准答案的限制，作自由式的回答。非结构型调查表所需人力、物力较多，花费的时间较长，因此它只适用于小样本调查。其优点是，可发现新情况，可用于探索性调查，也可用于检验结构型调查表的准确性。

通过调查表进行调查可以进一步明确调查主题，能使调查内容具体化、条理化、规范化，有利于在调查中简明地填写记录所需的数据或资料，也有利于调查后对这些数据或资料进行分类、汇总、整理和分析。调查表的设计是否科学完善，直接影响调查的质量与效果，它是执行市场调查的重要环节。

二、调查表设计的原则与构成

1. 调查表设计的原则

（1）目的性原则。调查表设计是为了服务调查主题，因此调查表所拟定的问题不能偏离调查主题。这就要求调查表在设计时，重点突出，根据实际需要，既不能漏掉应取得（包括相关性）的资料，也不能收集不必要的资料。

（2）匹配性原则。匹配性原则是指要使被调查者的回答便于进行检查、数据处理和分析。所提问题都应事先考虑，便于对问题的结果作适当分类和解释，使所得资料便于作交叉分析。

（3）顺序性原则。顺序性原则要求问卷中的各种问题要排列有序、合理。一般而言，要把握"先易后难，先简后繁"要领，把容易回答的问题放在前面，较难的问题放在中间，敏感性问题放在后面，把封闭性问题放在前面，开放性问题放在后面。同时，要注意问题的逻辑顺序，如按时间顺序、类别顺序等合理排列。

（4）简明性原则。简明性原则要求调查表中的提问要注意用词准确，含义清楚，简明扼要，切忌模棱两可和诱导性提问。

［实例 1.6］　您喝咖啡的频繁程度（　　）。

A. 极频繁　　　　B. 经常　　　　C. 一般　　　　D. 从不

［实例 1.7］　您一周喝咖啡的次数（　　）。

A. 5 次以上　　　B. 3 次左右　　　C. 1 次　　　　D. 从不

显然，[实例1.6]就存在用语不明确问题，而[实例1.7]则满足了简明性原则，让被调查者一目了然。

（5）可接受性原则。可接受性原则要求调查表征询的问题和内容，要能够让被调查者接受。在设计调查表时要注意在问卷说明词中把调查目的告诉对方。说明词要亲切、温和，提问要自然、有礼貌和有趣味，必要时可采用一些物质鼓励，并承诺为被调查者保密，以消除其心理压力，使被调查者自愿参与，认真填好调查表。

（6）穷尽性原则。穷尽性原则是指每个问题中所列出的备选答案应包括所有可能的回答。这是为了使所有被调查者都能在给定的备选答案中至少选择出一项适合自己回答的答案，不至于因所列出的答案中没有合适的答案可选而放弃回答。

[**实例 1.8**]　您的最高学历背景（　　　）。

A. 初中　　　　　B. 高中　　　　　C. 大学　　　　　D. 研究生

该题设计明显违背了穷尽性原则，存在两个问题：一是初中以下情况的没有反映，二是中专、高职等情况没有反映。

（7）互斥性原则。互斥性原则要求在设计调查表时，问题的答案应当清晰、明确、互相排斥，不允许出现两个或多个答案出现交叉重叠的现象。

[**实例 1.9**]　您的收入水平是（　　　）。

A. 3 500 元以下　　　　　　　　B. 3 500～6 000 元

C. 6 000～8 500 元　　　　　　　D. 8 500 元以上

这道题满足穷尽性原则，但是严格说在互斥性原则上还是存在瑕疵，主要是因为一些临界点没有区分开来。相关选项应该改为：

A. 3 500 元以下　　　　　　　　B. 3 501～6 000 元

C. 6 001～8 500 元　　　　　　　D. 8 501 元以上

（8）客观性原则。客观性原则要求调查者在设计调查表时，要遵守客观性原则，不能持有主观性立场，避免诱导式或引导式提问，杜绝个人感情流露到调查问题上。

[**实例 1.10**]　有如下四个备回答问题：

（1）科学表明，钙是人体生理上不可缺少的元素。您认为您的孩子需要补钙吗？

（2）保护环境是一项基本国策。您认为污染严重的企业要"关停转"吗?

（3）中国传统尊崇"洞房花烛夜",您如何看待婚前同居问题?

（4）一些商家打折总是先提价后打折,您是否反对"打折"销售?

显然,以上四个问题均存在主观性倾向,将会诱导被调查者填写他们原本想要选择的答案。

2. 调查表设计的格式

一份完整的调查表,主要包含调查表表头、说明词、主体内容和附注四项。

（1）表头。调查表表头主要用来表示调查表的标题,填写单位的名称、性质、隶属关系等基本情况,以及调查表的编号。这些资料中,有的是复核调查资料的依据,有的则是对资料进行分类的标准。

（2）说明词。说明词可以看作为调查表的导言和介绍词。说明词要通俗易懂、简明扼要、用语得体,不仅要向受访者介绍调查的目的和意义,也要向被调查者表示感谢和承诺保密隐私。好的说明词,能够起到激发被调查者兴趣的功效。

（3）主体内容。这是体现调查项目和内容的部分,是调查表的主体。它包括需要调查的各种项目、标志或指标名称,以及纵栏和横行的编号、计量单位等。

（4）附注。附注主要包括调查人或填表人的签名和调查日期,以及有关调查项目的注释或说明。

三、调查问卷设计的程序

应根据调查的目的和要求,先拟订需要调查的项目或调查提纲,以及需要收集的数据。市场调查问卷设计是由一系列相关工作过程所构成的,问卷设计要具有科学性和可行性,需要按照一定的程序进行,见图1.6.1。

（1）准备阶段。准备阶段要根据所确立的调查主题,明确调查课题的范围、目的和项目,将所需的资料全部列出,分析主次,突出重点。如分析了解被调查对象的社会特征、心理特征、经济水平、消费倾向等,以此作为拟定问卷的基础。在此阶段,应充分征求各类有关人员的意见,以了解问卷中可能出现的问题,力求使问卷符合客观实际,能充分满足各方面分析研究的需要。可见,设计调查表的准备阶段,是调查表能否成功的前提条件。

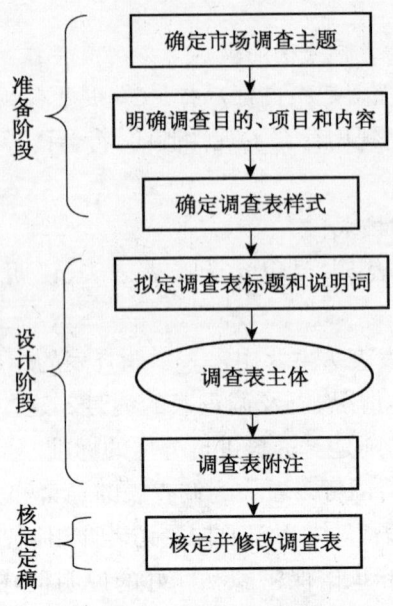

图 1.6.1　调查表设计程序

（2）设计阶段。在准备工作的基础上，设计者可以根据需要搜集资料，按照设计原则设计调查表初稿，主要是确定调查表结构及编排问题。在初步设计中，首先要标明每项资料需要采用什么方式提问，并尽可能地列出各种问题，然后对问题进行检查、筛选、编排，设计每个项目。对提出的每个问题，都要认真考虑是否必要，是否能得到答案。还要考虑问卷是否需要编码，或是否需要向被调查者说明调查目的、要求、基本注意事项等。此外，要留意个别问题或概念，是否需要注释，以便做好表注工作。

（3）核定定稿。应对初步设计出来调查表在小范围内进行试验性调查，以便弄清调查表是否与调查主题相匹配，是否与现实情形相适应，是否存在一些细节问题，并进一步了解被调查者是否愿意配合回答这些问题。如果发现问题，应该立即修改，使调查表所提问的问题更加完善。在修改和核定的基础上，确定最终版本的调查表。

［实例 1.11］　全家便利店就餐服务调查

首先感激您抽出宝贵的时间参加本次的问卷调查，此次的调查对象主要是在全家便利店就餐的顾客。为了了解顾客对全家便利店早、午、晚餐服务的意见建议，改进全家便利店的服务，为越来越多的便利店就餐人群提供更加优质的服务,我们利用本次机会进行调查,感谢您的合作与支持,祝好!

性别:○男　　　　○女

职业:○学生　　　　　　　　○公司职员

　　　○事业单位职员　　　　○自由职业者

年龄:＿＿＿＿＿＿＿

1. 您认为全家便利店的早餐及午餐的价格如何?

　　○很贵　　　　○一般　　　　○便宜

2. 您觉得全家便利店的早、午餐是否足够新鲜?

　　○是　　　　　○否

3. 您认为全家便利店的早、午餐是否能满足您的营养所需?

　　○完全满足　　○基本满足　　　○无法满足

4. 您觉得一个早餐或者午餐套餐的量是否能满足您的就餐需要?

　　○量太少　　　○量偏少　　　　○正好满足　　　　○量偏多

5. 您认为早、午餐的品种更新速度怎样?

　　○太慢　　　　○及时　　　　　○很快

6. 您在全家便利店的就餐选择:

　　○早餐　　　　○午间点心　　　○午餐　　　　　○晚餐

　　○夜宵

7. 您更期待全家便利店的早、午餐服务实行哪种优惠政策?

　　○更多积分　　○有买有送　　　○打折出售　　　○加量不加价

8. 您更喜欢哪种购买哪种套餐?

　　○主餐＋水果　○主餐＋酸奶　　○主餐＋其他饮料

9. 您选择全家便利店的早、中、晚餐的主要原因是:(可多选)

　　○美味可口　　○方便快捷　　　○营养均衡　　　○价格合理

　　○环境氛围好　○服务好　　　　○新鲜健康　　　○品种丰富

10. 您希望的品种更新周期是多久?

　　○一周　　　　○半个月　　　　○一个月　　　　○更久

11. 您对全家便利店的早午餐服务有什么建议及意见?

　　＿＿＿＿＿＿＿＿＿＿＿＿＿＿＿＿＿＿＿＿＿＿＿＿＿＿＿＿

　　＿＿＿＿＿＿＿＿＿＿＿＿＿＿＿＿＿＿＿＿＿＿＿＿＿＿＿＿

　　＿＿＿＿＿＿＿＿＿＿＿＿＿＿＿＿＿＿＿＿＿＿＿＿＿＿＿＿

思考:请指出以上问卷的不足之处,并提出改进意见。

四、信度和效度评价

一份理想的调查问卷,既要能准确反映所要研究对象的属性,又要能在一定条件下以最小的计量误差得到所需要的信息。所以,对于问卷取得数据信息,可以通过信度和效度来评价数据质量。信度指测量结果的可靠程度,而不涉及测量所得结果能否达到测量的目的;效度仅针对测量的目的。考察调查问卷能否发挥其测量的功能,就是考察测量的有效程度。效度和信度是一个好的问卷所必备的两项重要条件。可以用这样一句话对效度和信度之间的关系进行概括:信度是效度的必要条件而非充分条件。这就是说,问卷若要有效度就必须要有信度,不可信就不可能会正确。但信度不是效度的充分条件,即便有了信度,也不一定会有效度。

(一) 信度评价

信度(reliability)是指测验结果的一致性、稳定性及可靠性,一般多以内部一致性来表示该测验信度的高低。可见,信度即可靠性,它是指采用同样的方法对同一对象重复测量时所得结果的一致性程度。信度指标多以相关系数表示,大致可分为三类:稳定系数(跨时间的一致性)、等值系数(跨形式的一致性)和内在一致性系数(跨项目的一致性)。

对于随机误差 E,一般假定其期望值(平均值)为 0,且与真实值相独立,在此假定下,有:$E(X) = E(T)$。由于 T 与 E 相互独立,所以有下式:

$$Var(X) = Var(T) + Var(E)$$

$Var(E)$ 与 $Var(X)$ 的相对大小,即 $\dfrac{Var(E)}{Var(X)}$ 可用于描述调查结果的可信度,该值越大说明测量的随机误差越大,测量的可信度越低。我们用信度系数 R 来表示信度的大小。R 定义为真实值的方差 $Var(T)$ 在测量值方差 $Var(X)$ 的比重,即有:

$$R = \frac{Var(T)}{Var(X)} = 1 - \frac{Var(E)}{Var(X)}$$

R 值越大,表明问卷调查的可信程度越大。

信度分析的方法主要有以下四种:重复检验法、折半法、交错法以及 α 信度系数法。

1. 重复检验法

重复检验法又称稳定性系数法,即使用同一测量手段对同一群被调查者前后测量两次,然后再根据两次测量的相关系数来测量信度。例如,对一群人进行问卷调查之后,间隔一段时间后再用同一份调查问卷对同一群被调查者进行调查,这两次测量结果间的相关系数就反映出了问卷的信度。这一种测验方法要求对同一样本进行重复实测两次,它的优点在于可以提供有关测验是否会随时间的变化而变化的资料,可以作为被调查者将来行为表现的依据;缺点是受时间与经费的限制,在现实中很难实现。另外,为了避免受记忆的影响,前后两次测验相隔的时间要适度,通常来讲,相隔的时间越长,稳定性系数就越低。

2. 折半法

折半法就是将一份调查问卷中的问题随机分成两组(一般要求这两部分问题的数目相等),然后再对这两部分的测量结果的相关系数进行考察。若是结果高度相关,调查问卷便是可信的,否则便是不可信的。这种信度被称为折半信度。把问卷分成两部分的方式有很多种,最常用的就是将奇数题与偶数题分开。

3. 交错法

交错法就是指调查者设计两份等值问卷,每份的问题不同,但测量的是同一个属性,并让同一群被调查者来进行回答。根据两份问卷测量结果的相关系数来计算问卷的信度,该种信度被称为交错信度。此种方法要求两份问卷在题目的数目、内容、形式以及鉴别度、难度等方面都要一致。

4. α 信度系数法

α信度系数法也称为内部一致性法,就是利用调查量表中题目的同质性来测量信度。测量理论表明,题目间和题目与潜在变量之间有某些逻辑关系,若是调查量表的题目与潜在变量之间存在高度相关,则题目之间应该也高度相关。因此,调查量表的内部一致程度会影响题目的相关性。α(阿尔法系数)常用来度量调查量表的内部一致性信度,α被定义为调查量表中由共同的因素而引起的总体方差的比例,称其为协方差α,它的一般公式为:

$$\alpha = \frac{k}{k-1}\left[1 - \frac{\sum \sigma_i^2}{\sigma_y^2}\right]$$

其中，σ_i^2 指各题目的方差，每一个方差所包含的信息都是以单一题目为基础的，而并非共有的；σ_y^2 指量表的总体方差，等于所有题目方差与协方差之总和；$\alpha = \dfrac{k}{k-1}\left(1 - \dfrac{\sum \sigma_i^2}{\sigma_y^2}\right)$ 指潜在变量引起的、共有的方差比例。

通常来讲，信度的判别标准[1]见表 1.6.1。

表 1.6.1 信度评价标准

信度分类	评价标准
0.9＜信度	非常可信
0.7＜信度≤0.9	很可信
0.5＜信度≤0.7	可信（最常见的信度范围）
0.4＜信度≤0.5	比较可信
0.3＜信度≤0.4	勉强可信
信度≤0.3	不可信

（二）效度评价

效度（validity）即有效性，它是指测量工具或手段能够准确测出所需测量的事物的程度。效度是指所测量到的结果反映所想要考察内容的程度，测量结果与要考察的内容越吻合，则效度越高；反之，则效度越低。

简单地说，效度可以反映出问卷是否真正地测量到了所要测量的东西，可以衡量问卷测验的准确性。因为效度低的问卷无法达到测量目的，所以对效度的评价就十分重要，同时也非常复杂与困难。调查者可以从以下三个角度进行判断：一是观察问卷内容与主题的切合程度；二是测量调查结果与有关标准之间的相关程度；三是从实证的角度来分析其结构效度。

考察效度的方法有很多种，但由于每种方法侧重的问题有差异，因此名称也就随之不同。对问卷设计，效度的度量可以从内容效度、准则效度以及建构效度这三个角度来看。

1. 内容效度

内容效度指的是该问卷是否是所要预测量的行为领域的代表性取样，

---

① 简明，金勇进，蒋妍. 市场调查方法与技术［M］. 北京：中国人民大学出版社，2004.

即测量内容的适合性与相符性,这要看问卷内容能否抓住或者体现调查问题的所有或者主要特征,可不可以实现所要调查的目的。问卷内容与事先所要调查内容的一致性越高,就说明调查问卷的内容效度越高,调查结果也就越有效。内容效度的评估方法主要有专家判断法、统计分析法和经验推测法。

验证测验内容效度的一般程序有以下几个步骤:①确定所要测量的内容范围;②把测验目的划分为不同层次的具体测验目标;③确定每一层测验目标在整个测验中的比例;④编制双向细目表;⑤确定每一个小格中测试题目的数量;⑥对测验题目按比例随机抽取;⑦调查者对测试题的代表性及适合性进行分析,并进行必要的修改。

2. 准则效度

准则效度是指用几种不同的测量方式或者不同的测量指标对同一个变量进行测量时的一致性程度。用其中的一种方式或者指标作为准则,其他的方式或者指标与这个准则相比较,如果不同的测量方式或者不同的测量指标的调查结果相关度较高,则说明具有准则效度。当某调查问卷 A 具有内容效度(凭逻辑去判断一项调查问卷是否有效,凭对概念的了解去鉴别该变量的特征是否都被考虑在内,理论层次上面的概念所具有的各种特征,在经验层次上也同时具有,如果两者相互吻合,则表示其具有内容效度;否则,就说明它没有内容效度)时,另外一种调查问卷 B 的准则效度则由调查问卷 A 决定;若是通过对某样本的调查,显示 A 和 B 高度相关,即说明 B 准则效度高。但是,关键在于作为准则的测量方式或者测量指标一定是有效的,否则效果将比较差。

3. 建构效度

建构效度也被称为结构效度或构思效度,是指问卷能够测量到理论上的构想或者特质的程度。若问卷调查结果与理论预期一致,则认为有建构效度。简而言之,建构效度就是指调查结果与所要调查属性间的同构程度。

建构效度的估计方法有以下几种:

(1) 对问卷本身的分析。问卷的内容效度可作为建构效度的证据;问卷的同质性指标可以推断测验是测量单一特质还是多种特质,从而为评估问卷建构效度提供证据;分析被调查者对题目的反应特点。

(2) 问卷间的相互比较。相容效度是建构效度的一个证据,区分效度是建构效度的又一个证据,一个有效的问卷不但应与其他测量同一构思的问卷有关,还必须与测量不同建构的问卷不相关;因素分析法也是建立建构效度的常用方法,通过对一组问卷进行因素分析,就可以找到影响测验分数的共同因素。

（3）效标效度的研究证明。若是一个问卷的效标效度理想,那么该问卷所预测的效标性质及种类就可以作为分析问卷建构效度的指标。

（4）实验法与观察法证实。观察实验前以及实验后分数的差异也是验证建构效度常用的方法。

1.7　控制数据的真实性

调查所得的数据是真实有效的吗？这个问题经常会困扰调查数据的处理者和相关课题的研究者。因为很多类型的调研数据,无论是从定量还是定性的角度,都可能存在模糊性、主观性,且并不那么容易考证其真实性,甚至有部分数据根本无法验证其真实性。为了有效控制调查数据的真实性,我们首先必须弄清楚调查数据的内涵是什么？并懂得如何去评判调查数据的真实性？更要分析各种影响调查数据真实性的因素,运用"科学、及时、可操作"的方法对市场调查的各个环节进行有效监控。

一、数据"真实性"的内涵与标准

以往,在市场调查行业内,基本上是以获得"第一手资料"和"直接数据"为控制市场调查数据真实性出发点,以强调数据的"原始性"和"直接性"为根本目标。主要研究如何压缩获取调研数据的环节？如何从数据产生的源头获取数据？如何避免数据因传播过程产生的偏差？等等。

其实,市场调查数据的"真实性"并不仅限于"调查数据不是编造的""是在被调查对象那里如实记录的""是调查问卷上实际显示的""直接数据"等情况,而应从多个不同的角度来全面深入认识。

近20年来,市场调查行业对调研数据真实性的观念也不断更新,对调查所得数据"真实性"这个概念的认识也有一定的共识。目前,调查数据的真实性不再单纯指"第一手资料"和"直接数据",还包括调查数据满足用户需求的程度。国内外学者认为,调查数据的真实性是指调查数据所具有的特性能够满足调查数据使用者的现实和潜在的需求。从内涵上说,真实性指的是调查数据的可靠性和有效性;从外延上说,一般认为,调查数据真实性的基本标准主要体现在以下几方面：一是注重从客户角度来衡量调查数据质量，强调用户对调查数据的满意程度；二是数据质量是一个综合性概念，应以多个角度来综合衡量，需要建立一套完备的调查数据质量管理体系；三是准确性、时效性、完整性、适用性、可比性和一致性构成数据真实性的基本要素。

二、影响数据真实性的主要因素

依据上面关于调查数据真实性的内涵和标准，市场调查数据的真实性包含了数据的可靠性和数据的有效性。影响调查数据真实性的两个最基本因素是调查过程中的随机误差和系统偏差。调查中的随机误差会降低调查数据的可靠性，而系统偏差将会减小调查结果的有效性。市场调查所处的社会环境、调查项目策划和调查方案设计、调查组织实施过程、调查对象的状态都是产生随机误差和系统偏差的主要来源。因此，影响市场调查数据真实性的主要因素主要有以下三类。

1. 社会背景因素

首先，当今社会诚信缺失，导致被调查对象对调查活动缺乏安全感，进而反感和抵触各种调查。

其次，经济快速发展，商业调查机构繁杂，多数商业调查机构和个人都以盈利为主要目的，以非常轻率的态度工作，甚至假冒政府和权威部门的授权，频繁调查，严重影响了调查的严肃性、规范性和公信度。

再次，当今社会贫富两极分化严重，诈骗案件、泄露机密和隐私事件频发，导致调查拒访率升高。

此外，国家层面的基础调查统计职能不强、缺失，导致基础性的社会经济、文化、商业等统计数据不准确或缺失，使得调查所得的数据无法找到参照和对比的可靠参照标准。因此，从根本上影响考证调查所得数据质量的可能性。

2. 市场调查组织者的因素

（1）一支高素质的调查员队伍，是保证调查数据真实性的重要条件。目前很多调查项目的调查人员并不是专业的调查人员，多数是临时聘用的在校学生或社会闲散人员。这些调查员自身存在专业能力偏弱、职业道德缺乏、责任感弱、数据质量意识不强等问题。这些问题主要体现在：一是数据质量意识差，容易漠视调查方案中的抽样原则；二是专业素质低，缺乏调查访问的常识和基本技巧;三是文化程度不高,对调查方案指标的理解不到位。严重的出现违反调查方案,随意把非抽样者充当调查对象,召集熟人一起集体填写问卷;甚至编造问卷赚取劳务费。这些行为严重违反样本的科学性和随机性,进而影响调查数据的真实性。

(2) 调查项目繁多,调查项目的内容和属性存在较大的差异,对调查人员的培训分级培训,层层进行,造成内容不完整、不连贯、质量难以保证。市场调查在实施过程中,调查人员的培训质量直接决定调查数据的可靠性和有效性。但在调查项目实施过程中,往往因成本所限、时间所限、范围所限,在较短的时间周期内安排过大的调查工作量,调查人员不堪重负,从而影响调查数据的质量。

(3) 调查工作组织和管理方式不合理。调查目的是否清晰、调查对象是否选择恰当、调查方法运用是否得当、调查时机是否合适、调查形式是否正确等问题都会影响市场调查数据的真实性。目前,市场调查数据真实性低的主要原因是调查对象更换率高,产生样本偏差。合格的调查对象更换率高主要有客观原因和主管原因。客观上,合格的调查对象有的拒绝接受调查,或受客观条件限制,调查对象不得不委托他人来完成调查。主观上,有的调查人员人为地更换调查对象。如调查人员在调查过程中,因合格的调查对象不配合,而随意压缩调查时间、内容,或因合格的调查对象不易找到,进而退而求其次,违反抽样原则,寻求并不完全合格的调查对象调查,如在调查对象的年龄控制方面有所松动。

因此,不能严格按照调查设计规定的标准和原则,随意变更和降低调查对象的规格和标准,随意抽选调查对象,造成调查样本在结构方面存在失调和误差,导致调查对象样本代表性差,调查数据的真实性出现问题。常见的情况如到超市调查,如果调查时间是上午,往往老年人居多,这样调查对象的年龄结构比例失调(老年人居多,年轻人相对较少),性别结构比例失调(女性居多,男性相对较少)等。

(4) 市场调查的质量监控制度不健全,调查全过程的监管措施往往也不到位,市场调查尚未形成一套系统、规范的质量控制措施,如对培训质量、抽样质量、调查质量、开放题处理质量、数据录入质量、卷面质量、审核质量等每一环节的质量控制制度缺位,都会直接导致数据质量出问题。

如抽样质量控制就是监督的一个重要方面。在实际调查过程中,从事调查的人员容易出现不按方案要求去抽选样本(调查对象),而是根据方便程度或调查对象接近的难易程度来挑选样本，会随意让其他人员代替抽中的调查对象。

调查组织者没有设计出合理的约束方案，对个人拒访、不配合调查、提供虚假信息等现象约束无力，因而无法保证调查数据的真实性。

3. 被调查对象的因素

（1）近年来，由于调查对象对个人隐私、商业秘密的保护意识增强，对调查工作的支持配合程度不高，拒访率升高。

（2）对调查意义不理解，认为这些调查与他的关系不大，只是走形式，获取调查费，缺乏严肃性、规范性。

（3）部分群体和个人，可能因生活不如意等原因，对社会存在普遍性不满，调查中存在不合作情绪和矛盾。因此，他们对调查抱有敌意，有的甚至提供虚假数据。

三、数据调查的控制

控制市场调查数据真实性的方法通常有事前控制、事后控制和事中控制三种方法。

1. 事前控制

"事前控制"的方式主要用于控制持续获取的周期性数据，如日常客流量数据，或日常商品的价格数据，从而保证数据的真实性。事前控制方法在调查开始启动之前，就确定控制调查数据真实性的标准和基本方法，以及调查过程控制的管理办法。它包括调查者培训的管理、抽样样本质量的控制、调查数据可靠性分析、数据统计检验方法和调查数据审核控制，等等。

2. 事后控制

对一个调查项目数据的真实性进行控制，除了应用"事前控制"的方法外，更多的应用"事后控制"方法。事后控制就是在调查结束后，通过"事后抽查"来判断调查数据的真实性和可靠性，并分析调查所得数据的过程在哪个环节出了问题，从而进行挑选和修正，最终达到提高调查数据真实性的目的。在通常情况下，"事后控制"的方法主要有以下四种。

一是回访甄别。市场调查结束后，抽取一定比例的调查对象，通过电话回访或实地回访（要求详尽记录被访调查对象的联系方式）来核对调查所得的数据，从而评判入户调查质量。

二是结构判断。调查问卷录入后进行数据汇总，看其样本年龄结构，如果其结构与当地年鉴中统计数据大相径庭,则可基本判断调查质量有问题。

三是历史数据比较判断。可从调查频率的角度看,专项调查有一次性调查和定期跟踪性调查,如果是一次性调查则只能通过"事前控制"和"事后抽查"控制质量;如果是定期跟踪性调查,则可以多一个评判的标准,就是历史数据比较判断,通过与以往的调查数据进行比较的办法来评判数据质量,如果数据出现大的波动,而又缺乏理由,则就说明调查质量出了问题,应严密排查每个环节,及时更正质量出问题的环节。

四是与权威数据对比分析。找到类似的(相关的)、公认的、信度和效度较高的调查数据,或已经被证实了的相关调查数据,进行对比分析,以此来判断数据的可靠性和有效性。

3. 事中控制

客观真实的调查数据是调查的目的所在,是调查者的立身之本,科学完整的质量制度体系是保证调查数据的客观真实的必要路径。事中控制方法指的是在实施市场调查的过程中建立健全调查数据质量控制体系并严格按照质量控制体系操作执行。事中控制的具体方法包括如下几项。

(1) 明确调查数据真实性的概念、内容和控制流程,严格实施数据真实性控制的操作规程。主要通过人员培训质量控制、抽样质量控制、调查过程质量控制、调查问卷质量控制、开放题处理质量控制、数据录入质量控制以及审核质量控制7个环节对整个调查数据的真实性进行全面的有效控制。

(2) 实行调查项目负责人考核制度。每个调查项目实施阶段须明确调查项目的各级负责人,明确调查项目各级负责人的职责、权力和利益。实行调查工作考核制度,将每项调查工作质量纳入考核,从单项考核到整体考核,从阶段考核到结果考核。考核结果在适当的范围内公布,加强对调查数据真实性的控制力。

(3) 实行巡查、抽查督导制度。聘用经验丰富和责任心强的专业人员对调查工作进行全流程质量巡查、抽查、督导,并将巡查、抽查、督导情况记录在规定的文档中,以便为改进、优化和考核数据真实性提供依据。

(4) 实行多层次监控和多级联审的数据真实性控制管理体系。从项目总负责人、项目的职能负责人、项目区域负责人、项目督导一直到现场调查员,形成一个系统的、完整的纵向和横向的交互监控体系。将职能审查、督导审查和直线审查以及互审结合起来进行联审,确保调查数据的真实性。

1.8　消费者调查

　　消费者调查和品牌调查是市场调查的重要应用内容。消费者调查是指在对市场环境、人口特征、生活方式、经济水平等基本特征进行调查的基础上,运用各种市场调查技术和方法,对消费者群体通过认知、态度、动机、选择、决策、购买、使用等阶段实现自身愿望和需要进行深入的系统的调查。消费者调查是市场上卖方为了更好地了解消费者行为进行的,是商家为了更好地推广产品、销售产品,是加强顾客管理和进行科学决策的重要依据。

一、消费者调查的意义

　　消费者调查是市场调研领域应用最多,同时也是消费品市场调研中最基础、最主要的组成部分,它是消费品生产企业,特别是民用消费品生产企业经常实施的一项市场调研。消费者的需求代表着市场需求,决定市场潜力的大小,满足消费者的需求是企业生产和销售等经营活动的出发点和归宿点。因此,消费者调查研究具有十分重要的意义。

　　企业的市场营销决策的每一项具体内容都涉及消费者,都要考虑消费者的具体需要和明确的要求。如服装布料的挑选、色彩和款式的设计,要考虑衣服穿在谁的身上;给糖果起什么名称,要考虑是卖给孩子吃,还是卖给成人吃;是选择杂志还是电台做广告,要考虑目标消费者是喜欢看杂志还是听广播;是选择超市还是专卖店出售自己的产品,则要考虑消费者的消费档次和购买习惯。所以,企业在制定市场营销决策之前必须进行消费者调查。

　　[实例1.12]　1969年,美国啤酒业中的"老八",米勒啤酒公司,被菲利浦·莫里斯公司(PM)收购。在被收购之前,米勒啤酒公司在美国排在第八位,市场份额仅占6%。当时美国的啤酒业竞争虽已非常激烈,但啤酒公司营销的手段仍很低级,他们在营销中缺乏市场细分和产品定位的意识,把消费者笼统地看成一个需求没有什么区别的整体,用一种包装、一种广告、一个产品向所有的顾客推销。PM公司兼并米勒啤酒公司之后,在营销战略上作了根本性的调整。在作出营销决策以前,PM公司进行了认真的消费者调查。通过调查发现,美国的啤酒消费者可分为轻度饮用者和重度饮用者两类,轻度饮用者人数虽多,但其总的饮用量却只有重度饮用者的1/8。而重度饮用者有着下列特征:多是蓝领阶层;年龄多在30岁左右;不十分重

视啤酒的味道,喜欢在酒吧间里与同伴一起喝酒;每天看电视 3.5 小时以上;爱好体育运动。因此,公司决定把目标市场定在重度饮用者身上,对旗下的品牌啤酒进行了重新定位,并制定了针对性营销策略,终于大获成功,其市场份额达到 21.1%。

二、消费者调查的内容

1. 消费者的基本情况

消费者的基本情况包括现有消费者和潜在消费者的数量及地区分布;消费者的个人收入或家庭收入状况、购买力水平、购买力投向;消费者的年龄、性别、职业、民族、文化程度等。通过对上述内容的调查与分析,可以了解其产品的消费群体。

2. 消费者需求调查

消费者需求调查主要了解购买某种产品(或服务项目)的消费者主要都是些什么人,产品的最终消费者和使用者又是谁,他们希望从中得到哪方面的满足和需求(如效用、心理满足、技术、价格、交货期、安全感等),现时的产品(或服务项目)是否能够较好地满足他们的需求,还存在着哪些不足,以及本企业所生产的产品又将卖给谁,企业营销活动所针对的目标消费者在哪里等。通过消费者需求调查,发现消费者的潜在需求,帮助企业正确地选择目标市场,进行产品定位,减少企业在产品选择和市场选择上的失误。

3. 消费行为与态度研究

消费者行为态度研究即调查消费者对某一类产品(或服务项目)的消费心理、消费行为、消费动机、消费决策过程以及信息获取渠道等。如消费者购买或使用什么产品(what),消费者为什么购买或使用(why),购买和使用产品的消费者是谁(who),在什么时候或希望在什么进候购买和使用(when),在什么地方或希望在什么地方购买和使用(where),购买和使用的数量是多少(how much),如何购买和使用的(how),以及从哪里获得产品的信息(where)等。

4. 消费者满意度调查

消费者满意度调查主要调查消费者对企业产品和服务的满意程度,包括满意率、忠诚度、顾客抱怨以及他人推荐率等。进行消费者满意度调查应建立系统、完备而有效的消费者满意度评价指标体系,其内容可包括品牌认知、品牌购买、品牌使用、品牌美誉、产品质量、产品功能、产品外观、产品式样、产品包装、价格定位、产品安全性、产品可靠性、产品设计、企业信誉、服务质量、服务环境、服务态度、服务规范、用户投诉、售后服务等诸多要素。在此基础上,设计消费者满意度调查问卷,通过消费者访问、销售或服务现场调查等获取信息。

消费者调查由于涉及的调查方向和内容较多,因此,应根据调查的具体目的和要求,认真界定调查的方向和内容,特别要抓住购买能力、购买动机、购买行为、信息获取渠道等关键项目和要素进行调查。

适用于消费者调查的市场调查方法很多,主要包括拦截访问法、座谈会法、入户访问法、电话调查法、邮寄调查法、网络调查法等。

下面是一则关于消费者调查的案例,包括对消费者情况、购买动机和购买行为的调查,以帮助大家理解消费者调查在实践中的运用。

[**实例 1.12**] 某超市对其消费者的调查。

1. 您的性别:
    ○ 男性　　　　　　　　　　○ 女性

2. 您的年龄:
    ○ 20 岁以下　　　　　　　　○ 20～30 岁
    ○ 30～40 岁　　　　　　　　○ 40～50 岁
    ○ 50 岁以上

3. 您的家庭成员人数(指同住的家庭成员):
    ○ 1 人　　　　　　　　　　○ 2 人
    ○ 3 人　　　　　　　　　　○ 4 人
    ○ 5 人以上

4. 您的家庭平均每月总收入:
    ○ 1 000～2 000 元　　　　　○ 2 000～3 000 元
    ○ 3 000～4 000 元　　　　　○ 4 000～5 000 元
    ○ 5 000 元以上

5. 您的职业:
    ○ 公务员　　　　　　　　　○ 企业职工
    ○ 私营/个体　　　　　　　　○ 下岗待业
    ○ 家庭主妇　　　　　　　　○ 学生
    ○ 其他

6. 您家日常所需商品通常由谁购买:

○ 本人　　　　　　　　　　　　○ 父母

○ 妻子/丈夫　　　　　　　　　　○ 儿子/女儿

7. 您的家庭平均每月在所有超市和菜市场及其他类型的购物场所的消费金额为：

○ 200 元以内　　　　　　　　　○ 200～300 元

○ 300～400 元　　　　　　　　　○ 400～500 元

○ 500～600 元　　　　　　　　　○ 600 元以上

8. 您最近一周去过哪一家超市购物：

○ 沃尔玛超市　　　　　　　　　　○ 家乐福超市

○ 华联超市　　　　　　　　　　　○ 菜市场

○ 其他便利店

9. 您选择它们是因为：

○ 便利　　　　　　　　　　　　　○ 品种齐全

○ 价格低　　　　　　　　　　　　○ 购物环境好

○ 收银效率　　　　　　　　　　　○ 服务好

○ 商品质量好　　　　　　　　　　○ 容易找到所需要的商品

10. 您一般在本超市一次性购物消费的金额为：

○ 100 元以下　　　　　　　　　○ 100～150 元

○ 150～200 元　　　　　　　　　○ 200～300 元

○ 300～400 元　　　　　　　　　○ 400 元以上

11. 您到本超市购物的频率为：

○ 偶尔　　　　　　　　　　　　　○ 一周一次

○ 一周二次　　　　　　　　　　　○ 一周三次

○ 更多　　　　　　　　　　　　　○ 不确定

12. 您家距离我们超市有多远：

○ 200 米　　　　　　　　　　　○ 200～500 米

○ 500～1 000 米　　　　　　　　○ 1 000～1 500 米

○ 1 500 米以上

13. 您购物所使用的交通工具有：

○ 步行　　　　　　　　　　　　　○ 的士

○ 自行车　　　　　　　　　　　　○ 地铁

○ 自驾车　　　　　　　　　　　　○ 公交

　　○ 超市接送车　　　　　　○ 其他

14. 您在购物的时候,希望我们提供何种服务方式:
　　○ 价格合理便宜　　　　　○ 质量有保证
　　○ 商品品种齐全　　　　　○ 交通便利
　　○ 服务好　　　　　　　　○ 购物环境好
　　○ 售后服务好　　　　　　○ 其他

1.9　品牌调查

　　品牌调查是市场调查的一种特殊形式,是为了获取品牌管理过程中所需要的信息而进行的科学的调查活动,也就是针对品牌管理过程中出现的问题或机会,运用市场调查的方法,进行资料收集、整理及分析的过程。任何企业,无论是新品牌的建立,还是原有品牌的维系,都要求在开展有关品牌的每一项活动时,正确认识市场状况、品牌的现状和发展方向。正所谓"知己知彼,百战不殆"。品牌调查是使品牌管理者知己知彼,进行品牌决策的重要依据。美国权威调查机构 Grossman 以品牌和销售效果相关研究为主题,对本土行销的数十万个品牌中的 500 个品牌深入调查后发现,36%的品牌名称对销售构成严重伤害,52%的品牌名称对销售帮助马马虎虎,只有12%的品牌名称能有效促进销售。美国企业平均每年改换名称者在5 000家以上,因营运不佳而被迫改名的更是不计其数①。所有企业都期望自己的品牌能成为知名品牌、强势品牌,所以更不能忽视针对目标消费者的品牌名称调查,以避免命名失误带来的损失。这只是一个关于品牌名称的例子,但反映了品牌调查的必要性。

一、品牌调查的内容

　　根据品牌管理中所要解决的问题不同,品牌调查可以分为品牌环境调查、品牌竞争力调查、品牌权益调查和品牌价值调查。

　　1. 品牌环境调查
　　品牌环境调查是对目标品牌蕴于其间赖以成长的所有影响品牌资源沉淀、品牌资产增值的环境因素的系统调查,包括宏观环境调查、行业环境调

---

　　① 陈云岗. 品牌批判[M]. 广州:广州出版社,1999.

查和组织环境调查三部分。其中,宏观环境调查主要围绕着政治环境、经济环境、社会环境、技术环境来系统展开。行业环境调查一般是在对品牌的基本市场因素如市场规模和营销模式等调查的基础上,围绕着整个行业中的竞争因素来展开,包括行业中现有品牌之间的竞争、新进入者的威胁、替代品的威胁、用户的议价能力和供应商的议价能力五个方面。而组织环境调查则是针对组织运行的环境进行调查,包括组织硬环境调查和组织软环境调查。组织硬环境调查主要是指针对企业所处的生命周期、业务类型、财务状况以及企业的组织架构等方面的情况进行调查。组织的软环境调查主要是针对组织文化、品牌建设以及人力资源方面的状况进行调查。

2. 品牌竞争力调查

品牌竞争力是企业对其内部资源有效配置的结果。所以,品牌竞争力调查是对企业在竞争的市场环境中,通过对资源的有效配置和使用,使其品牌在销售产品、扩大市场份额、维系忠诚顾客等市场能力方面的调查。调查的内容包括:公司概况(公司性质、经营历史、实力业绩、规模、组织架构等);营销现状(主导产品的目标市场、品牌定位、销售渠道状况、产品价格、储运情况、广告、公关等促销活动中的计划与执行情况等);以及品牌市场的现状和未来营销发展期望,诸如公司所处行业的营销环境现状及趋势、主要竞争对手的状况、公司未来的发展计划与期望的营销业绩等。

3. 品牌权益调查

品牌权益调查是对目标品牌通过产品、服务、传播及其他组织运营作业在目标消费者和其他利益相关者中产生的关于品牌的认知、联想、关系及其行为习惯的系统测量,通常由品牌知名度调查、品牌认知度调查、品牌美誉度调查、品牌偏好度调查、品牌忠诚度调查、品牌满意度调查,以及品牌的市场占有率等项目构成,而这些往往是品牌调查的重点。

4. 品牌价值调查

品牌价值调查就是采用一些工具和方法对品牌以货币的形式进行财务评估,以期获得该品牌在消费者心中或行业内部的认可。各种咨询机构所公布的品牌排名就是通过品牌价值来进行的。品牌价值是品牌竞争力的具体表现之一。

二、品牌调查技巧

前面所介绍的常用市场调查方法,如焦点访谈法、问卷调查法、实验法、观察法等同样适用于品牌调查，这里就不再累赘。此外，在实践运用中，投射技术同样被认为是品牌调查的一种较为有效的方法。投射测试法是指通过给被访者提供一种模糊的、非结构性的访谈情境，使其在一种没有明确目标指向的条件下，自由、充分地表达自己的观点和看法，从而探究其隐藏在表面反应下的真实心理——真实的情感、意图和动机的一种研究方法。常用的投射测试方法有以下几种。

1. 词语联想测试法

该测试法通过给测试者一个词语，然后请他们说出由此在脑海中出现的联想，包括词语、画面、事物等。其中，第一联想到的东西往往最重要，然后询问测试者得到这种联想的原因或含义。在操作上，一般是快速地念出一连串词语，然后请被测试者说出其第一反应，不让心理防御机制有时间发挥作用。如果受试者不能在3秒钟内作出回答，那么可以断定他已经受到了其他因素的干扰。

操作方法：告诉被访者一个词语或者其他刺激物，请他们说出或者写出自己马上想到的东西，包括词语、画面、事物等，例如：

当我说＿＿＿＿＿的时候，你的脑子里马上会想到什么？

当我说＿＿＿＿＿的时候，请写下第一时间出现在你的脑海里的事情或者语句。

词语联想法常用于选择品牌名称等，一个名字要成为知名度较高的品牌名称，需要与目标消费者的积极联想很好地结合起来，好的品牌名称一般都具有非常形象的想象内容。如可口可乐、奔驰、宝马、小灵通等都具有丰富的联想内容。

2. 句子和故事完形测试

句子和故事完形测试法可以和词语联想测试法联用。它是指受访者拿到一段不完整的故事或一组残缺句子，然后将其补充完整。例如：

A. 联华超市是……

B. 在联华超市购物的人是……

C. 联华超市应该是……

D. 我不明白联华超市为什么总是……

E. 小红问小明："我曾听人说过联华超市……"小明会怎么回答？

句子和故事完形测试的目的都是让受访者将自己投射到剧情中假设的任务上，通过表达剧情中的他人，反映出其内心的想法。

句子相对于单个的词语而言有一定的情景提示,而故事完形却具有进一步的情景限制而具有较详细的情景细节。一般而言,回答的情境限制越少,提示性越小,联想的范围越广;反之,则提示性越大,联想被限定在有限的范围内,目标指示性越强。在实践中,不少调研者认为,句子和故事完形测试是所有投射技术中最有用和最可靠的一种。

3. 品牌拟人

请被访者把某个品牌想象成一个人,然后描述以下方面:

——年龄和性别

——外表、衣着

——性格特征

——职业、职务、地位、社会阶层

——家庭状况

——兴趣爱好、休闲娱乐方式

——你喜欢和他/她在一起吗?

——什么样的人会喜欢他/她?什么样的人不喜欢他/她?

——你在什么情况下最喜欢和他/她在一起?

——等等

品牌拟人主要用于了解品牌的形象描述、品牌的形象价值以及品牌的个性,通过人的性格清晰地捕捉到品牌的重要特征。品牌拟人还有助于解释消费者和品牌之间深刻的情感联系。

4. 使用者或购买者形象

这种方法比较适合了解快速消费品品牌用户的概况,以及他们的个性和消费心态方面的特征。对于探测目标消费群以及消费者的接受程度都有一定帮助。

请被访者描述一下某个品牌比较典型的使用者的形象,包括以下方面:

——性别

——年龄

——外表/穿着

——性格(是否容易接近、有活力、开放、爱干净、有创造力,或迂腐的,等等)

——价值观和态度

——兴趣爱好

——经常购买的品牌/产品

——职业

——家庭状况等

对于某些产品,应该更深入了解一些购买者形象,问题包括以下几项:

——这个购买者怎么付款?

——怎样回家?

——到什么样的家里去?

——他和什么人一起生活?

——有些什么样的朋友?

——其他生活方式怎么样?

5. 购物篮

这种方法主要用于了解品牌形象的社会属性,从消费者的消费形态来探究消费者对品牌价值的认同感,很适合用于研究快速消费品。特别是适用于该品牌在市场上可能有一个主要的竞争对手,还有一些差异比较明显的其他竞争对手时。

操作方法:指定几个品牌或产品(一般是三个)。一个是自己的品牌,一个是主要竞争对手的品牌,还有一个是其他比较有特点的竞争品牌。请被访者想象有三个人在超级市场里,每人推着一辆购物手推车。他们每人都已经各拿了一样前面指定的产品。接下来,请被访者开始进一步想象自己和这些人在一起。如果这三个人继续购物,他们还会选择哪些比较适合与手推车里的这件商品放在一起的产品? 然后追问原因。

[实例 1.13] 了解消费者对可乐主要竞争品牌的看法。

三个品牌:可口可乐、百事可乐、(娃哈哈)非常可乐。它们分别放在三个购物篮里,消费者会继续在这三个购物篮里放些什么东西呢? 得到的答案如下所示。

可口可乐篮:家庭清洁用品、家用保鲜膜、汰渍洗衣粉、《幽默大师》(杂志)、中国足球队队服、Twins 的 MTV 录像带、中国结、红色的桌布、足球、清爽沐浴露、冰棍、卡通人物玩具(史奴比等)……

百事可乐篮:漫画人物玩具(灌篮高手等)、时尚背包、谢霆锋的唱片、阿迪达斯足球、网球拍、滑板车、耐克运动鞋、荷氏薄荷糖、飘柔洗发水……

非常可乐篮:蔬菜、肉类、雕牌肥皂、蜂花洗发膏、国产电视剧的 VCD、盗版 CD、黑妹牙膏、水饺……

具体分析如下：

最清晰的是百事可乐的定位，时尚年轻一族所拥有的装备基本都反映了出来，百事购物篮中各个品牌或者产品本身的属性叠加，就已经能充分表现出品牌的内涵和外延。极限运动和动感音乐之所以成为百事的主题由此可见一斑。本次调查不但了解了百事所具有的时尚的形象，更重要的是，消费者用那么多的品牌和产品诠释了时尚一词的含义。这就为以后的品牌营销提供了很好的素材，更为百事品牌的延伸提供了一个很好的背景。

非常可乐的形象也很清楚。从整体来看，它是中低档市场的一个主要品牌，消费者选择的产品和品牌大都是中低档产品。这和非常可乐走农村路线的策略是相符的。

需要认真分析的是可口可乐的购物篮。看上去那个购物篮像个杂货铺，但绝不可以武断地认为可口可乐的品牌定位不明晰，这就违背了购物篮技术的初衷了。事实上，透过可口可乐购物篮，可以得到它的一些具有竞争性的特性：品牌形象已经深入家庭，被广泛的家庭成员接受；品牌形象里已经渗入了中国人的文化情结；释放心情的感觉；快乐、大气的感觉。正是这些特点，使可口可乐和百事可乐有了比较明显的区分。

1.10　运用相对指标分析

美国杜克大学经济学教授丹·艾瑞里的《怪诞行为学》道出一个有趣现象：你买一支钢笔，一家较近商店卖 25 元，另一家较远商店卖 18 元。你会为了这 7 元钱，多走 15 分钟路去买。如果你买一件衣服，较近的甲商店卖 455 元，较远的乙商店卖 448 元，你却不愿意跑 15 分钟的路去乙商店[①]。原因何在？显然，买钢笔省下 7 元钱所占支出比重，比起买衣服省下 7 元钱所占支出比重要大得多。可见，从相对数据中可以发现一些有意义的问题。

一、相对指标法与作用

相对指标是用来说明现象的数量之间对比关系的指标。它是通过两个或两个以上有联系的指标数值对比求得，用以反映现象的发展程度、结构、强度、普遍程度或比例关系等。显而易见，相对指标的结果是相对数，如消

---

① 丹·艾瑞里. 怪诞行为学[M]. 赵德亮，夏蓓洁，译. 北京：中信出版社，2010.

费者性别比例、年龄构成、市场占有率、产品普及率、销售增长率等。

相对指标是把两个或多个具体数值抽象化,使人们对现象之间所存在的固有联系认识通过相互对比,形成较为深刻的理解。所以,相对指标分析在研究数量关系中广泛应用,它可以分析和说明现象间对比的程度,也可以使不能直接使用问题指标的现象进行直接对比。

二、相对指标法的表现形式

相对指标法主要有三种表现形式,它们分别是比值形式、比例形式和复名数形式。

1. 比值表现形式

比值表现形式也称为相对数表现形式,可以从以下几类进行理解。

(1)倍数与分数。例如,某公司销售额是去年的3倍,或者销售额比去年增加2倍。再如,A公司的销售额不及B公司的2/4。

(2)十分数。例如,某地GDP占全国比重的1/10。再如,今年某公司产品的市场占有率增加了1成。

(3)百分数。例如,班级同学市场营销学的及格率达到了80%。

(4)千分数和万分数。其使用方法同百分数相同。

2. 比例形式

比例形式是用比例符号":"把相互对比的指标联系起来所形成的一种形式。该形式不需要计算比值。例如,我国第五次人口普查资料显示,男女人口的比例为106.74:100。

3. 复名数形式

它是将分子和分母指标计量单位同时使用,把两种单位复合起来而形成的单位。如:人口密度用"人/km²"表示,人均粮食产量用"kg/人"表示,等等。

三、相对指标的类型

相对指标的类型主要分为结构相对指标、比较相对指标、强度相对指标和动态相对指标四种。

(1)结构相对指标。一个总体通常由若干部分组成。为了观察与分析总体内部的构成及其变化,要在总体分组的基础上,计算结构相对指标。结构相对指标是总体内某一组与总体之比,即部分与全体之比,通常用百分数

表示,其计算公式为:

$$结构相对指标＝结构内数量÷总体数量×100\%$$

它可以是某组总体单位数与全部总体单位数之比,也可以是某组标志总量与总体标志总量之比,都表明总体内某类现象所占的比重。但不管是哪一种表现形式,结构相对指标子项数值,必须同时包括在母项数值之中。如果违背这一原则,就不能说明总体结构及其变化量。也正因为如此,各组结构相对指标之和一定要等于100%或1。

(2)比较相对指标。比较相对指标是不同空间或不同类型的两个同类指标之比,可以是两个总量指标之比,也可以是两个相对指标或两个平均指标相比,一般都以百分数或系数表示。

一种比较相对指标所对比的,是同一性质不同空间的两个指标,可以是两个企业、两个地区,也可以是两个国家。通过这种对比,可以说明某种现象在不同空间发展的不平衡性,反映先进和落后的差距或两国经济发展上的差距。另一种比较相对指标所对比的是同一性质不同类型的两个指标,它说明用来对比的两个部分之间的比例或对比关系,以分析事物的性质和特点。比如,用同一时期华南区销售额与华北区销售额进行对比,说明两个区域销售额水平的高低;用同一个部门今年第三季度同上一年第三季度的销售额进行对比,说明同一个部门不同时间段销售额变动情况。

(3)强度相对指标。强度相对指标是有密切联系的两种性质不同的总量指标之比。例如,按人口分摊的钢产量,可以表示为"吨/人";单位时间内生产产品的数量,可以表示为"件/小时"。强度相对指标具有两个作用:第一,它比总量指标更能确切地反映经济和文化的发展水平,因而广泛地用于空间对比,特别是在两国之间作对比分析;第二,由于强度相对指标表明相互联系的两种总量之间的数量关系,经常用于指标的推算和估算。

(4)动态相对指标。速度指标是动态相对指标的重要表现形式。其中,平均发展速度与平均增减速度是对这种动态指标重要测量方法,在统计的动态研究中具有十分重要的作用。

几何平均法是计算平均发展速度最常用、最基本的方法。这是因为,现象在一段时间发展的总速度(定基发展速度),通常是其中各个时期发展速度(环比发展速度)的连乘积,而不是它们的和,因此,计算平均发展速度,不常用算术平均数,而常用几何平均数。

表 1.10.1　江苏省 2009—2014 年 GDP 总量状况

单位:亿元

年份	2009	2010	2011	2012	2013	2014
GDP	34 061.2	40 903.3	48 604.3	54 058.2	59 161.8	65 088.3

运用几何平均法计算平均发展速度的公式为:

$$x = \left(\frac{a_n}{a_0}\right)^{1/n}$$

其中, a_n 表示期末的量, a_0 表示基期的量, n 即指第 n 期。

同样,也可以计算出平均几何增长率为:

$$r = \left(\frac{a_n}{a_0}\right)^{1/n} - 1$$

根据表 1.10.1 所示,以江苏省 GDP 数据为例,以 2009 年为基期,则 2009—2014 年江苏省 GDP 总量平均发展速度为 1.138 倍。这 5 年的 GDP 总量的平均几何增长率为 13.8%。

1.11　运用交叉列表分析

交叉列表分析是指同时将两个或两个以上具有有限分类和确定值的变量,按照一定顺序对应排列在一张表上,从中分析变量之间的相关关系,得出科学结论的技术。变量之间的分项必须交叉对应,从而使得交叉表中每个节点的值反映不同变量的某一个或几个特征。

一、交叉列表分析的重要性

交叉列表分析技术在市场调查的数据处理和分析中被广泛地应用。其原因在于:①交叉列表分析及其结果很容易为那些不具有较深统计知识的经营管理人员接受和理解;②许多市场调查项目的数据处理分析可以依赖交叉列表分析方法得以解决;③通过一系列的交叉列表分析,可以深入了解和认识那些复杂的事物或现象;④清楚明确的解释能使调查与预测结果很快成为实施经营管理措施的有力依据;⑤这种技术简便易行,尤其是一般的市场调查人员更容易接受。

在运用交叉列表分析时,对变量的选择和确定正确与否是关系分析结果正确性的关键性因素之一。下面的例子说明了变量选取的重要性,同时也反映出如果交叉列表法使用不当,就极可能产生错误的结论。

在那些基础性的调查、预测项目中,研究人员应该把所有与问题相关的因素都选作交叉列表分析的变量分别进行分析。比如,在一项关于产品销售的分析项目中,研究人员应把有可能影响产品销售的因素,如质量、品种、花色、品牌、包装、体积等都加以考虑,作交叉列表的分析。在某些应用型的项目中,研究人员具有较多地选择和确定交叉列表分析变量的自由度。例如,在调查顾客光顾快餐店是否受一些关键因素的影响和制约时,应考虑的变量因素可能包括消费者的性别、收入水平、职业、年龄等。研究人员也可以把消费者的受教育程度、民族、性格等作为分析变量的因素加以考虑。总之,在此类情况,交叉列表变量的选取取决于客户的要求和研究人员的分析判断。

在那些简单的事实收集型调查与预测的项目中,需考虑的变量因素通常已在调查与预测要求中明确列出,研究人员只需按要求把各项数据列入已设计好的表格之中。例如,某项市场调查是关于消费者受教育程度高低与文化消费水平之间的关系,其资料处理分析时交叉列表的两个变量无疑应该是文化消费水平和受教育程度。

不管研究人员在选择、确定交叉列表分析变量因素时有多大的自由度,变量因素的确定必须是在资料收集之前,这是因为只有掌握了足够的数据资料,相应的交叉列表分析方能进行。

二、交叉列表分析法发现问题

在实际调查工作中,往往需要在两个变量交叉列表分析基础上,加入第三个变量作进一步分析。通过加入第三个变量,原有二变量交叉列表分析的结果将可能出现以下四种情况。

1. 更为精确地显示原有变量之间的关系

以某项时装购买和婚姻状态之间关系的市场调查项目为例:时装购买数量的变量情况分为多和少两种状态。婚姻状态的变量也分为两种状态:已婚和未婚。该调查活动对 1 000 个消费者进行调查,以二变量交叉列表分析得到表 1.11.1。

表 1.11.1　婚姻状态与时装购买状况的关系

购买时装状况	已婚	未婚
购买较多比重	31%	52%
购买较少比重	69%	48%
被调查者数(人)	700	300

表 1.11.1 显示:被调查者中 52% 的未婚者属于时装购买多的,而在已婚者中只有 31% 属于时装购买多的。结论是:未婚者比已婚者购买更多的时装。

表 1.11.2　婚姻状态、性别与时装购买状况的关系

性别/婚姻状况 购买时装状况	男性		女性	
	已婚	未婚	已婚	未婚
购买较多比重	35%	40%	25%	60%
购买较少比重	65%	60%	75%	40%
被调查者数(人)	400	120	300	180

当购买者的性别作为第三个变量引入后,得到三变量交叉列表分析结果,如表 1.11.2 所示。

表 1.11.2 中显示:女性中 60% 的未婚者属于时装购买多的,而已婚女性中的比例只有 25%;就男性而言,40% 的未婚者和 35% 的已婚者属于时装购买多的,两者的比例比较接近。显然,通过引入性别变量后,原有结论得到了更为精确地反映。

2. 显示原有变量之间的联系是虚假的

某项商品房购买意向的市场调查最初是以调查者受教育的程度和高档商品房购买意向两个变量进行分析的,对 1 000 人调查的结果用二变量交叉列表分析得到的结果如表 1.11.3 所示。

表 1.11.3　教育程度与高档商品房购买意向的关系

高档商品房购买意向	被调查者受教育程度	
	大学程度	低于大学
购买占总体比重	32%	21%
不购买占总体比重	68%	79%
合计	100%	100%
被调查者数(人)	250	750

表 1.11.3 显示:大学程度的被调查者中 32% 有购买高档商品房购买意向,而低于大学程度的被调查者中只有 21% 有购买意向。当准备作出受教育程度是影响高档商品房购买意向的结论时,调查人员意识到收入水平也可能是一个重要的影响因素,于是把收入水平作为第三个变量引入,得到的分析结果如表 1.11.4 所示。

表 1.11.4 教育程度、收入水平与高档商品房购买意向之间的关系

高档商品房购买意向	被调查者收入水平			
	低收入		高收入	
	教育程度		教育程度	
	大学程度	低于大学	大学程度	低于大学
购买占总体比重	20%	20%	40%	40%
不购买占总体比重	80%	80%	60%	60%
合计	100%	100%	100%	100%
被调查者数(人)	100	700	150	50

表 1.11.4 显示:收入水平是影响高档商品房购买意向的主要因素,而教育程度并非关键的影响因素。分析说明:原先通过二变量交叉列表分析得出的结论是虚假的。

3. 显示出原有变量之间被隐含的联系

以某项研究年龄和出国旅游愿望的调查分析为例,结果如表 1.11.5 所示。表 1.11.5 显示,年龄不是影响人们愿否出国旅游的主要因素,但当把性别作为第三个变量加入以后,却得到新的分析成果,如表 1.11.6 所示。

表 1.11.5 年龄与出国旅游愿望的关系

出国旅游愿望	被调查者年龄	
	小于 45 岁	45 岁或以上
有出国旅游愿望的比重	50%	50%
没有出国旅游愿望的比重	50%	50%
合计	100%	100%
被调查者数(人)	500	500

表 1.11.6　年龄、性别与出国旅游愿望之间的关系

出国旅游愿望	性　别			
	男性		女性	
	年龄		年龄	
	小于 45 岁	45 岁或以上	小于 45 岁	45 岁或以上
有出国旅游愿望的比重	60%	40%	35%	65%
没有出国旅游愿望的比重	40%	60%	65%	35%
合计	100%	100%	100%	100%
被调查者数(人)	300	300	200	200

　　显然,从表 1.11.6 可知:在加入第三个变量以后,原先隐含的年龄与出国旅游愿望之间的关系得到了明确的反映。在男性中,小于 45 岁的被调查者中更多的有出国旅游的愿望;而女性则正好相反,大于 45 岁的被调查者中更多的有出国旅游的愿望。

　　4. 不改变原先反映出的变量之间的联系

　　在某些情况下,第三个变量的加入并不改变原先二变量交叉列表分析的结果。这种情况说明新的变量不对原有二变量之间的关系产生影响。以某项调查家庭规模和经常外出吃快餐之间关系的项目为例,二变量交叉列表分析的结果如表 1-9 所示。被调查者的家庭被分为小、大两种规模,各调查 500 户,总共 1 000 个调查单位。分析结果表明家庭规模与是否经常到外面吃快餐之间没有直接的联系,如表 1.11.7 所示。

表 1.11.7　家庭规模与经常外出吃快餐之间的关系

分类	被调查的家庭规模	
	小	大
经常外出吃快餐的比重	65%	65%
不经常外出吃快餐的比重	35%	35%
合计	100%	100%
被调查家庭数(户)	500	500

当把收入水平作为新的变量加入分析以后,其结果如表 1.11.8 所示。

表 1.11.8 家庭规模、收入与经常外出吃快餐的关系

分类	被调查家庭的收入水平			
	低收入		高收入	
	家庭规模小	家庭规模大	家庭规模小	家庭规模大
经常外出吃快餐的比重	65%	65%	65%	65%
不经常外出吃快餐的比重	35%	35%	35%	35%
合计	100%	100%	100%	100%
被调查家庭数(户)	250	250	250	250

显然,收入水平作为新变量的引入并未改变原先得出的结论。

1.12 数据的简单处理

本节重点介绍 Excel、SPSS、SAS 三种数据处理工具,列出数据录入方法,讲解描述性统计分析。

一、常用数据处理工具

1. Excel

Excel 也称为 Microsoft Excel,即微软 Excel,有时在中文里翻译为表格软件。它是微软公司的办公软件 Microsoft office 的组件之一,是微软办公套装软件的一个重要的组成部分,它可以进行各种数据的处理、统计分析和辅助决策操作,广泛地应用于管理、财经、金融、工程、卫生等众多统计领域。Excel 等微软应用软件是由软件史上的传奇人物查尔斯·西蒙尼(Charles Simonyi)开创的。查尔斯·西蒙尼是斯坦福大学的计算机博士,他一手建立了微软的程序员管理体系,他在微软公司的头衔是首席建筑师(Chief Architect),是微软最高智囊团的核心。同时,他是"所见即所得(what you see is what you get)"的发明人,他关于"匈牙利表示法"的博士论文是每个 Windows 程序员必须首先学习的课程。

Excel 窗口主要由工具栏和纵横交叉表格组成,整体简洁、美观、清晰,而且其中包含大量的公式函数可以应用选择,不仅可以满足直接感观需要,还可以进行复杂的统计运算和数据分析。因此,它深受专业人士和办公人员的喜爱。上海某高校调查发现,最受欢迎的课程正是有关 Excel 学习和使用的讲座。

在市场调查中,Excel 是重要的、基本的数据录入、处理和分析工具。它主要有三个用途:一是作为录入数据的基本工具;二是绘制图和表;三是数据分析。

(1) Excel 是录入数据的基本工具。Excel 是最早使用的微软软件之一,很多使用者在学生时代就非常喜欢使用这一软件,因此纵然在工作时使用更为强大的数据处理工具(如 SPSS、SAS)时,仍然喜欢先将数据录入 Excel,然后再从 Excel 中把数据导入所需要使用的软件。

(2) 用 Excel 绘制图表。Excel 的工具栏中有"插入"选项,"插入"项的图分析包含柱形图、折线图、饼图、条形图、面积图、散点图等,使用者可以根据需要选择适当的图分析。而且,Excel 本身就是表格样式,所以可以很容易根据数据分析的需要绘制精美、准确的表格窗口,甚至可以复制到 Word 和 PPT 等软件。正是因为如此,Excel 深受使用者喜爱。

(3) 用 Excel 分析数据。运用 Excel 分析数据,需要在 Excel 上安装必要的插件,也需要运用专业知识进行操作。

首先添加数据分析插件,点击左上角"Microsoft Office 按钮",出现菜单页面,选中右下角"Excel 选项"按钮。然后,点击"加载项"选项,选中"分析工具库",点击下方"转到"按钮,出现 Excel 加载宏界面,在"分析工具库"前方框内打勾,点击确定。

经过上一步已经成功添加"数据分析插件",这样就可以进行数据分析了。例如,若要进行回归分析、方差分析或相关分析等,可在"数据"选项下,点击数据分析,即可以找到相应分析方法。

2. SPSS

最初,SPSS 软件全称为"社会科学统计软件包"(solutions statistical package for the social sciences),但是随着 SPSS 产品服务领域的扩大和服务深度的增加,SPSS 公司已于 2000 年正式将英文全称更改为"统计产品与服务解决方案"(statistical product and service solutions),这标志着 SPSS 的战略方向正在作出重大调整。SPSS 最突出的特点就是操作界面极为友好,输出结果美观漂亮,在管理、财经、金融等领域有着广泛的应用。

SPSS 将几乎所有的功能都以统一、规范的界面展现出来,使用 Windows 的窗口方式展示各种管理和分析数据方法的功能,对话框展示出各种功能选择项。用户只要掌握一定的 Windows 操作技能,粗通统计分析原理,就可以使用该软件为特定的科研工作服务。SPSS for Windows 是一个组合式软件包,它集数据录入、整理、分析功能于一身。用户可以根据实际需要和计算机的功能选择模块,以降低对系统硬盘容量的要求,有利于该软件的推广应用。SPSS 的基本功能包括数据管理、统计分析、图表分析、输出管理等。SPSS 工具具有界面友好、操作简便、编程方便、功能强大等优点。它比 Excel 界面更完善、功能更强大,比 SAS 软件编程更简单,因此更适合应用于社会科学的研究与分析。所以,本教材将重点讲述如何运用 SPSS 进行数据处理和分析。

3. SAS

SAS(statistics analysis system)"统计分析系统"是美国 SAS 软件研究所研制的一套大型集成应用软件系统,具有完备的数据存取、数据管理、数据分析和数据展现功能,提供了包括统计分析、经济计量分析、时间序列分析、决策分析、财务分析和全面质量管理等工具。由于其具有强大的数据分析能力,一直是业界著名软件,在数据处理和统计分析领域,被誉为国际上的标准软件和最为权威的优秀统计软件包。

SAS 系统是一个组合软件系统,它由多个功能模块组合而成,其基本部分是 BASE SAS 模块。BASE SAS 模块是 SAS 系统的核心,承担着主要的数据管理任务,并管理用户使用环境,进行用户语言的处理,调用其他 SAS 模块和产品。

SAS 系统具有灵活的功能扩展接口和强大的功能模块,在 BASE SAS 的基础上,还可以增加如下不同的模块而增加不同的功能:SAS/STAT(统计分析模块)、SAS/GRAPH(绘图模块)、SAS/QC(质量控制模块)、SAS/ETS(经济计量学和时间序列分析模块)、SAS/OR(运筹学模块)、SAS/IML(交互式矩阵程序设计语言模块)、SAS/FSP(快速数据处理的交互式菜单系统模块)、SAS/AF(交互式全屏幕软件应用系统模块),等等。

SAS 有一个智能型绘图系统,不仅可以绘出各种统计图,还能绘出地图。SAS 提供多个统计过程,每个过程均含有极丰富的任选项。用户还可以通过对数据集的一连串加工,实现更为复杂的统计分析。此外,SAS 还提供了各类概率分析函数、分位数函数 j、样本统计函数和随机数生成函数，使用户能方便地实现特殊统计要求。

SAS 系统的操作至今仍以编程为主。因此，系统地学习和掌握 SAS，需要花费一定的时间和精力。但不管怎样，SAS 作为专业的统计软件已广泛应用于政府行政管理、科研、教育、生产和金融等不同领域，并已成为专业研究人员进行统计分析的标准软件。

二、数据录入

调查表回收后，在经过核实和清理后就要用分析工具进行数据处理和分析。本书以 SPSS 为例，介绍 SPSS 如何作数据分析。运用 SPSS 进行数据分析，首先，就是把问题编码录入。要根据调查表问题的不同定义变量。定义变量须注意两点：一是区分变量的度量，其中 scale 是定量、ordinal 是定序、nominal 是指定类；二是注意定义不同的数据类型。

一般而言，SPSS 需要处理单选、多选、排序、开放题目四种类型的数据录入，根据这四种类型的特色，现详细举例介绍如下。

1. 单选题

顾名思义，单选题答案只能有一个选项，因此单选题的录入十分简单，有时可以把选项直接填入。

例如，性别(　　)。

A. 男　　　　　　　　　　B. 女

这里，若调查表反映是 A，则直接填入 A。当然，有时没有 A 和 B 两个字母选项，而直接是内容，则直接填写内容也行。

更多时候，单选题的题项很多，甚至项与项之间存在着数量上或程度上的差异性，此时需要对每个选项分别编码或赋值。

又如，关于茶叶品牌知名度、整体形象对营销影响的看法是(　　)。

A. 完全不重要　　　　　　　B. 不重要

C. 可以考虑　　　　　　　　D. 重要

E. 非常重要

编码：只定义一个变量，value 值 1,2,3,4,5 分别代表 A,B,C,D,E 五个选项。如果某调查表反馈为 D，则录入 4。

这里需要强调两点：其一，如果录入数据没有赋值，则可以运用 SPSS"转换"功能统一实行转换，如可以将 A,B,C,D,E 分别转换为 1,2,3,4,5。

其二,选项赋值时,要根据实际需要,不能机械地运作,例如有时可以把 A,B,C,D,E 分别转换为 5,4,3,2,1。

2. 多选题

多选题答案可以有多个选项,其中又有项数不定多选和项数限定多选。运用 SPSS 录入多选题,有两种方法:一是二分法;二是多重分类法。

首先,利用二分法来处理不限定选项的多选题。

例如,您一般喜欢在网上买哪类产品?

A. 服饰   B. 零食

C. 电子产品   D. 生活用品

E. 首饰   F. 其他

如果被调查者选择 A,B,D,E,则可以进行如下处理:先进行编码,把每一个相应选项定义为一个变量,每一个变量 value 值均如下定义:"0"未选,"1"选;然后针对这 6 个选项,分别录入 1,1,0,1,1,0。

此外,运用多重分类法处理限定选项的多选题。

例如:你认为开展保持党员先进性教育活动的最重要的目标是哪三项?

A. 提高党员素质   B. 加强基层组织

C. 坚持发扬民主   D. 激发创业热情

E. 服务人民群众   F. 促进各项工作

仍然先进行编码,录入的数值 1,2,3,4,5,6 分别代表选项 A,B,C,D,E,F。如被调查者三个括号分别选 A,C,F,则在三个变量下分别录入 1,3,6。

3. 排序题

排序题即对选项重要性进行排序。

例如:您购买商品时在   ①品牌   ②流行   ③质量   ④实用   ⑤价格中对它们的关注程度先后顺序是:第一位_____、第二位_____、第三位_____、第四位_____、第五位_____。

编码:定义五个变量,分别可以代表第一位至第五位,每个变量的 value 都作如下定义:"1"品牌,"2"流行,"3"质量,"4"实用,"5"价格。录入:录入的数字 1,2,3,4,5 分别代表五个选项,如被调查者把质量排在第一位,其次是品牌、价格、实用、流行,则相对应输入 3,1,5,4,2。

4. 开放性填空题

开放性填空题分为两类:一类为开放性数值题,另一类为开放性文字题。对于开放性数值题,需要被调查者自己填入数值或打分,例如:你的年龄是( )。此类填空题可以不定义 Value 值,直接输入相应的数值即可。对于开放性文字题,如果能够归类,首先要尽量找出关键字进行归类,每一类别可以看作是一个选项,由此就可以运用选择题录入办法进行录入;如果不能够归类,只能对这类问题直接作定性分析。

三、描述性统计

描述性统计分析是市场调查资料分析中最常用的定量分析方法,主要用于描述和评价调研现象的数量特征和规律。例如,规模、水平、结构、集中趋势、离散程度、增长速度、发展趋势等,都是需要用描述性统计进行衡量的指标。下面,将重点介绍频数、集中趋势和离散程度的相关指标和描述性统计。

(一)频数、频率与累积频率

1. 频数与频率

样本数据的测试各式各样,有的是数值、有的是顺序,也有的表示名义。但是,在有限的样本数据集中,都面临着同样的样本出现的次数的问题。由此,在一个样本集中,同样的样本(值)出现的次数,我们称之为频数或频次(frequency)。

与频数相对应的是频率,频率就是该类样本值出现的次数占总样本量的比重。在描述性统计中,由于总样本数量是不同的,频次的大小也不相同,为便于不同样本之间的比较,频率的应用会更加广泛。如果一个样本数据集中,总样本数量为 n,由此某类样本(值)出现的频率就可以由以下公式计算:

$$某类样本值的频率 = 该类样本值出现的频数 \div n$$

2. 累积频率

有时累积频率比频率更能表现出数据值出现的规律与变化趋势。当样本数据的测度在顺序级以上时,就可以计算累积频率。设有 n 个样本,设 X_i 是样本数据集合中不完全重复样本值($i = 1, 2, 3, \cdots, n$),且它们样本值以大小顺序排列为:$X_1 \leqslant X_2 \leqslant \cdots \leqslant X_n$。把样本值小于等于某个样本数据的频率值,都累加起来,就得到小于等于的累积频率(cumulative percentage),如表 1.12.1 所示。

表 1.12.1 频率与累积频率

价格（元）	频率	累积频率
9.93	3.33%	3.33%
9.94	0.00%	3.33%
9.95	3.33%	6.67%
9.96	3.33%	10.00%
9.97	6.67%	16.67%
9.98	10.00%	26.67%
9.99	13.33%	40.00%
10.00	13.33%	53.33%
10.01	13.33%	66.67%
10.02	6.67%	73.33%
10.03	10.00%	83.33%
10.04	6.67%	90.00%
10.05	6.67%	96.67%
10.06	3.33%	100.00%

（二）集中趋势

1. 众数

众数（mode）是一组数据中出现次数最多的数值，用 M 表示。简单地说，就是一组数据中占比例最多的那个数。它表示数据在统计分布上具有明显集中趋势点的数值，能够较好代表数据的一般水平（众数可以不存在或多于一个）。

有时，众数是唯一的数值。

例如：1，2，2，3，3，3，4，4 的众数是 3。

如果有两个或两个以上个数出现次数都是最多的，那么这几个数都是这组数据的众数。

例如：1，2，2，3，3，4 的众数是 2 和 3。

还有，如果所有数据出现的次数都一样，那么这组数据没有众数。

例如：1，2，3，4，5 没有众数。

2. 中位数

中位数（median），又称中值，它代表一个样本、种群或概率分布中的一个数值,其可将数值集合划分为相等的上下两部分。对于有限的数集,可以把所有观察值高低排序后找出正中间的一个作为中位数。如果观察值有偶数个,通常取最中间的两个数值的平均数作为中位数。

例如,数据组:23,29,20,32,23,21,33,25,20。

我们将数据排序 20,20,21,23,23,25,29,32,33。其中间数为 23,这个数就是中位数。

例如,数据组:175,178,172,179,170,181。

首先,排序为:170,172,175,178,179,181。位于这个数据组中间的是175 和 178,两者的平均值 176.5 就是中位数。

3. 均值

平均数是最简单统计值,也可以表示一组数据集中趋势的量数。小学数学里所讲的平均数一般是指算术平均数,也就是一组数据的和除以这组数据的个数所得的商。在统计中,算术平均数常用于表示统计对象的一般水平,它是描述数据集中位置的一个统计量。既可以用它来反映一组数据的一般情况和平均水平,也可以用它进行不同组数据的比较,以看出组与组之间的差别。用平均数表示一组数据的情况,有直观、简明的特点,所以在日常生活中经常用到,如平均速度、平均身高、平均产量、平均成绩,等等。一般提及的均值,都是运用算术平均值衡量。

设 X_i 是样本数据的样本值 $(i = 1,2,3,\cdots,n)$,则其算术平均值 $\bar{X}$ 的计算公式为:

$$\bar{X} = \frac{1}{n} \sum X_i$$

有时,每个样本数值在整个样本数据里的地位是不同的。因此,对这样一组数据求均值,加权平均数就显得更有意义。设 X_i 是样本数据的样本值 $(i = 1,2,3,\cdots,n)$,且对应的权重为 w_i(在这里,$\sum w_i = 1$),则加权平均值 $\bar{X}_w$ 的计算公式为:

$$\bar{X}_w = \frac{1}{n} \sum w_i \cdot X_i$$

(三) 离散程度

对样本数据集合的离散特征的描述,可以分为两大类:一是点状描述,二是区间描述。前者主要包括极大值与极小值、上下四分位点等。后者包括极差、样本离差和样本方差等。

1. 特征的离散程度描述

1）极大值与极小值

极大值与极小值适用于顺序级以上的数据，可以对各个数据值进行从小到大排序，位于这组序列的第一个数据就极小值，位于最后一位的就是极大值。也可这样认为，这些数据中的最大值就是极大值，其最小值就是数据中的极小值。设 X_i 是样本数据的样本值（$i=1,2,3,\cdots,n$），其最大值计为 X_{max}，其最小值计为 X_{min}。

例如，样本数据组：201，202，190，180，301，303，199。则有，$X_{max}=303$，$X_{min}=180$。

2）上下四分位点

上四分位点（lower quartile）与下四分点（upper quartile）有时也称为上四分位数和下四分位数，它们在一定意义上反映了样本数据的离散情况。针对适用顺序级以上的数据组，上四分点把排序后的样本数据集合成了左右两部分，使左边部分包含 75%（3/4）的样本总个数，右边部分包含 25%（1/4）的总个数。同样，下四分点把排序后的样本数据集合，分成了左右两部分，使左边部分包含 25%（1/4）的总个数，右边部分包含 75%（3/4）的样本总个数。一般情况下，下四分位点记为 Q_1，上四分位点记为 Q_3。

在更为一般的情况下，关于上、下四分位数的计算较为复杂，需要首先计算出四分位点的位置，然后再计算出上下四位数。设样本有 n 个数据，从小到大进行排序构成一组，则上四分位点的位置＝$(n+1)\times0.75$，下四分位点的位置＝$(n+1)\times0.25$。然后，再在四分位点的位置基础上，计算出上、下四分位点。例如，经过排序后一个数据组 1，见表 1.12.2。

表 1.12.2　数据组 1

No.	1	2	3	4	5	6	7
X_i	99	101	102	105	106	107	108

这里，共计有 7 个样本值，则 Q_3 的位置＝$(7+1)\times0.75=6$，Q_1 的位置＝$(7+1)\times0.25=2$。很显然，这里的上分位点为 107，下分位点为 101。

但是，有时计算后的上下四分位点位置并不是恰好的顺序，那么就需要再在四分位点的位置基础上，计算出上、下四分位点。例如，经过排序后一个数据组 2，见表 1.12.3。

表 1.12.3　数据组 2

No.	1	2	3	4
X_i	99.8	99.9	100.1	100.2

显然，这组数据共计有 7 个样本值，则 Q_3 的位置＝$(4+1)\times 0.75 =$ 3.75，Q_1 的位置＝$(4+1)\times 0.25 = 1.25$，见表 1.12.4。

表 1.12.4　数据组 3

No.	1	1.25	2	3	3.75	4
X_i	99.8	Q_1	99.9	100.1	Q_2	100.2

在这里，$Q_1 = 99.8 + (99.9 - 99.8) \div 2 = 99.825$，$Q_3 = 100.1 +$ $(100.2 - 100.1) \div 2 = 100.175$。

由此，可以看出，当四分位点位置并未恰巧落在数据组顺序值之上时，四分位点取其四分位点位置左右数据值的平均数。

2. 区间特征的离散程度描述

1）极差

极差（range）的定义很简单，即为极大值与极小值之差，一般计为 R，它反映了样本数据离散的最大范围。例如 $X_{max} = 303$，$X_{min} = 180$，则 $R = 303 - 180 = 123$。

2）四分位距

四分位距（interquartile range）是指样本数据的上四分位数与下四分位数之差，一般计为 Iqr，即有 $Iqr = Q_3 - Q_1$。它反映了集中在中间大部分数据离散程度。

3）离差平方和

理解离差平方和概念，首先要了解样本离差。样本离差是每一个样本值与样本均值的差，它又称为样本中心化数据。设 X_i 是样本数据的样本值 $(i = 1, 2, 3, \cdots, n)$，则样本离差为 $X_i - \bar{X}$。

显然，样本离差有正有负，所有样本离差之和必然为 0，这样便不能反映样本整体对样本均值的偏离情况。所以，采用离差平方和的方式来反映样本数据对均值的总偏离程度，就具有重要意义。

由此,离差平方和定义: $\sum_{1}^{n} (X_i - \bar{X})^2$。

4）样本方差

根据统计学知识,离差平方和 $\sum_{1}^{n} (X_i - \bar{X})^2$ 是由 n 个离差平方和相加,但实际上仅有 $n-1$ 个有意义。故统计学上把样本方差 S^2 定义为:$\frac{1}{n-1} \sum_{1}^{n} (X_i - \bar{X})^2$。样本方差,也称为标准差。

四、SPSS 在描述统计中简单运用

1. 描述性统计量内容

描述性统计分析是基础的统计分析过程。根据前文所述,描述性统计量主要包括反映集中趋势和离散趋势的统计量。通过描述性统计分析,可以挖掘出很多统计量的特征。以 SPSS 20.0 汉化版为例,最常用的描述统计工具主要是频率(frequencies)、描述(descriptives)和探索(explore),如图 1.12.1 所示。

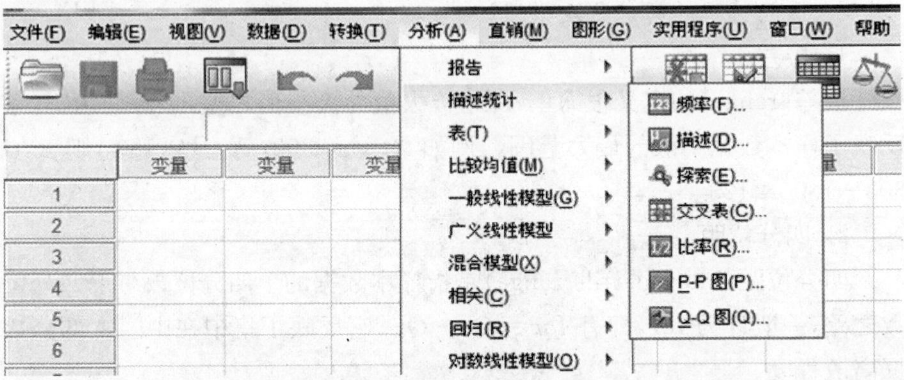

图 1.12.1　SPSS 描述统计主要内容

2. SPSS 的描述统计功能

1）运用"频率"功能进行描述统计分析

"频率"可以产生变量值的频数分布表,并可计算常见描述性统计量和绘制相对应的统计图。频数分析表是描述性统计中最常用的方法之一,它主要包括以下几点功能:①产生详细的频数表;②按要求给出某个分位点;

③绘制常用的条图、饼图等统计图。根据以下数据,来演示 SPSS"频率"功能。

以表 1.12.2 数据为例,把数据录入或导入 SPSS 后,先后点"分析""描述统计""频率",如图 1.12.2 所示。主要分析"性别"和"身高"特征,则在左侧栏勾选两者,并把它们在右侧栏显示出来,并下勾显示频率表格。

表 1.12.2　某小学学生体验数据

学号	性别	年龄	身高(cm)	体重(kg)	肺活量(ml)
201501	女	7	123.5	15.9	800
201502	女	7	115.8	15	1 100
201503	女	7	115	15	1 000
201504	男	7	107	13.1	900
201505	女	7	125.3	19	700
201506	女	7	118.2	17	600
201507	女	7	115.2	16.2	900
201508	女	7	119	17.3	700
201509	男	7	117.4	17	700
201510	女	7	119	17.5	552
201511	男	7	110	15	700
201512	女	7	104.5	13.6	520
201513	女	7	116.7	17	700
201514	女	7	117	17.1	900
201515	男	7	119.7	18	750
201516	女	7	126	20	700
201517	女	7	115.1	16.8	700
201518	女	7	121.7	18.8	750
201519	女	7	121	18.6	600
201520	女	7	106.7	14.5	800

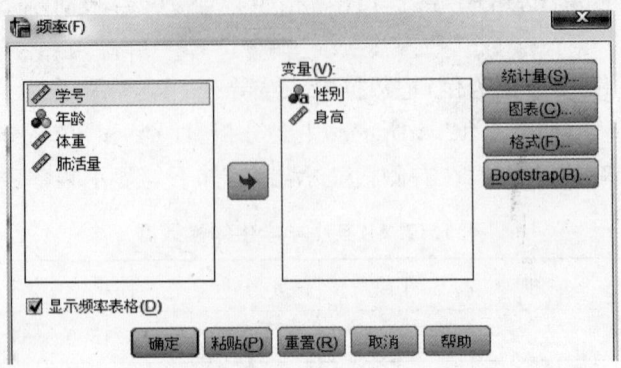

图 1.12.2 频率分析选择截图

首先,点击"统计量"按钮,然后出现一个窗口,如图 1.12.3 所示。选中 "四分位数""均值""中位数""众数""标准差""最小值"等。完成这些操作 后,在下方点击"继续",窗口自动关闭。

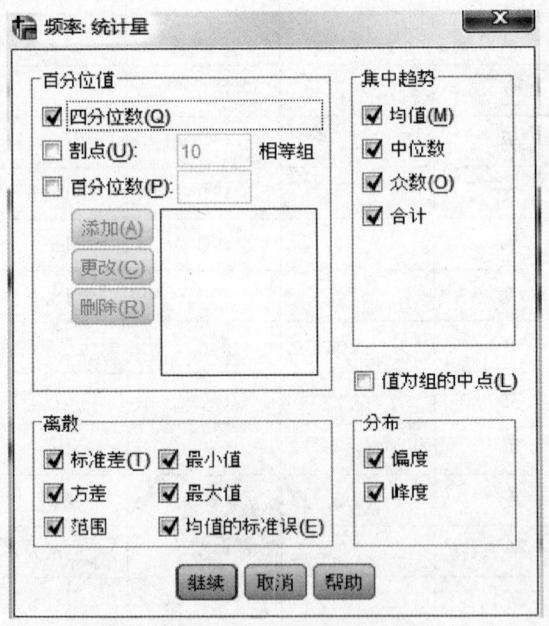

图 1.12.3 统计量频率选择截图

然后,回到"频率"窗口,点击"图表"按钮,出现一个窗口,如图 1.12.4

所示。选中"饼图"(也可以选择其他),图表值默认"频率"(也可以选择"百分比")。完成这些操作后,在下方点击"继续",窗口自动关闭。

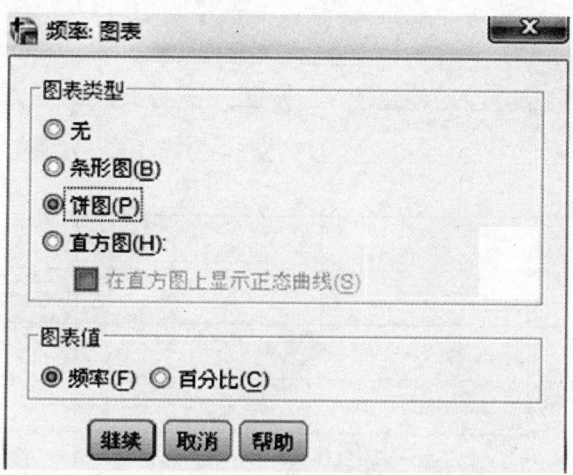

图 1.12.4 图表选择截图

完成以上操作后,在频率窗口的下方,点击"确定"按钮,则出现如下分析结果,如表 1.12.3 所示。

表 1.12.3 统计量结果

		性别	身高(cm)
N	有效	20	20
	缺失	0	0
均值			116.690
均值的标准误			1.326 8
中值			117.200
众数			119.0
标准差			5.933 5
方差			35.206
偏度			—.562

（续表）

		性别	身高（cm）
偏度的标准误			.512
峰度			−.091
峰度的标准误			.992
全距			21.5
极小值			104.5
极大值			126.0
和			2 333.8
百分位数	25		115.025
	50		117.200
	75		120.675

以身高为例，饼图分析结果见图 1.12.5。

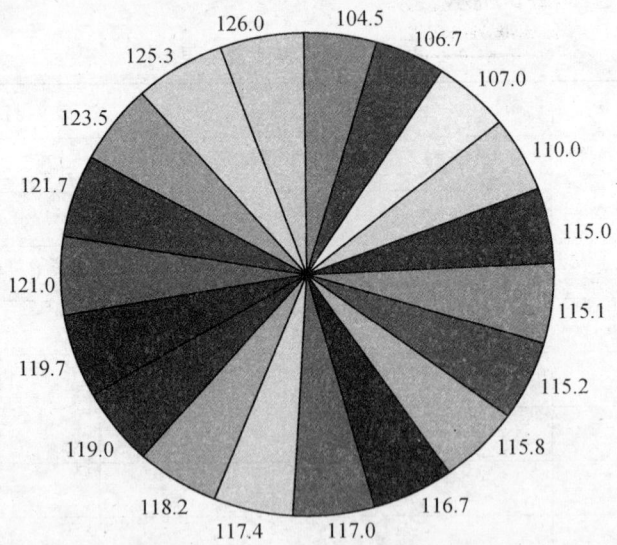

图 1.12.5　身高分布饼图

频率分析结果，以性别为例，见表 1.12.4。

表 1.12.4　性别频率分析结果

		频率	百分比	有效百分比	累积百分比
有效	男	4	20.0	20.0	20.0
	女	16	80.0	80.0	100.0
	合计	20	100.0	100.0	

2) 运用"描述"功能进行描述统计分析

"描述性"功能也能够计算一般的描述性统计量。其主要是指反映集中趋势和离散趋势的统计量,如均值、众数、全距、方差等。

根据以上数据,先后点"分析""描述统计""描述",则出现描述性功能选择窗口,如图 1.12.6 所示。主要分析"体重"和"肺活量"特征,则在左侧栏选重两者,并把它们在右侧栏显示出来。

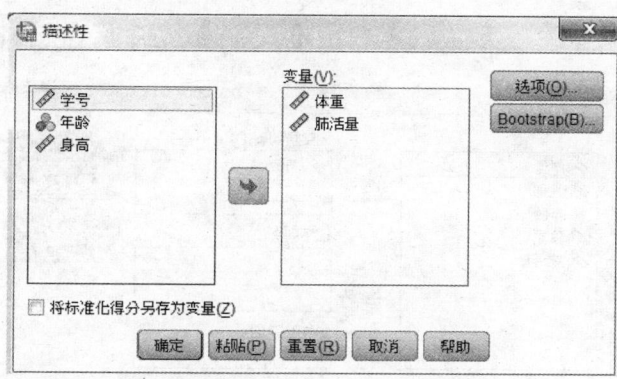

图 1.12.6　描述性功能选择截图

表 1.12.5　描述性统计量结果

	N	全距	极小值	极大值	均值		标准差	方差	偏度		峰度	
	统计量	统计量	统计量	统计量	统计量	标准误差	统计量	统计量	统计量	标准误差	统计量	标准误差
体重 (kg)	20	6.9	13.1	20.0	16.620	.410 9	1.837 8	3.377	-.186	.512	-.481	.992
肺活量 (ml)	20	580	520	1 100	753.60	32.921	147.228	21 676.042	.676	.512	.346	.992
有效的 N(列表 状态)	20											

点击右侧的"选项"按钮,则弹出一个窗口。勾选"均值""标准差"等选项。完成这些操作后,在下方点击"继续",窗口自动关闭。回到"描述性"窗口,点击"确定",则会出现如表1.12.5所示的分析结果。

由此可见,描述性功能输出的结果,与频率功能输出的结果,有些是重复的。所以,使用者在运用SPSS软件分析时,可以根据自己的偏好或需要,有针对性选用,没有必要全部运用。

3."探索"性分析功能进行描述统计分析

"探索"性分析功能,使用户能够从大量的分析结果之中挖掘到所需要的统计信息。其更适用于对分类变量以及不服从正态分布的连续性变量进行描述。

同样,根据表1.12.2的数据,先后点"分析""描述统计""探索",则出现窗口,如图1.12.7所示。主要分析"体重"特征,则在左侧栏选重它,并把它在右侧栏显示出来。

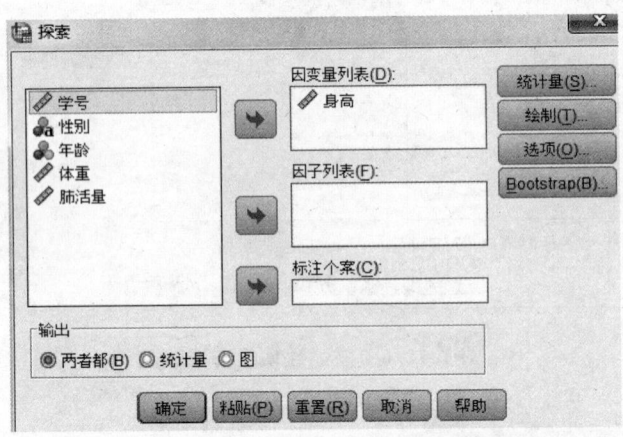

图1.12.7 探索功能选择截图

点击最右侧的"统计量"按钮,则出现一个窗口,勾选"描述性",置信区间为95%。完成这些操作后,在下方点击"继续",窗口自动关闭。

回到"探索"窗口(见图1.12.7),点击"绘制",则会弹出"探索图"窗口,然后勾选"茎叶图""直方图"等。完成这些操作后,在下方点击"继续",窗口自动关闭。

最后,回到"探索"窗口,点击"确定",则会出现相关分析结果。部分结果,如表1.12.6、图1.12.8和图1.12.9所示。

表 1.12.6　案例处理摘要

	案例					
	有效		缺失		合计	
	N	百分比	N	百分比	N	百分比
身高	20	100.0%	0	0.0%	20	100.0%

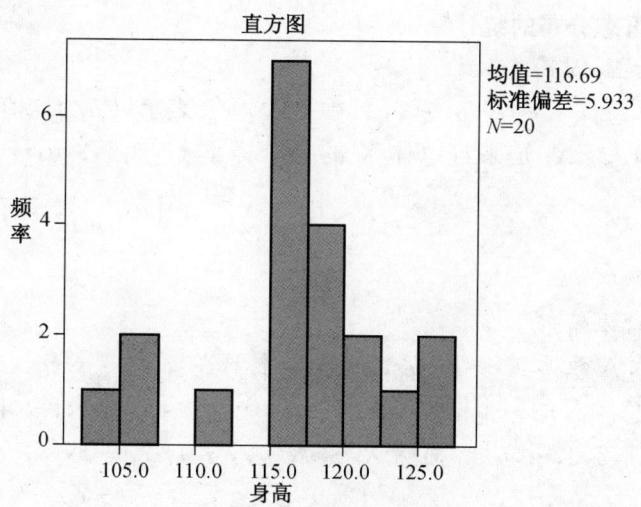

图 1.12.8　直方图结果

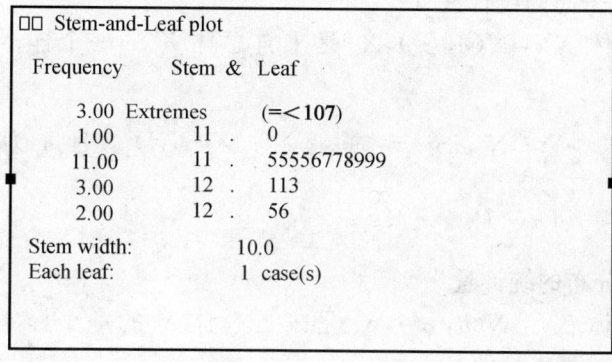

图 1.12.9　茎叶图分析结果

1.13 数据的复杂分析

本节首先介绍常用统计量,然后重点讲述假设性检验分析、方差分析、相关分析和因子分析,最后简要说明大数据分析。

一、常用的统计量

(一) 正态分布的统计量

1. 单样本情形

设样本总体 $X \sim N(\mu, \sigma^2)$,其中 $N(\mu, \sigma^2)$ 表示以 μ 为均值,以 σ^2 为方差的正态分布。X_i 是来自总体 X 的一个样本 $(i = 1,2,3,\cdots,n)$,显然,$X_i \sim N(\mu, \sigma^2)$。若 $\bar{X} = \frac{1}{n}\sum X_i$,则有 $\bar{X} \sim N\left(\mu, \frac{\sigma^2}{n}\right)$,且有 $\frac{\bar{X}-\mu}{\sigma/\sqrt{n}} \sim N(0, 1)$。

2. 双样本情形

设样本 A 总体 $X \sim N(\mu_X, \sigma_X^2)$,样本 B 总体 $Y \sim N(\mu_Y, \sigma_Y^2)$。同样,$X_i$ 是来自总体 X 的一个样本 $(i = 1,2,3,\cdots,n_X)$,Y_i 是来自总体 Y 的一个样本 $(i = 1,2,3,\cdots,n_Y)$。显然 $X_i \sim N(\mu_X, \sigma_X^2)$,$Y_i \sim N(\mu_Y, \sigma_Y^2)$。

若 $\bar{X} = \frac{1}{n_X}\sum X_i$,$\bar{Y} = \frac{1}{n_Y}\sum Y_i$,则有 $\dfrac{(\bar{X}-\bar{Y})-(\mu_X-\mu_Y)}{\sqrt{\sigma_X^2/n_X + \sigma_Y^2/n_Y}} \sim N(0,1)$。

(二) χ^2 分布的统计量

样本总体 $X \sim N(\mu, \sigma^2)$,X_i 是来自总体 X 的一个样本 $(i = 1,2,3,\cdots,n)$。

若 $\bar{X} = \frac{1}{n}\sum X_i$,$S^2 = \frac{1}{n-1}\sum_1^n (X_i - \bar{X})^2$,且 σ 为已知,则有 $\dfrac{(n-1)S^2}{\sigma^2} \sim \chi^2(n-1)$。

(三) t 分布的统计量

样本总体 $X \sim N(\mu, \sigma^2)$,X_i 是来自总体 X 的一个样本 $(i = 1,2,3,\cdots,n)$,且 σ 是未知的。

若 $\bar{X} = \frac{1}{n}\sum X_i$,$S^2 = \frac{1}{n-1}\sum_1^n (X_i - \bar{X})^2$,则有 $\dfrac{\bar{X}-\mu}{S/\sqrt{n}} \sim t(n-1)$。

在双样本情形下,$X_i \sim N(\mu_X, \sigma_X^2)$,$Y_i \sim N(\mu_Y, \sigma_Y^2)$。当 $S_X^2 = \frac{1}{n_X-1}\sum_1^n (X_i - \bar{X})^2$,$S_Y^2 = \frac{1}{n_Y-1}\sum_1^n (Y_i - \bar{Y})^2$,则有

$$\frac{(\bar{X}-\bar{Y})-(\mu_X-\mu_Y)}{\sqrt{\frac{1}{n_X}+\frac{1}{n_Y}} \cdot \sqrt{\frac{(n_X-1)S_X^2 + (n_Y-1)S_Y^2}{n_X+n_Y-2}}} \sim t(n_X+n_Y-2)。$$

(四) F 分布的统计量

在双样本情形下,$X_i \sim N(\mu_X, \sigma_X^2)$,$Y_i \sim N(\mu_Y, \sigma_Y^2)$。当 $S_X^2 = \frac{1}{n_X-1}\sum_1^n (X_i - \bar{X})^2$,$S_Y^2 = \frac{1}{n_Y-1}\sum_1^n (Y_i - \bar{Y})^2$,且 σ_X^2 和 σ_Y^2 是已知的,则有 $\frac{S_X^2/\sigma_X^2}{S_Y^2/\sigma_Y^2} \sim F(n_X-1, n_Y-1)$。

此外,在方差分析时,若 $S_A \div n_A$ 为因子 A 的均方和,S_E/n_E 为误差的均方和,则有 $\frac{\frac{S_A}{n_A}}{\frac{S_E}{n_E}} \sim F(n_A, n_E)$。

二、假设检验分析

1. 假设检验相关概念

作假设检验分析之前,首先了解以下相关概念。

原假 H_0:在统计学中,把需要通过样本去推断正确与否的命题,称为原假设,又称零假设。它常常是根据已有资料或经过周密考虑后确定的。

备择假设 H_1:与原假设对立的假设。

显著性水平 α:确定一个事件为小概率事件的标准,称为检验水平,亦称为显著性水平。通常取 $\alpha = 0.05$,或 0.01 或 0.1。

2. 假设检验的步骤

(1) 提出假设:原假设 H_0 及备择假设 H_1。

(2) 选择适当的检验统计量,并指出 H_0 成立时该检验统计量所服从的抽样分布。

(3) 根据给定的显著性水平,查表确定相应的临界值,并确定拒绝域。

(4) 根据样本观察值计算检验统计量的值 H_0。当检验统计量的值落入拒绝域时拒绝 H_0 而接受 H_1;否则不能拒绝 H_0,可接受 H_0。

假设检验可以运用 SPSS 进行处理。录入数据后,依次点击"分析"→"比较均值"→"独立样本 t 检验",然后选择"检验变量"和"分组变量"及"置信区间",就可以得到相关结果。相较其他分析,SPSS 处理假设检验较为简捷,在此不再引例详述。

三、方差分析

1. 方差分析的基本概念

在商业研究和市场调查中,很多情况下需要研究和发现影响行业、企业、部门或项目的绩效(收益、效率、利润、销售额等方面的指标)受哪些因素影响,而且为了提高绩效,有必要找出哪些因素对它有显著影响,哪些因素没有显著影响。以市场调查为例,经常会发现影响产品销售量和销售额的因素有很多。影响产品营销效果有很多因素,有内部因素有外部因素,有主观因素有客观因素,例如广告、销售渠道、公共形象、产品质量、销售人员素质等。改变它们其中任何一个因素,都有可能影响产品销售量和销售额,或者公司经营业绩。既然如此,可以根据实际情况,剥茧抽丝,对那些关键性因素加以区分和控制。而且,我们一旦掌握了这些关键性因素,就会知道如何来加强营销管理,降低营销成本,从而改善经营业绩,提高企业利润。因此说,方差分析是市场调查分析数据常用的、有效的统计方法。

方差分析(analysis of variance,简称 ANOVA)是分析可控因素(也称控制变量,如营销方式)的不同水平是否对试验指标(也称观察变量,如销售额)产生了显著影响,如果可控因素的不同水平对观察变量有显著影响,那么它和随机因素的共同作用必然使试验指标的数据有显著变动。可见,方差分析就是鉴别各因素效应的一种判断统计方法,它是从相同因素的不同水平(单因素方差分析)或整体上对不同因素(多因素方差分析)对响应变量的影响是否存在差异进行分析的方法,甚至能通过对数据变异来源的分析,判断哪些因素或因素间交互效应是影响数据差异的众多因素中的主要因素。根据可控因素的个数,可以将方差分析分成单因素方差分析和多因素方差分析。

为了更好地理解方差分析,还需要了解以下概念:

(1)试验指标。试验指标是指在试验中要考察的变量,也称观测变量。

(2)可控因素。可控因素是指试验中影响试验指标的可以控制的变量,例如,种子品种、营销手段、销售渠道、广告类型、医疗方案,等等。

（3）因素水平。因素水平是指 因素所处的不同状态或等级，一般用 A，B，$\cdots$ 表示因素，用 A_1，A_2，$\cdots$，As 和 B_1，B_2，$\cdots$，B_r 表示 A 和 B 相应的水平。

（4）单因素试验。单因素试验是指在一项试验中只有一个因素在改变。

（5）多因素试验。多因素试验是指在一项试验中有多于一个因素在同时改变。

2. 单因素方差分析

单因素方差分析就是检验单个因素（相同因素）对因变量的影响是否存在差异性的分析方法，也就是检验单个控制因素的改变是否会给观察变量带来显著影响。单因素试验结果如表 1.13.1 所示。

（1）设单因素试验中，因素 A 有 s 个水平，A_1，A_2，$\cdots As$，在水平 $A_j(j = 1,2,\cdots s)$ 下进行 $n_j(\geqslant 2)$ 次独立试验，有如下结果（见表 1.13.1）。

（2）假设 s 个总体 $X_j \sim N(\mu_j, \sigma^2)$，$j = 1,2,\cdots,s$；同样有，$X_{ij} \sim N(\mu_j, \sigma^2)$，$i = 1,2,\cdots,n_j$。$\mu_j$ 与 σ^2 未知，且不同因素 A 水平下的样本相互独立。

表 1.13.1　单因素试验结果

水平	A_1	A_2	$\cdots$	A_j	$\cdots$	A_s
观察值	X_{11}	X_{12}	$\cdots$	X_{1j}	$\cdots$	X_{1s}
	X_{21}	X_{22}	$\cdots$	X_{2j}	$\cdots$	X_{2s}
	$\vdots$	$\vdots$	$\vdots$	$\vdots$	$\vdots$	$\vdots$
	$X_{n_1 1}$	$X_{n_2 2}$	$\cdots$	$X_{n_j j}$	$\cdots$	$X_{n_s s}$
总体均值	μ_1	μ_2	$\cdots$	μ_j		μ_s

（3）假设试验指标所测得的数据参差不齐，它们的差异称为总偏差 SST，且有 $SST = \sum_{j=1}^{s} \sum_{i=1}^{n_j} (X_{ij} - \bar{X})^2$，其中 $\bar{X} = \dfrac{1}{n} \sum_{j=1}^{s} \sum_{i=1}^{n_j} X_{ij}$。

对产生总偏差的原因解释有两个：其一，随机误差（SSE）；其二，因素水平误差（SSA），即由因素水平不同引起的差异。故，平方和分解如下：

$$SST = \sum_{j=1}^{s} \sum_{i=1}^{n_j} (X_{ij} - \bar{X})^2 = \sum_{j=1}^{s} \sum_{i=1}^{n_j} (X_{ij} - \bar{X}_{.j})^2 + \sum_{j=1}^{s} \sum_{i=1}^{n_j} (\bar{X}_{.j} - \bar{X})^2$$

其中，$\bar{X}_j = \dfrac{1}{n_j}\sum\limits_{i=1}^{n_j} X_{ij}$，称为第 j 项因素总体的样本均值。

令 $SSE = \sum\limits_{j=1}^{s}\sum\limits_{i=1}^{n_j}(X_{ij}-\bar{X}_{.j})^2$，$SSA = \sum\limits_{j=1}^{s}\sum\limits_{i=1}^{n_j}(\bar{X}_{.j}-\bar{X})^2$。

因此有，$SST = SSE + SSA$。

同时，SSE 可以看作组内平方和，也是误差平方和，它了随机误差引起的差异。SSA 表示组间平方和，也是效应误差平方和，它反映了因素的不同水平效应引起的误差。不同营销渠道的销售额如表 1.13.2 所示。

表 1.13.2 不同营销渠道的销售额　　　　金额单位:元

各渠道次数	渠道 1	渠道 2	渠道 3	渠道 4
1	1 600	1 500	1 640	1 510
2	1 610	1 640	1 550	1 520
3	1 650	1 400	1 600	1 530
4	1 680	1 700	1 620	1 570
5	1 700	1 750	1 640	1 640
6	1 700		1 600	1 680
7	1 780		1 740	
8			1 800	

根据统计学知识，有统计量 $F = \dfrac{\dfrac{SSA}{(s-1)}}{\dfrac{SSE}{(n-s)}} \sim F(s-1, n-s)$。因此，单因素方差分析的核心，就是要检验这一统计量。

根据表 1.13.2 的数据，调查四个不同营销渠道是否差异显著。首先，把数据录入 $SPSS$。

其次，依次点击"分析"→"比较均值"→"单因素方差分析"，然后便弹出如下窗口(见图 1.13.1)，并把"销售额"转入因变量，把"渠道"转入"因子"。点击"确定"，便得相应分析结果(见表 1.13.3)。

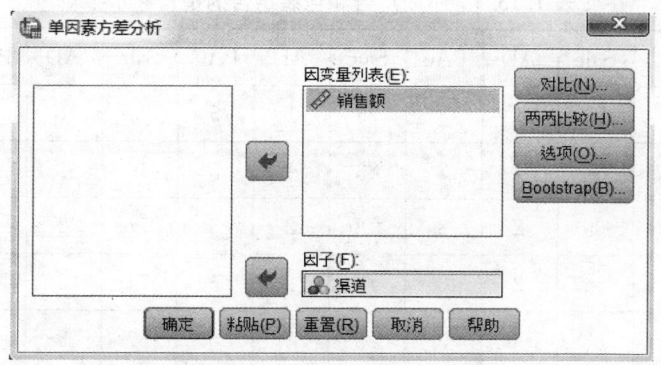

图 1.13.1　单因素方差分析截图

表 1.13.3　单因素方差分析结果

	平方和	df	均方	F	显著性
组间	39 776.456	3	13 258.819	1.638	.209
组内	178 088.929	22	8 094.951		
总数	217 865.385	25			

由表 1.13.3 可见,显著性水平>0.05,表明不存在显著性差异。

此外,为了进一步分析总体均值间是否存在显著差异,可以通过多重比较对每个水平的均值逐对进行比较,以判断具体是哪些水平间存在显著差异。常用方法是 LSD 法。依次点击"两两比较均值"→"LSD",点击"继续",自动关闭窗口。在此,不再赘述。

3. 双因素方差分析

双因素方差分析是多因素方差分析的一种类型,而且是最简单得多因素方差分析。所谓双因素,是指问题中有两个变量(或因素),如变量 A 和变量 B。为了方便理解,我们举个例子:某产品上市前进行测试,测试方法包括四种广告(AD)推广方式和八种不同包装(PAC)样式。现在要考虑的问题是:①因素 A 的不同水平是否有显著差异;②因素 B 的不同水平是否有显著差异;③如果进行重复抽样(试验),因素 A 与因素 B 之间交互效应产生怎样的影响(见表 1.13.4)。

表 1.13.4　不同广告和包装组合的销售额水平

AD	PAC	Sale	AD	PAC	Sale	AD	PAC	Sale	AD	PAC	Sale
1	1	75	1	3	76	1	5	75	1	7	76
1	1	68	1	3	83	1	5	66	1	7	70
2	1	69	2	3	100	2	5	77	2	7	33
2	1	54	2	3	79	2	5	74	2	7	68
3	1	63	3	3	85	3	5	87	3	7	70
3	1	58	3	3	78	3	5	70	3	7	68
4	1	52	4	3	61	4	5	57	4	7	33
4	1	41	4	3	86	4	5	75	4	7	52
1	2	57	1	4	77	1	6	72	1	8	81
1	2	75	1	4	66	1	6	76	1	8	86
2	2	51	2	4	90	2	6	60	2	8	79
2	2	78	2	4	83	2	6	69	2	8	75
3	2	67	3	4	80	3	6	62	3	8	75
3	2	82	3	4	87	3	6	77	3	8	61
4	2	61	4	4	76	4	6	52	4	8	69
4	2	44	4	4	75	4	6	63	4	8	61

　　就本质而言,双因素方差分析的基本思想与单因素方差分析相一致。根据平方和分解思想,可以把总偏差 SST 分解出试验误差 SSE、因素 A 产生误差 SSA、因素 B 产生误差 SSB,以及因素 A 和 B 交互误差 $SSAB$,即 $SST = SSE + SSA + SSB + SSAB$。

　　依次点击"分析"→"一般线性模型"→"单变量",便弹出窗口,把"AD"和"PAC"移入固定子栏,把"Sale"移入因变量栏,如图 1.13.2 所示。如果需要可以设置其他相关功能,最后点击"确定",便可以得到相应结果,如表 1.13.5 所示。

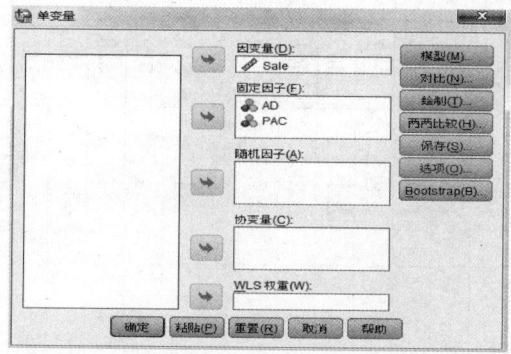

图 1.13.2 多因素方差分析单变量选择截图

表 1.13.5 主体间效应检验结果

因变量: Sale

源	Ⅲ型平方和	df	均方	F	Sig.
校正模型	7 821.938a	31	252.321	2.506	.006
截距	308 858.063	1	308 858.063	3 067.492	.000
AD	2 018.563	3	672.854	6.683	.001
PAC	3 951.437	7	564.491	5.606	.000
AD * PAC	1 851.938	21	88.188	.876	.618
误差	3 222.000	32	100.688		
总计	319 902.000	64			
校正的总计	11 043.938	63			

a. R 方 = .708(调整 R 方 = .426)

表 1.13.5 的结果表明,广告和包装对销售额的影响效果显著,而两者的交互作用影响不显著(显著水平 0.618>0.05)。

四、相关分析与回归分析

(一) 简单的相关分析

变量之间的关系一般分为两种:一是确定型关系,如函数的变量之间的关系;二是不确定型关系,如随机统计量之间的关系。如果知道一个变量对另外一个变量的影响程度,就通过控制一个变量去影响另外一个变量。那

表 1.13.6　某区域居民 20 年（1995—2014 年）的消费价格指数等数据

年	居民消费价格指数	食品指数	烟酒支出	衣着支出	医疗支出	交通通讯支出	娱乐教育支出	居住支出
1995	212.1	257.2	150.1	170.1	195.1	153.6	120.3	298.9
1996	213.5	260.2	150.3	171	197.2	160.8	140.8	321.4
1997	214.9	261.2	149.1	172.8	198	169	154	350
1998	234.6	288.6	149.1	187.8	200.1	170.2	186.2	361
1999	241.2	288.6	134.6	189.9	200.8	173.5	190.2	370.1
2000	241.2	282.3	129.2	178.5	201	178.5	198.2	392.3
2001	244.8	274.9	129.8	175.5	202.3	179.9	204.1	405.6
2002	250.9	270	126.1	167.2	205	182.3	208.3	421.6
2003	250.9	270.8	124.7	165.4	208	186.9	217.2	476.9
2004	251.1	278.6	123.4	160	210	189.9	222.1	500.2
2005	252.5	282.3	123.1	149	213	194.9	234.2	512.3
2006	257.8	305.6	121	148	215	197.1	238.9	519.4
2007	260.3	319.4	120.6	149	219	199.1	245.6	528.1
2008	263.4	327.5	120.9	148	224.3	201	250.1	550.2
2009	271.7	358.3	121.7	149	226.9	202.3	256.3	560.3
2010	287.4	413.1	123.7	148	228.3	204.5	261.4	580
2011	286.3	421.6	124.7	150	231.2	204.9	262.1	590.5
2012	295.2	454.1	126.1	156	235.5	204.8	263.8	610.2
2013	310.4	503.1	127.8	153	237.1	205.1	264.1	620.3
2014	319.2	532.4	129.6	135	239.5	205.3	270.1	630.1

么,如何测得随机统计量之间相互关系或相关程度,便成为关键之所在。著名统计学家卡尔·皮尔逊设计了统计指标——相关系数(Correlation Coefficient),便解决了这一问题。在最简单情形,存在两个随机变量 X 和 Y,经过 n 次抽样,可以得到样本组(X_1 , Y_1), (X_2 , Y_2),…,(X_n , Y_n),则样本的相关系数 γ 定义如下:

$$\gamma = \frac{\sigma_{XY}^2}{\sigma_X \cdot \sigma_Y} = \frac{\sum (X_i - \bar{X})(Y_i - \bar{Y})}{\sqrt{\sum (X_i - \bar{X})^2} \cdot \sqrt{\sum (Y_i - \bar{Y})^2}}$$

其中,$-1 \leqslant \gamma \leqslant 1$。当 $\gamma > 0$, X 与 Y 之间存在正相关;当 $\gamma < 0$, X 与 Y 之间存在负相关;当 $\gamma = 0$, X 与 Y 之间完全不相关;当 $|\gamma| = 1$, X 与 Y 之间完全相关。

显然,根据统计学知识,我们知道样本的相关系数是由样本之间协方差与各个样本标准方差之积的商得到的。为了加深对相关系数的理解,以及了解 SPSS 的使用,以某区域居民 20 年(1995－2014 年)的消费价格指数等数据为例(见表 1.13.6),试着考查居民消费价格指数与食品指数的相关程度。

依次点击"分析"→"相关"→"双变量",便弹出窗口,把"居民消费价格指数"和"食品指数"移入变量栏,勾选"Pearson"和"标记显著性相关",最后点击"确定"便得出相关结果,如表 1.13.7 所示。

表 1.13.7　居民消费价格指数与食品价格数据相关性

		居民消费价格指数	食品指数
居民消费价格指数	Pearson 相关性	1	.933＊＊
	显著性(双侧)		.000
	N	20	20
食品指数	Pearson 相关性	.933＊＊	1
	显著性(双侧)	.000	
	N	20	20

＊＊.在 .01 水平(双侧)上显著相关。

由表 1.13.7 可见,"居民消费价格指数"和"食品指数"之间存在着显著的相关关系。

以上所分析样本相关系数,是最简单的双样本相关系数。除此之外,还有 Spearman 等级相关系数、刻度级相关系数、复相关系数和偏相关系数。由于它们较为复杂,在此不再阐述。

(二) 回归分析

1. 线性回归

对于自变量 x、因变量 y,如果存在形如 $y = a + bx + \varepsilon$ 的线性关系(ε 随机扰动项),由最小二乘法,则有:

$$b = \frac{n \sum x_i \cdot Y_i - \sum x_i \cdot \sum y_i}{n \sum x_i^2 - \left(\sum x_i \right)^2}$$

$$a = y - b\bar{x}$$

以上线性回归为最简单的一元线性回归模型。

如果因变量 Y 变动多种因素影响,如 X_1,X_2,$\cdots$,X_k 等。则可以建立,多元回归模型如下:

$$Y = b_0 + b_1 X_1 + b_2 X_2 + \cdots + b_k X_k + \varepsilon$$

其中,$Y = (y_1, y_2, \cdots, y_n)^{\mathrm{T}}$,$X_i = (y_{i1}, y_{i2}, \cdots, y_{in})^{\mathrm{T}}$,$\varepsilon = (\varepsilon_1, \varepsilon_2, \cdots, \varepsilon_n)^{\mathrm{T}}$。

取 $X = (1, X_1, X_2, \cdots, X_k)$,$B = (b_0, b_1, b_2, \cdots, b_k)^{\mathrm{T}}$,则有 $Y = XB + \varepsilon$。由最小二乘法,得到:

$$\hat{B} = (X^{\mathrm{T}} X)^{-1} (X^{\mathrm{T}} Y)$$

若 k 等于 0,则以上模型就退化为一元线性回归模型,可见一元线性回归模型是多元线性回归模型的特例。

2. 非线性回归

在处理调研数据时,有时因变量与自变量之间,并非是线性关系。但是,运用一定函数变换,可以把它们转变成线性回归进行分析,如表 1.13.8 所示。

表 1.13.8　非线性转为线性回归的样式

函数名称	原函数	转为线性样式
指数曲线	$y = ae^{bx}$	$(\ln y) = \ln a + bx$
对数曲线	$y = a + b\ln x$	$y = a + b(\ln x)$
双曲线	$\dfrac{1}{y} = a + \dfrac{b}{x}$	$\left(\dfrac{1}{y}\right) = a + b\left(\dfrac{1}{x}\right)$

（续表）

函数名称	原函数	转为线性样式
幂函数	$y = ab^x$	$(\ln y) = \ln a + x\ln b$
高次曲线	$y = a + bx + cx^2 + \cdots$	$y = a + bx + c(x^2) + \cdots$
柯布—道格拉斯函数	$y = A x_1^\alpha x_2^\beta$	$(\ln y) = \ln A + \alpha(\ln x_1) + \beta(\ln x_1)$
S曲线（逻辑曲线）	$y = \dfrac{K}{1 + ae^{-bx}}$	$\left(\dfrac{K}{y} - 1\right) = \ln a - bx$

3. SPSS 在多元线性回归应用

点击"分析"→"回归"→"线性",把表 1-24 的居民消费价格指数移入因变量栏,把其他变量移入自变量栏,点击确定,所得结果如表 1.13.9、1.13.10 和表 1.13.11 所示。

表 1.13.9 模型汇总

模型	R	R 方	调整 R 方	标准估计的误差
1	.998[a]	.996	.993	2.434 658 1

a. 预测变量:（常量）,居住,烟酒,衣着,食品指数,娱乐教育,医疗,交通通讯。

表 1.13.10 方差分析

Anova[a]

模型		平方和	df	均方	F	$Sig.$
1	回归	17 100.951	7	2 442.993	412.141	.000[b]
	残差	71.131	12	5.928		
	总计	17 172.082	19			

a. 因变量:居民消费价格指数。

b. 预测变量:（常量）、居住、烟酒、衣着、食品指数、娱乐教育、医疗、交通通讯。

表 1.13.11 回归系数

模型		非标准化系数		标准系数	t	Sig.
		B	标准 误差	试用版		
1	（常量）	529.074	74.880		7.066	.000
	食品指数	.276	.031	.783	8.815	.000
	烟酒	$-.682$	.173	$-.239$	-3.939	.002

（续表）

模型		非标准化系数		标准系数	t	Sig.
		B	标准 误差	试用版		
1	衣着	−.076	.099	−.038	−.767	.458
	医疗	−.684	.336	−.336	−2.035	.065
	交通通讯	−1.597	.463	−.867	−3.448	.005
	娱乐教育	.537	.131	.786	4.117	.001
	居住	.141	.056	.498	2.523	.027

五、因子分析

研究问题时尽可能多地收集资料，便于对问题有充分了解，这样确实便于全面、精确地描述事物，实际数据建模中，有些变量不一定可以真正发挥作用，还可能加大计算工作量，所以要因子分析。对于高纬变量和海量数据是不可忽略的问题。通常，收集到的变量数据之间存在一定的相关性，变量间的信息高度重叠和高度相关给统计方法带来困难。例如，在多元线性回归分析中，若变量之间有较强的相关性，则会对回归方程参数估计带来困难，致使参数不准确，模型不可用。

以表 1.13.6 的数据为例，点击"分析"→"因子分析"，选择居民消费价格指数等变量，如图 1.13.3 所示。

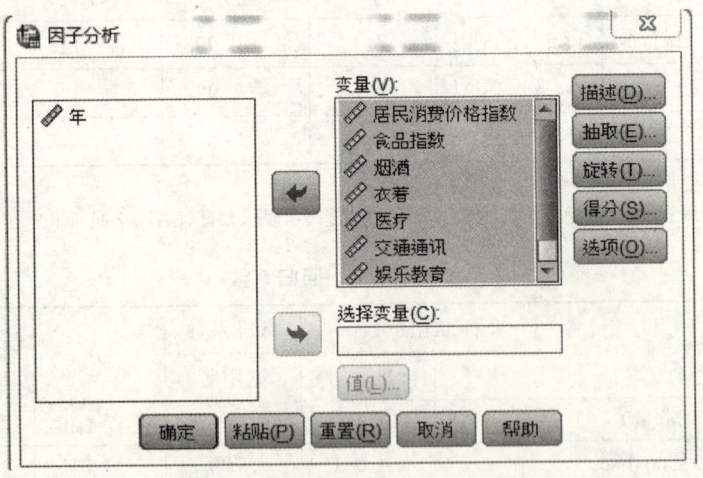

图 1.13.3　因子分析功能选择截图

如图 1.13.3 所示,点击"描述",选择原始分析结果、系数、显著性水平,以及 KMO 和 Bartlett 的球形度检验。点击"抽取",选择"主成分方法",选择"相关性矩阵"等。点击"旋转",选择"最大方差法"。由此,便可以得到相关结果,如表 1.13.12 至表 1.13.14 所示。

表 1.13.12　KMO 和 Bartlett 的检验

取样足够度的 Kaiser-Meyer-Olkin 度量		.697
Bartlett 的球形度检验	近似卡方	357.788
	df	28
	Sig.	.000

根据表 1.13.12 的数据,KMO 和 Bartlett 的检验系数>0.5,且 P 值<0.05,表明数据体现了结构效度,可以进行因子分析。

根据表 1.13.12 的数据,居民消费价格指数与烟酒、衣着呈现负相关,与其他指数呈现出正相关。烟酒与衣着价格指数之间呈现正相关,而且它们两者与其他指数均呈现出负相关。而且,显著性 P 值<0.1,表明其具有统计学意义。

表 1.13.13　相关矩阵

		居民消费价格指数	食品指数	烟酒	衣着	医疗	交通通讯	娱乐教育	居住
相关	居民消费价格指数	1.000	.933	−.633	−.714	.958	.897	.913	.940
	食品指数	.933	1.000	−.337	−.630	.918	.733	.738	.821
	烟酒	−.633	−.337	1.000	.638	−.617	−.846	−.845	−.766
	衣着	−.714	−.630	.638	1.000	−.817	−.812	−.747	−.846
	医疗	.958	.918	−.617	−.817	1.000	.921	.906	.968
	交通通讯	.897	.733	−.846	−.812	.921	1.000	.989	.981
	娱乐教育	.913	.738	−.845	−.747	.906	.989	1.000	.965
	居住	.940	.821	−.766	−.846	.968	.981	.965	1.000
Sig.（单侧）	居民消费价格指数		.000	.001	.000	.000	.000	.000	.000
	食品指数	.000		.073	.001	.000	.000	.000	.000

（续表）

		居民消费价格指数	食品指数	烟酒	衣着	医疗	交通通讯	娱乐教育	居住
Sig.（单侧）	烟酒	.001	.073		.001	.002	.000	.000	.000
	衣着	.000	.001	.001		.000	.000	.000	.000
	医疗	.000	.000	.002	.000		.000	.000	.000
	交通通讯	.000	.000	.000	.000	.000		.000	.000
	娱乐教育	.000	.000	.000	.000	.000	.000		.000
	居住	.000	.000	.000	.000	.000	.000	.000	

表 1.13.14 表明，提取的主成分可以解释的方差为 84.465%，也就是说提取的主成分可以解释数据的大部分信息。

表 1.13.14　主成分分析解释的总方差

成分	初始特征值			提取平方和载入		
	合计	方差的百分比	累积百分比	合计	方差的百分比	累积百分比
1	6.757	84.465	84.465	6.757	84.465	84.465
2	.803	10.035	94.500			
3	.350	4.376	98.876			
4	.056	.698	99.574			
5	.019	.243	99.817			
6	.008	.105	99.922			
7	.005	.065	99.987			
8	.001	.013	100.000			

提取方法：主成分分析。

表 1.13.14 表示，可以提取一个主成分，这一主成分同居民消费价格指数，以及食品、医疗、交通通讯、娱乐教育、居住等价格指数，有着重要的正向关联度；而与烟酒和衣着价格指数有着负向关联度。因此，这一主成分可以解释为人们的生活水平发展程度。

六、大数据分析

大数据(big data)是指无法在可承受的时间范围内用常规软件工具进行捕捉、管理和处理的数据集合。根据维基百科的定义,大数据是指无法在可承受的时间范围内用常规软件工具进行捕捉、管理和处理的数据集合。

最早提出"大数据"时代到来的是全球知名咨询公司麦肯锡,麦肯锡称:"数据,已经渗透到当今每一个行业和业务职能领域,成为重要的生产因素。人们对于海量数据的挖掘和运用,预示着新一波生产率增长和消费者盈余浪潮的到来。""大数据"在物理学、生物学、环境生态学等领域以及军事、金融、通讯等行业存在已有时日,却因为近年来互联网和信息行业的发展而引起人们关注。

在维克托·迈尔·舍恩伯格及肯尼斯·库克耶编写的《大数据时代》中,大数据指不用随机分析法(抽样调查)这样的捷径,而采用所有数据进行分析处理。大数据的 4V 特点:volume(大量)、velocity(高速)、variety(多样)、value(价值)。对于大数据,研究机构 Gartner 给出了这样的定义:"大数据"是需要新处理模式才能具有更强的决策力、洞察发现力和流程优化能力的海量、高增长率和多样化的信息资产。

大数据技术的战略意义不在于掌握庞大的数据信息,而在于对这些含有意义的数据进行专业化处理。换言之,如果把大数据比作一种产业,那么这种产业实现盈利的关键,在于提高对数据的"加工能力",通过"加工"实现数据的"增值"。数据最小的基本单位是 Bit,按顺序给出所有单位:Bit,Byte,KB,MB,GB,TB,PB,EB,ZB,YB,BB,NB,DB。截至 2012 年,数据量已经从 TB(1 024GB＝1TB)级别跃升到 PB(1 024TB＝1PB)、EB(1 024PB＝1EB)乃至 ZB(1 024EB＝1ZB)级别。

目前,大数据分析有以下五个基本方面[①]:

(1) 可视化分析。不管是对数据分析专家还是普通用户,数据可视化是数据分析工具最基本的要求。可视化可以直观的展示数据,让数据自己说话,让观众听到结果。

---

① 中国互联网通讯中心.大数据分析与处理方法介绍[EB/OL].(2015-7-21)http://www.199it.com/archives/153799.html.

（2）数据挖掘算法。可视化是给人看的，数据挖掘就是给机器看的。集群、分割、孤立点分析还有其他的算法让我们深入数据内部，挖掘价值。这些算法不仅要处理大数据的量，也要处理大数据的速度。

（3）预测性分析能力。数据挖掘可以让分析员更好地理解数据，而预测性分析可以让分析员根据可视化分析和数据挖掘的结果作出一些预测性的判断。

（4）语义引擎。我们知道由于非结构化数据的多样性带来了数据分析的新挑战，我们需要一系列的工具去解析、提取、分析数据。语义引擎需要被设计成能够从"文档"中智能提取信息。

（5）数据质量和数据管理。数据质量和数据管理是一些管理方面的最佳实践。通过标准化的流程和工具对数据进行处理可以保证一个预先定义好的高质量的分析结果。

1.14　市场调查报告撰写

市场调查的结果最终以报告形式展现其智力成果，这就是市场调查报告。市场调查报告是围绕市场调查课题，依据客观的市场调查资料，整合与调查课题相关的信息，通过科学的市场调查分析，完成市场调查课题的总结和汇报。它既可以以书面方式向管理者或用户报告调研的结果为口头汇报和沟通调研结果的依据，还可以制作成多媒体演示课件，向决策者或客户演示、解说和沟通。一般而言，市场调查报告是调查报告的一个重要种类，它是以科学的方法对市场的供求关系、购销状况以及消费情况等进行深入细致地调查研究后所写成的书面综合报告。市场调查报告的作用在于帮助企业了解掌握市场的现状和趋势，增强企业在市场经济大潮中的应变能力和竞争能力，从而有效地促进经营管理水平的提高。

一、市场调查报告类别

市场调查报告有许多种分类方式，根据不同分类标准，可以分为各式各样的市场调查报告。

首先，根据呈报方式的不同，市场调查报告可分为书面市场调查报告和口头市场调查报告，或书面报告和口头报告。书面报告是系统地、全面地调查背景、内容、过程、结果和结论的分析报告。口头报告是根据市场调查与分析结果进行的口头讲解，主要包括即兴讲解、按书面报告讲解和专门讲解。

其次，根据阅读对象的不同，市场调查报告分为专业性报告和简要报告。针对一些受委托的市场调研活动，可能阅读报告对象为非专业人士，如政府产业部门工作人员，所以市场调查报告可能就要有两种形式：一种是专业性、研究性、系统性的报告，另一种就是简要报告。此外，简要报告不仅供非专业人士使用，而且可以作为专业性报告的交流汇报使用。

再次，根据内容的不同，市场调查报告分为综合报告和专题报告。专题报告主要针对某个问题或侧面而撰写的调查报告，如农村居民消费问题调查报告，某地旅游业发展调查报告。专题报告涉及范围较窄、针对性强，研究内容较深入。综合报告是围绕调查对象的基本状况和发展变化过程，对全部调查的结果，进行全面、系统、完整、具体反映的调查报告。综合报告所涉及的内容及范围比较宽泛，资料比较丰富，篇幅较长。它对调查对象的发展变化情况作纵横两方面的介绍。

最后，根据写作方式的不同，市场调查报告分为反映基本的调查报告、总结典型经验的调查报告和揭露问题的调查报告三种形式。反映基本情况的调查报告主要用于反映某一地区、某一领域或某一事物的基本面貌，目的在于报告全面的情况，为决策者制定方针政策、规定任务、采取措施提供决策依据和参考。总结典型经验的调查报告主要用于对先进典型进行深入调查分析后，提炼出成功的经验和有效施，以指导和推动其他相关单位的工作。揭露问题的调查报主要是针对某一方面的问题，进行专项调查，澄清事实真相，判明问题产生的原因和性质，估算造成的危害，并提出解决问题的途径和建议，为问题的最后处理提供依据，也为其他有关方面提供参考和借鉴。

四、市场调查报告的意义

市场调查报告是市场调查分析与预测的最终成果，也是完成市场调查课题任务的集中体现。这就如同，市场调查报告是最终产品，市场调查和分析是流水线上半成品，最后的撰写就等同于产品的最后组装；再好的半成品，如果没有一个个组装好，也将会前功尽弃。事实表明，无论调研课题多么有价值，调查表设计多么详细周密，样本量选取多么具有代表性，数据收集、质量控制多么严格,数据分析多么科学严谨,如果最终交不出一份清晰的、务实的、高质量的市场调查报告,那么就无法了解市场和掌握市场,无法为企业决策提供客观依据,那么也可以说,这样的市场调查活动是不成功的。因此,市场调研报告具有十分重要的意义。

(1) 市场调查报告是市场调查活动的重要环节,也是完成市场调查课题的重要标志。我们知道,当进行一个市场调查课题时,我们可能是市场调研人员,也可能是市场课题的委托人,但不管怎样,最终都要把市场调查结果以市场调查报告的样式,交付给企业经理人员、最高管理层、营销主管,或者市场调查课题委托人。如果没有市场调查报告,这个市场调查过程就没有完成。所以,市场调查人员或委托人最为关心的核心就是市场调查报告。

(2) 市场调查报告是市场调查活动成果的集中体现。市场调查报告是调查与分析成果的有形产品,它是将调查研究的成果以文字和图表的形式表达出来。市场调查报告一般是以书面形式呈现,内容极为丰富,分析过程具有系统性。它可以介绍调研背景,说明调研原因,陈述调研过程,讲明调研方法,分析调研资料,说明调研结果,得出调研结论,给出调研建议,并由此可以方便决策者参考,进而采取相应行动决策。因此说,市场调查报告是市场调查成果的集中体现。

(3) 市场调查报告是衡量市场调查工作质量水平的重要标志。市场调查报告不仅是市场调查成果的集中体现,而且可以用作市场调查成果的历史记录,以衡量市场调查工作的质量水平。尽管市场调查与市场预测所采用的方法、技术、组织过程及资料分析、预测的方式也是衡量市场调查质量的重要方面,但市场调查报告无疑是最重要的部分。市场调查报告是调查活动的有形产品。当一项市场调查与市场预测项目完成以后,调查报告就成为该项目的少数历史记录和证据之一。作为历史资料,它有可能被重复使用,进而实现其使用效果的扩增。

(4) 市场调查报告是指导市场活动实践的基本依据。市场调查的最后一个环节,是提出调查与预测结论和建议,并追踪调查结果,这需要调查报告的呈现为相关企业(行业)的市场经营活动提供有效的导向作用,为企业(行业)的决策提供客观依据。市场分析报告比调查资料更便于阅读和理解。从某种意义上说,市场调查目的是为了写出科学满意的调查报告,去指导营销实践工作。市场调查报告是市场调查成果的综合体现,也是指导市场实践活动的基本依据。

三、市场调查报告的撰写原则

由于市场调查报告是市场调查活动结果和效果的重要体现形式,它具有绩效和目标导向的特质。因此,撰写市场调查报告,可以采用绩效管理的相关原则,如"SMART"原则。

1. 明确性 specific

明确性原则要求调查主题要明确,调查思路明晰,调查结果陈述得当。

2. 可衡量性 measurable

可衡量性原则要求调查报告具有一定的可衡量性,最好具有一定的量化指标,指导实践也应当具有可衡量性。

3. 可行性 actionable

可行性原则要求调查报告介绍的调查方法具有可行性,调查报告结果指导实践要具有可行性。

4. 相关性 relevant

相关性原则要求调查报告所涉及的内容要与调查课题密切相关,同时调研结果和建议也要与调研内容具有相关性。

5. 时限性 time-bound

时限性原则要求从调查过程到最终呈交调查报告要有时间限制。所以,一般在调查报告前,需要根据目标设置和具体时间限制,以及根据工作任务的权重、事情的轻重缓急,拟定出完成目标项目的时间要求,并定期检查项目的完成进度。

四、市场调查报告格式

良好的市场调查报告格式,表现出调查者的优秀业务素养。一篇结构清晰的调查报告,不仅可以真实反映调研内容和调研结果,而且可以让委托方或阅读者准确、快速地了解调研结果。

美国市场调查专家雷斯·马尔霍查在他《市场调查》一书中提出的规范的市场调查报告格式。他认为,市场调查报告格式应当包括扉页、信函、目录、经理揽要、正文、附件六大部分。

其中,扉页是指在报告封面或衬页之后、正文之前的一页。扉页上一般标明调研参与者、委托方、调研时间等。扉页起着装饰作用,可以增加报告的整体美感。信函主要包括递交信、委托信等。目录包括总目录、表格目录、附表目录、证据目录等。经理揽要主要是为经理人阅读提供简要报告。正文部分主要包括提出问题、分析问题、解决问题等内容,具体需要阐释问题界定、解决问题方法,介绍调查设计,进行资料分析,指出调研结果,说明局限和警告,最后总结结论与建议。附件主要是调研过程中所产生的量表、辅助证明材料,以及数据分析结果等。而国内一般市场调查报告的常用格式主要由标题、目录、概述、正文、结论与建议、附件等几部分组成。

1. 标题

标题和报告日期、委托方、调查方,一般应打印在扉页上。一般要在与标题同一页,把被调查单位、调查内容明确而具体地表示出来,如《关于哈尔滨市家电市场调查报告》。有的调查报告还采用正、副标题形式,一般正标题表达调查的主题,副标题则具体表明调查的单位和问题。

2. 目录

如果调查报告的内容、页数较多,为了方便读者阅读,应当使用目录或索引形式列出报告所分的主要章节和附录,并注明标题、有关章节号码及页码,一般来说,目录的篇幅不宜超过一页。例如:目录:1. 调查设计与组织实施;2. 调查对象构成情况简介;3. 调查的主要统计结果简介;4. 综合分析;5. 数据资料汇总表;6. 附录。

3. 概述

概述主要阐述课题的基本情况,它是按照市场调查课题的顺序将问题展开,并阐述对调查的原始资料进行选择、评价、作出结论、提出建议的原则等。概述主要包括三方面内容:第一,简要说明调查目的。即简要地说明调查的由来和委托调查的原因。第二,简要介绍调查对象和调查内容,包括调查时间、地点、对象、范围、调查要点及所要解答的问题。第三,简要介绍调查研究的方法。介绍调查研究的方法,有助于使人确信调查结果的可靠性,因此对所用方法要进行简短叙述,并说明选用方法的原因。例如,是用抽样调查法还是用典型调查法,是用实地调查法还是文案调查法,这些一般是在调查过程中使用的方法。另外,在分析中使用的方法,如指数平滑分析、回归分析、聚类分析等方法都应作简要说明。如果部分内容很多,应有详细的工作技术报告加以说明补充,附在市场调查报告最后部分的附件中。

4. 正文

正文是市场调查分析报告主体部分。这部分必须准确阐明全部有关论据,包括问题的提出到引出的结论,论证的全部过程,分析研究问题的方法,还应有可供市场活动的决策者进行独立思考的全部调查结果和必要的市场信息,以及对这些情况和内容的分析评论。

5. 结论与建议

结论与建议是撰写综合分析报告的主要目的。这部分包括对引言和正文部分所提出的主要内容的总结,提出如何利用已证明为有效的措施和解决某一具体问题可供选择的方案与建议。结论和建议与正文部分的论述要紧密对应,不可以提出无证据的结论,也不要没有结论性意见的论证。

6. 附件

附件是指调查报告正文包含不了或没有提及,但与正文有关必须附加说明的部分。它是对正文报告的补充或更详尽的说明。附件包括数据汇总表及原始资料背景材料和必要的工作技术报告,例如为调查选定样本的有关细节资料及调查期间所使用的文件副本等。

五、市场调查报告撰写技巧

市场调查报告的写作技巧主要包括表达、表格和图形表现等方面。表达技巧主要包括叙述、说明、议论、语言运用四个方面的技巧。

(一)叙述的技巧

市场调查的叙述主要用于调查报告开头部分,叙述事情的来龙去脉,表明调查的目的、根据以及过程和结果。此外,在调查报告主体部分还要叙述调查过程及结论。市场调查报告常用的叙述技巧有:概括叙述、按时间顺序叙述、叙述主体的省略。

(1) 概括叙述。叙述有概括叙述和详细叙述之分。市场调查报告主要用概括叙述,将调查过程和情况概略地陈述,不需要对事件的细枝末节详加铺陈。这是一种"浓缩型"的快节奏叙述,文字简约,一带而过,给人以整体、全面的认识,以适合市场调查报告快速、及时反映市场变化的需求。

(2) 按时间顺序叙述。这是指在交代调查的目的、对象、经过时,往往用按时间顺序叙述的方法,次序井然,前后连贯。例如,开头部分叙述事情的前因后果,主体部分叙述市场的历史及现状,就体现为按时间顺序叙述。

(3) 叙述主体的省略。市场调查报告的叙述主体是写报告的单位,叙述中用"我们"作第一人称。为行文简便,叙述主体一般在开头部分出现后,以后各部分中可省略。

(二) 说明的技巧

市场调查报告常用的说明技巧有:数字说明、分类说明、对比说明、举例说明等。

(1) 数字说明。市场运作离不开数字,反映市场发展变化情况的市场调查报告,要运用大量的数据,以增强调查报告的精确性和可信度。

(2) 分类说明。市场调查中所获的材料杂乱无章,根据主旨表达的需要,可将材料按一定标准分为几类,分别说明。例如,将调查来的基本情况,按问题性质归纳成几类,或按不同层次分为几类。每类前冠以小标题,按提要句的形式表述。

(3) 对比说明。通过横向对比分析差距,通过纵向对比分析发展及变动,并进行因素分析。

(4) 举例说明。为说明市场发展变化情况,举出具体、典型的事例,这也是常用的方法。市场调查中,会遇到大量事例,应从中选取有代表性的例子。

(三) 议论的技巧

(1) 归纳论证。市场调查报告是在占有大量材料之后,作分析研究,得出结论,从而形成论证过程。这一过程,主要运用议论方式,所得结论是从具体事实中归纳出来的。

(2) 局部论证。市场调查报告不同于议论文,不可能形成全篇论证,只是在情况分析、对未来预测中作局部论证。例如,对市场情况从几个方面作分析,每一方面形成一个论证过程,用数据、情况等作论据证明其结论,形成局部论证。

(3) 推论论证。市场调查报告经常根据数据分析的结果,进行推理和论证。

(四) 语言运用的技巧

(1) 用词。市场调研报告中数量词用得比较多,因为市场调查离不开数字,很多问题要用数字说明。可以说,数量词在市场调查报告中以其特有的优势,越来越显示出其重要作用;市场调查报告中介词用得也很多,主要用于交代调查目的、对象、根据等方面,如用"为""对""根据""从""在"等介词。此外,还多用专业词,以反映市场发展变化,如"商品流通""经营机制""市场竞争"等词。为使语言表达准确,撰写者还需熟练掌握市场有关专业术语。

　　(2)句式。市场调查报告多用陈述句,陈述调查过程、调查到的市场情况,表示肯定或者否定判断。祈使句多用在提议部分,表示某种期望,但提议并非皆用祈使句,也可用陈述句。

第 2 篇　实战篇:调查项目

开展国内外调查,以应用型研究推动应用型教学,并服务地方经济,这是上海商学院的一个重要特色。上海商学院已开展的主要调查研究项目如下:1983 年,参与中央 1 号文件在上海农村的落实情况调查;1989 年,承接原商业部"商业经营机制研究"课题,重点调查了上海市区级商业公司;1993 年,通过对上海连锁超市的访问调查,推动了上海连锁企业扶持政策的出台;1995 年,参加了原上海市商业委员会、上海市经济委员会、上海市技术监督局联合组织的关于"上海工业产品与商业企业商品条码应用情况调查",该课题的直接成果是出台了《上海市条码管理办法》,并使上海市商委推出了对连锁企业的扶持政策;1995 年,赴美国考察学习特许经营;1997 年,为原商业部起草了我国第一部特许经营部颁规章《特许经营管理办法》,并主持完成了原商业部重点课题"特许经营与加盟连锁研究";1996 年,参加上海市静安区"静安南京路商业规划"课题,从此静安南京路有了一个"久光百货";1998 年,为位于真北路麦德龙附近的农工商超市第一家大卖场设计了"中国人自己的大卖场"的广告语,打破了德国人所谓"三个月打垮农工商"的预言;同年,在行业调查的基础上完成了连锁经营管理专业以及相关教材的设计规划,筹办了连锁经营管理系、信息技术管理系,出版了连锁经营管理教材;1999 年,以大型连锁企业为基地,创立了"源于实践,高于实践""管教合一"(管理实践与教育活动相结合)"育教合一"(职业心态教育与专业技能训练相结合)"研教合一"(经营管理实务研究与教育活动相结合)的教学原则,建立了"培训项目系列化、培训过程连续化、培训方式多样化、培训内容务实化"的教育训练体系,实施了"四段式培训",即军训拓展过体能关,职前教育过思想关,专业训练过技能关,门店实训过实践关;

2000 年,为农工商超市集团编制了《农工商超市"一三五"计划纲要》(即 2001 年到 2005 的行动纲领);通过研究国际工商关系的发展过程与现状,2001 年提出了"零售商收取进场费是国际通行的商业赢利模式"的观点,引起业界的广泛关注;2002 年,以农工商超市为基地,参加上海市科委课题"主要农产品安全生产关键技术——子课题 5:农产品绿色上市关键技术";2003—2004 年受上海市经委和上海连锁经营协会的委托,主编连锁店店长岗位培训教材《连锁店经营管理基础》和《连锁店经营管理实务》;2004 年,编制完成《农工商超市集团战略规划:以农为本,创新发展》,该规划通过商务部组织的专家认证,农工商超市集团被商务部认定为"我国流通领域重点培育的全国 20 家大型企业集团"之一;2005 年,参与上海社科院所主持的政府决策咨询课题"规范上海超市管理的对策研究";2007 年,主持完成"上海流通领域超市食品安全研究";2008 年,主持"上海西郊国际农副产品交易中心经营定位、经营模式研究"(光明食品集团),作为该项目的延伸,上海商学院还作为"特色农产品生产技术及相关设备的引进"与"西郊国际农产品交易平台关键设备和物流技术的引进"两个"上海市科技兴农引进消化吸收再创新项目"的课题协作单位,编制可行性研究报告,参与项目研究;2009 年,主持完成在校大学生诉求与大型连锁企业人才需求调查;2010 年,主持完成上海市教育科学研究市级项目"本科应用型商业人才培养模式(B08075)";2011—2013 年,主持完成"商业服务专业群人才基本素质问卷调查";2013—2014 年,主持开展了上海农产品批发市场调查和零供关系调查。此外,还受上海连锁经营协会的委托开展了一系列独立调查,如预付卡调查、零售业租金调查、上海大卖场分布情况调查、上海大卖场顾客满意度调查等。本篇选取部分调查研究项目,概要介绍调查方法与调查发现。

2.1　在校大学生对大学教育的看法

本项目对 960 名在校大学生进行了网络调查,调查对象涵盖了大一到大四的学生,主要是财经类专业大学生。这项调查始于 2005 年,2009 年与 2010 年进行了跟踪调查,2012 年的调查是前三次调查的延续。

(1) 有四成的被调查者认为我国大学教育效果一般。值得注意的是:①年级越高,认为我国大学教育"很成功"的比例则越低;②男女生对于大学教育效果的看法大体上相同,但男生选择大学教育"很失望"的人数占

13.22%,远高于女生(7.35%),可见男生对于大学教育的反感要高于女生。

(2)大学生最关心的问题是如何适应社会需要。学生最关心的问题依次为:适应社会需要、培养创新能力、掌握专业技能、塑造健康人格。其中,学生对专业技能与创新能力的要求近年来有所提高,这与近年来大学教学强调学生开展创业创新活动有一定的关系。

(3)实践教学并没有使大学生认为"业务技能"有较大提高。学生认为有较大提高的依次是:基础知识、情商修养、职业修养、管理技能、业务技能。实践教学的重要目的是要提高学生的管理技能与业务技能,但学生感觉这两项能力的提高并不显著。这是值得关注的一个问题,应该反思现有实践教学的效果。

(4)大学生最看重大学教师的讲课质量与实践经验。大学生看重的要素依次是:讲课好、有实践经验、经常与学生沟通、关心学生、有研究成果、有声望。前三项都超过50%,后两项不足50%。这一点与他们"适应社会需要"的关注重点是一致的。因为讲课好与有实践经验的老师能够有效地吸引学生专心学习,可以向学生分享更多的成功经验与失败教训,能够更有效地引领学生适应社会需要。这样的老师也更能获得学生的信任与敬重。这也是大学教师,尤其是应用型本科大学教师的努力方向。与前几次调查有所不同的是:"讲课好"从第二位上升到了第一位。

(5)大多数大学生认为如今令人钦佩的大学教师不多。选择"很多"与"较多"的被调查者不足1/3,这个占比虽然比前期调查有所上升(9.38%),大部分学生认为值得钦佩的老师并不多,并且有3.33%的学生居然还没有发现有值得钦佩的老师。是教师队伍出了问题,还是学生评判的视角出了问题?总之,教与学之间确实存在很大的差距。这说明,除了对学生进行必要的引导外,必须改革教学体制、教学内容、教学方法与教学过程,最关键的是要对不适应社会发展的教学思路实施创新变革。

(6)大学生最期盼课程更新与实践环节。大学生认为目前我国大学最需要改进的问题依次是:课程老化,学非所用,不少课程基本无用;实践太少;教师对学生比较冷淡;专业教师不专业;学费太贵。大学生认为目前大学教学过程中最需要改进的是"课程老化"与"实践太少"的问题,其实这两个方面一直是近年来教学改革的重要内容,从重点课程到精品课程,再到如今的视频课程,从校内实验室建设到校企合作建立实践基地,但课程与实践两个问题仍然没有得到学生的认可。教学改革"局部失效"是客观现实,这是值得深刻反思的问题。

2.2 在校大学生对大学教育的期盼

在 2012 年的调查中,960 名接受调查的学生对"您如果成为一名大学教师,将怎样使自己做得更好?"问题的回答,摘要如下所示。

(1) 教学现状:①这不是一个老师想做就能完全做到的,很多好老师被排挤不是因为他们没有能力,而是整个系统有问题,每个环节几乎都存在很大的问题,作为最底层的老师们大多也属于心有余而力不足,我们相信他们是进入这个圈子后慢慢地世俗化了。②江南七怪加洪七公,把郭靖这么一个傻瓜教成了武功盖世的大侠。王重阳武功天下第一,一个人教七个,教出了全真教一群废物。这就是大学扩招的代价! ③这学期我们有一门叫"Business Plan"的课,课程介绍上说是双语,但实际上几乎没有英文教学。而且老师的专业知识不强,整个课程就是让我们去按照市场营销等其他专业课程去具体实践。作为高等教育,在教学方面应该培养同学们的"独立人格",这个正是中国人所欠缺的。培养学生要有自己的想法,不能人云亦云,消除奴性在思想上的作用。

(2) 教师素养:①当你的认真和别人的不认真得到相同待遇时,甚至有时还不如人家的时候,下一次还会不会这样认真呢? ②大学老师要想成为一个真正的博学者或是一个富有创造力的人,首先要使自己成为一个博览群书的人。我们的社会是一个完整的、相互联系的生态系统,因为我们需要不同的思维模型来解决我们所遇到的不同的问题。作为一个大学老师,首先不能是个太"专一"的人。然后我会鼓励我的学生去学习各种知识,从自己感兴趣的开始。先培养学习欲望,再教授学习方法。让学生乐于学习,而不是被逼着学习。③像新东方的老师那样有激情,有方法,让学生爱上学习。

(3) 教学方法:①亲和力是第一位的,不要摆架子,不要觉得自己高高在上了不起,讲课尽量用娓娓道来的方式,不要照本宣科,要把自己摆在与学生平等的地位,最最应该切忌的是不要总拿挂课呀、告状呀、出难卷威胁学生,教育学生不要旷课不要说"谁旷课就挂谁",学生听了特"胀"气,好像你很有权利似的,多说说学习这门课的用处与意义,学生会理解的,多提高自己在学生眼中的魅力,锻炼到把一门一般的课程也能讲得精彩生动,即使课程本身枯燥,自己也要多引申一些内容,招学生喜欢真的是你的魅力,是你要花心思花时间去掌握的实力,永远记住,招人喜欢,招人顺服,树立威信,建立形象,靠的绝不是控制,而是吸引。②首先是扎实的专业知识,其次是丰富的实践经验,当然,最重要的还是和学生的交流,让学生觉得自己既是他们的老师,也是他们的朋友,既能解决他们学习上的问题,同时也能在为人处世、情操培养、社会实践中帮助他们。同时,必须得定期有研究成果。总的来说,师德、专业技能以及与学生的沟通是最重要的。③关心学生、积极备课、灵活讲课。④改善上课互动形式化的现状,真正讲一些同学们感兴趣的知识。

2.3 企业人才需求调查

调查时间是 2012 年,被调查单位包括:百联集团、光明食品集团、家乐福(中国)等 58 家中外企业,调查方式为问卷调查,调查行业主要是华东地区的零售服务业、金融服务业、餐旅业,也包括部分快消品制造业。该项调查是在"2009 年商业人才需求调查"的基础上开展的,前期调查的主题是企业对大学生需求总量与需求结构的调查,本次调查的主题为人才素养的需求调查。主要发现如下所示。

(1) 大学生的职业取向是影响自身发展的根本原因。企业认为制约大学生发展的主要原因依次是:眼高手低,缺乏务实、踏实精神;行业忠诚度较低,缺乏专业精神与工作热情;比较功利,目光短浅,流动性比较大;想法较多,问题提得多,但解决问题的能力比较弱;心理承受能力较差;追求时尚,但缺乏专业知识。企业首先要求新进员工具有务实精神、行业忠诚度、专业精神、工作热情,而这些也正是当代大学生的"短板"。

从大学教学来看,为了提高就业率,为了实现校企有效对接,把大量教学资源都投放在课堂和实验室都难以培养的实践能力培养上,但对职业取向方面的教育和训练还显不足。

当今的"职业规划"与"就业技巧"等方面培训课程,一方面对大学生的人生发展提供了一定的帮助,但另一方面也存在拔高和美化本来就"眼高手低"的大学生的职业前程的风险,使他们的职业取向更短期、更注重形式、更功利、更不切实际。

(2) 约有 1/3 的企事业单位认为,应届大学毕业生 1 年内的流失率在

20%以下。总体来说,大学生就业以后很不稳定,有些企业1年内大学生的流失率高达80%,但近年来由于就业困难,流失率有所降低。应届大学毕业生流失的前三项原因是:不愿做基层工作、其他企业工资更高、工作态度问题。这三项原因与大学生职业取向方面所存在的问题也是吻合的。总体来说,大学生就业态度需要调整,他们的期望有待调整。

大学生流失不仅有大学生自身的问题,也有用人单位的用人机制、个人职业生涯规划、教育训练、基层单位对新进人员的培养和关心、福利待遇等方面的问题。

(3)"有事业抱负和踏实肯干"是企事业单位录用大学生的基本要求。用人单位录用大学生标准的前三项是:踏实肯干,不计较一时一地的得失;有事业抱负,愿意承担负有挑战性的工作;对行业的熟悉与爱好程度。值得关注的是,用人单位对"聪明伶俐"的大学生并不怎么看重。这与公司文化也有很大的相关性,有个商学院连锁专业的毕业生到连锁公司应聘,初试、笔试、复试都顺利通过,但到高层第二次面试的时候就被淘汰了。学生来问我们为什么被淘汰,企业高层的回答是:这个人看起来太伶俐!

这正如有个大型连锁公司的人事负责人所说:"做我们这一行,情商比智商重要。也不建议智商太高的人进入,因为这个行业毕竟不是社会地位很高的行业,太优秀的年轻人是耐不住这个行业的寂寞的。"

太优秀的人留不住,这涉及两个方面的价值取向问题:一是大学生觉得商业服务业没有其他行业更有作为;二是用人单位的用人思路问题。其实,商业服务业已经成为一个高科技、需要高智商的行业,在转型以及未来发展中需要更多具有管理技能与专业技能的管理人才。这是一个大有作为的行业。

(4)"职业修养与情商修养"比"知识与技能"更重要。调查表设定了五个方面的素质,即职业修养、基本知识、管理技能、业务技能和情商修养。调查显示,排在前三位的是:职业修养、情商修养、管理技能。可见,从用人单位的角度来看,"职业修养与情商修养"比"技能与知识"更重要。值得关注的另一个问题是:"基本知识"居然排名最后一位,这表明以传授知识为本的传统教育模式面临极大的挑战。大学教学应该做什么?如何才能适应社会需要?这是必须持续探讨的问题。

(5)"营销、文书与法律知识"是最重要的基本知识。在15项"基本知识"中,各项按照重要性程度进行统计分析后显示:"顾客与个人服务知识"

排名第一,这是有关市场服务方面的知识;"文书知识"排名第二;"销售与市场知识"排名第三;"心理学知识"排名第四;"法律与政府知识"排名第五。这些数据显示:"营销、文书与法律知识"是最重要的基本知识;语言文字表达方面的知识受到用人单位的普遍重视。在大学教学中,如何培养学生"跨文化、跨地域、跨年龄"的语言文字表达与沟通能力,是当务之急。互联网时代成长起来的新生代大学生,是否存在面对面沟通障碍虽然还有待调查,但这方面的知识与能力的培养是不可或缺的。

(6)"管理知识"并没有如大学教学所期望的那样重要。"管理知识"在15项知识要素中排名第十位,但大学教学过程的很多核心课程都是围绕"管理知识",用人单位的这一要求与大学教学的期盼存在较大的差距。原因何在? 这涉及三个方面的问题:第一,大学教学如何有效地培养大学生的管理技能? 第二,管理知识与管理实践之间,经典理论与特定文化之间,如何融合? 第三,现在的实践教学是否符合社会实践的真实情况? 如果这些问题不解决,大学中管理学与企业管理的现实就会存在很大的差距。

(7)"理解表达与创新能力"是最重要的管理技能。在6项"管理技能"中,按照重要性程度进行统计分析后显示:"口头理解与表达能力"排名第一;"创新能力"排名第二;"书面理解与表达能力"排名第三。这些数据显示:口头和书面的理解表达能力与创新能力是用人单位最看重的"管理技能"。"连贯构思能力",即"围绕某一话题能迅速构想出一些主意,不管正确与否"的能力,排名第四,用人单位对此也有较高的重视度。这一点与前述的"基本知识"中重视"文书知识"与"语言知识"的调查结果是一致的。

上述数据反映:大学生的期盼与企业的实际需求之间存在较大的差距。大学毕业生把自己定位于"管理者",而企业则把大学生定位于一个"被管理者"。作为"被管理者",首要的素质就是"在与人交往中,能够听取对方所传递的信息并理解对方观点;与他人沟通时,能够准确地传递相关信息并使他人理解"。企业需要"能理解领导的话,并能够准确地表达"的大学生。

我们将"创新能力"定义为"围绕某一话题或面临的情况能够迅速地构想出一些不同寻常的想法、独特的创意来解决问题的能力",这一解释使"创新"变成了一种实践应变能力,例如电视连续剧《亮剑》中李云龙用挖壕沟与扔手榴弹的方式打日本鬼子,电视连续剧《枪神》中的兵工厂厂长吴应德用绑脚带捆绑作为弹射器把手榴弹扔到更远的敌方阵地,这些在战争理论中没有提及的"方法",却在实际战斗发挥了无可争辩的作用,这就是创新。企业在实践中就需要这样的"创新"。很多企业把大学生作为"后备力量"来培养，也许是基于企业对"创新驱动与转型发展"的急切期盼，是对大学生所寄予的厚望。大学教师不可能传授这样的"创新"方法，但能否给大学生培育这样的"创新精神"，能否培育类似《亮剑》中"军魂"的"学魂"？

至于"连贯构思能力"，即"围绕某一话题能迅速构想出一些主意，不管正确与否"的能力，能获得企业的重视，说明用人单位要求大学生具有逻辑判断力，能从全局和整体思考问题，并就此提出"构想"，这些构想也含有"创新"的含义。

（8）"自我平衡与人际关系"是最重要的情商修养。在 5 项"情商修养"中，对各项按照重要性程度进行统计分析后显示："自我激励"排名第一；"情绪控制"排名第二；"人际关系"排名第三。这三项虽然有前后之分，但占比非常接近，可以视为"同等重要"。这是三个相互关联的素养，到任何企业，做任何工作，在任何时候，都需要有激情，有自信，能够自我激励。但激情与自信往往是受"欲望"的支配，有点像"水蒸气"，没有蒸汽，就没有动力，但如果蒸汽过量，就会发生锅炉爆炸。所以，两者的平衡最为重要。这是对个体行为的要求。

从企业团队合作的角度来分析，人际关系尤其重要，保持和谐与适度的人际关系，是具有领导能力的重要前提。所以，技术出众可以成为一个工程师，但善于处理人际关系者即使不懂技术也能够成为一个优秀的领导者，就好像兵工厂的厂长不一定是武器专家。所以，实践给大学开了一个不大不小的"玩笑"，很多真正的"专家"都经历了一条"非专业化"的成长道路，比如，我国著名的十大媒体人，他们有几个是学新闻专业的？由此也可以再统计一下企业家的"第一专业背景"，或许也符合媒体人的成长轨迹。

这并不是说专业不重要，这只能说明：大学所提供的专业知识、专业技能与管理技能，与实践需求相比较，永远是杯水车薪，一个真正的管理者、工程师、专家，如果能具有众多"非专业经历"，也许就达到"真正专业"的境界。如学经济学的人，做金融投机的人，如果仅仅懂得经济学与金融学是远远不够的，如果他能精通"心理学"，同时还有机会经历各种惨痛的失败，他便更有资格说自己是一位"投资理财专家"。

记得有一个在大学教"投资理财"课程的著名教授，自己炒股亏得"一塌糊涂"，结果靠开设"投资讲座"把亏损的钱再赚回来。但也有"两栖理财教授"，不仅课讲得好，投资也做得好，浙江工业大学曾经就有这样一位教授，他最终还是离开了学校。在哲学界,周国平也是这样的一位"人物",在大学被边缘化,但市场承认他,他写的书被读者认可。

2.4　企业人才需求调查反馈意见

在企业调查问卷的最后,我们设计了一个开放性问题,部分反馈如下所示。

(1) 逆商修养更为重要,也就是一个人承受委屈、承受压力、吃苦等逆境的能力。如今的大学生们关键是在心理承受能力方面比较脆弱,主要是因为大多是独生子女,在逆境中的历练比较缺乏。在工作中,要取得业绩关键是靠坚持与承受力,这些都体现在逆商指数上,学校教育似乎也可以在这方面加以引导。

(2) 单位招聘大学生,肯定不是为了拿来就用,而是愿意培养他们,期望其在以后发挥作用。因此,单位比较看重学生的基本情商和智商(情商和智商是一个人最底层的基座,只有基座踏实,才有高度空间)。相反,专业知识没那么重要,在工作中可以逐步学习。所以如果能招收到基本逻辑扎实,愿意动脑,有好奇心的大学生,是最有价值的,也最值得培养。

(3) 调查表中企业对人才的要求很多,但配套的,企业能给予的东西却涉及得很少。当然,这是中国劳动力市场的现实。但如果是单向的要求,企业只有获得的权利,没有付出的义务,在调查表格中企业就会把要求提得很高,而其实符合这些要求的人才,这些企业根本承担不起。

(4) 我们对新毕业大学生的要求,主要侧重于通用能力上,专业能力与技能在以后的工作中能够培养。通用能力和基本素质方面,根据我们的具体经验和经历,大学生一是要有上进心,即愿意学,主动学,想干事,愿干事;二是立足长远,不只顾眼前;三是能从小事做起,从细节做起,珍惜机会;四是有一定的人际理解能力与人际交往能力;五是我们这儿还要求书面写作,书面表达能力较强。

(5) 大学生就业,不一定人人都能在踏入社会第一步时找到完全专业对口的工作,但在任何岗位上都会有极大的收获,关键在于自己的眼能看到什么,耳能听到什么,心能接受什么。

责任心、情商是很多企业看重的,因为我们遇到太多毕业生工作一段时间后,或遇到难题困难、或心中好高骛远,都抱着一种"横竖横,大不了拍拍屁股走人"的态度。人生若只是留给别人麻烦,而不是自己努力思考着去解决麻烦,那会让很多用人单位对他/她望而却步。

(6) 第一,培养大学生的价值观、职业观是头等重要的事,应该有比较好的职业辅导。第二,用人单位不会只注重学生的成绩,而更注重逻辑思维能力和谈吐。第三,学习能力是超过已掌握知识的更强大的武器。第四,好的与人沟通的技巧、融入社会团队的能力是最为重要的。

(7) 大学生毕业的时候,必须有从基础做起的心态和注重长远发展的职业规划,这样才能踏准职业发展的每一个节点。

有一位毕业后直接应聘进入大型连锁公司大学生,经过培训后在大卖场工作了两年,最后还是离开公司,现在还在澳洲读书。我们通过网络问了她两个问题:现在的大学生进连锁企业,最缺的是什么? 大学培养商业人才应抓哪些重点? 她回答就四个字:耐心、关心。接着解释说:"大学生应该耐心;企业应该多关心。眼高手低,好高骛远,是毕业生的普遍心态。"

2.5　企业访谈实录

访谈企业高层的部门记录如下所示。

(1) 联华超市股份有限公司副总经理张国宏。2009 年 3 月 5 日,联华超市股份有限公司副总经理应邀来到上海商学院,接受了访问。张总说:大学生毕业的时候应该是什么样? 企业到底喜欢什么样的大学生? 大致有三个方面:一是前端具备"输入能力",就是要敢于接触新东西,喜欢接受新知识;二是中间是一个黑箱,体现为"思考能力",输入的东西要经过加工变成自己的东西,这样才能进步与提高,才能成为某一领域的专业人士,人的肩膀以上部分在这里发挥着无限的想象力;三是后端的"输出能力",要善于把思考的结果输出给他人,帮助他人,或得到他人的认可与支持,这是一种表达思想、情感的能力,如读、写、说。有些人靠这个能力就可以养活自己并过得很富有。总体上说是培养自己的学习、思考与表达能力。张总的回答给改进大学教学提供了一个很好的思路:大学学习,不一定能达到炉火纯青的地步,但必须形成自己对生活、工作与做人的基本原则。本来,大学只要学两样东西就可以了,一是如何做人,二是如何思考。现在开了各种专业,学这个学那个,反而忽视了最要紧的东西:如何与人接触、交流与建立良好的合作互动关系。商业人才的培养,与专业知识与实践技能相比,更重视积极进取的精神。

（2）联华超市股份有限公司管理总部部长徐慧群：首先，连锁零售的行业特性决定了它的从业人员必须具备吃苦耐劳的精神，这是做好连锁业任何岗位工作的基础。所以，对于我们的从业者来说，在学校期间应该做好这方面充分的思想准备。或者说，从小娇生惯养的那些学生其实是不适合进入这个行业的。其次，本科生在大多数公司可以定位为一般的工作人员，工作几年后，有潜力的才能进入上一个层次的岗位。但是，目前对我们这样的公司来说，对他们的定位一开始就是管理储备，所以，我们希望进来的学生应该具备一定的管理意识和管理技能，至少，沟通能力要比别的大学生强一些。另外，从这几年我们招聘进来的大学生来看，Office 的基本操作技能大多数比较差，大多比不上我们在岗的年轻员工，这部分技巧是完全可以在学校里学的，没必要等到了工作岗位上以后再来补。

另外就是一些普遍性的问题，眼高手低是现在的大学生的通病，我不知道学校怎样才能解决这样的问题，恐怕很难。还有，现在的独生子女都很没有相容性，自我意识太强，怎样培养学生融入团队的能力，培养学生的包容心，这是学校要面对的巨大挑战。尤其是我们的学生过几年都是要做管理者的，所以这方面的能力也显得特别重要。一是要融入团队，二是要建设团队，要有本事调动团队成员的工作积极性。这就又回到前面说的管理能力的培养。

做我们这一行，情商比智商重要。也不建议智商太高的人进入，因为这个行业毕竟不是社会地位很高的行业，太优秀的年轻人是耐不住这个行业的寂寞的。

（3）家乐福中国区副总裁、人力资源总监孟芝云：现在的大学生太求利，学了一些东西，外面市场好，就跳过去了。如果能坚守几年，未来的成就会比较高。在一个企业工作 1 年不到就认为学得差不多了，就想出去了。个人与企业的文化融合以及专业技能的培养，至少需要 3～5 年。要进入执行委员的话，3～5 年不够，起码要 5～6 年，在法国要十几年。30 岁以下的中国籍管理人员到法国学习，法国人非常羡慕。能力是可以培养的，知识也是可以培养的。但个性很重要，找自己配对的行业，这是非常重要的，主动积极很好学，诚信创新很踏实，有方法，有逻辑思维能力、解决问题的能力、处理人际关系的能力等，都是家乐福非常看重的个人素养。家乐福特别喜欢有自己看法与见解的人，有胆识的人。领导力是可以培养的。现在的大学生，竞争意识太强了，这个世界就这么大，不愿意分享，不愿意互利分享，是不利于自身发展的。

(4)人力资源评估专家章田侠博士从应聘角度对大学生提出了一些基本要求:大学生的职场感受太少,与人沟通需要有感性知识。对不同的人,需要有不同的沟通方式,如对 60 后、70 后、80 后、90 后、00 后的人,都应该有一些不同的沟通方式。为此要对历史人文有比较深刻的认识。要对应聘的职位有比较全面的了解。简历与应聘职位不要自相矛盾。你的性格描述是内向型的,但你应聘的职位是营销或管理,那就是矛盾的状态。外向型而且想做老大的人,应聘的却是“助理”,怎么能做好? 有两种职场能力非常重要:一是系统思维能力,要有高度、深度与宽度;二是团队管理与沟通能力。人际交往的基本要求是:平等、换位、有感知度(即能去感知别人对你的感受),这是非常重要的人际交往原则。考官常常会问:你自己怎么评价自己? 别人怎么评价你? 有些人对自己的评价与求职的岗位要求是矛盾的,这样的面试就不会成功。有些人根本不知道别人对自己的看法,这样的应聘者也就失去了很多机会。当团队中出现冲突与矛盾,沟通是必要的办法,但不是唯一的办法。除了沟通,就是劝说。如果劝说还不能解决,那就要寻求其他的办法,那就要变通。不知道变通就无法适应环境的变化。

(5)上海市糖业烟酒(集团)上海新境界食品贸易有限公司总经理毛明华:我们经营生鲜食品,很多产品面向饭店,有一支 300 人的营销队伍,这些人对自己销售的产品都非常熟悉,如牛肉,过去一头牛只能分割出 50 个品种,如今利用冷链技术,可以分割出 300 多个品种。饭店的厨师长是外籍专家,不懂外语就无法做产品推广,所以,我们需要能与外国人直接沟通,又具备一定营销技能的大学生。

2.6　零供关系调查

零供关系既是我国流通领域的老问题,也是一个新问题。在计划经济时期,零供之间就存在矛盾,但由于物品短缺,该矛盾主要表现为多与少的工商矛盾;在改革开放时期,尤其是 20 世纪 90 年代初开始连锁经营组织方式的发展,促进了零售企业经营规模迅速扩张,零供关系发生了质变,流通领域形成了以零售商为主导的“批零一体化”的格局,大型连锁公司开始向供应商收取各种类型的“通道费”,不仅引起部分供应商的强烈反响,也由此引发了社会各界的广泛关注。

专家学者对这个问题的关注也由来已久。上海商学院顾国建和刘建民两位教授,上海大学李骏阳教授,首都经贸大学陈立平教授等学者,从盈利模式、法律规制、商业转型等不同视角研究了零供关系与通道费问题。

在行业中,有两个完全相反的观点已经延续很长时间了:供应商说,零售商盘剥供应商;零售商说,供应商比零售商赚钱多。

对此,上海商学院管理学院周勇、池丽华两位专业教师,利用上市公司年报,分析了国内外零供企业的盈利水平。

调查分析方法:分别收集国内外供应商与零售商上市公司年报各24家,合计48家,比较其2008年与2012年的收益差异。用于比较的主要指标包括以下几项:

$$净资产收益率 = 净利润 ÷ 净资产$$
$$净利率 = 净利润 ÷ 净销售额$$
$$资产周转率 = 净销售额 ÷ 总资产$$
$$杠杆比率 = 总资产 ÷ 净资产$$

上述指标的相互关系如下所示:

$$净利率 × 资产周转率 = 资产回报率$$
$$资产回报率 × 杠杆比率 = 净资产收益率$$

一、国外 24 家上市公司盈利水平

分别选取国外供应商与零售商各12家上市公司,抽取相关财务数据以后可以整理出表2.6.1和表2.6.2。

表 2.6.1　国外零售商收益水平(2008—2012 年)

公司名称	净资产收益率		净利率		资产周转率		杠杆比率	
	2012	2008	2012	2008	2012	2008	2012	2008
Wal-Mart 沃尔玛	22.1%	17%	3.6%	3%	2.3	2.3	2.6	2.5
Tesco 特易购	15.9%	15%	2.0%	4%	2.6	1.6	3.2	2.4
Carrefour 家乐福	7.7%	15%	1.6%	2%	2.1	1.6	2.3	4.6
Auchan 欧尚	7.3%	11%	1.5%	2%	1.6	1.5	3.1	3.7
Metro Group 麦德龙	8.2%	11%	0.7%	1%	1.9	2.0	5.7	5.4

（续表）

公司名称	净资产收益率		净利率		资产周转率		杠杆比率	
	2012	2008	2012	2008	2012	2008	2012	2008
Kroger 克罗格	35.8%	29%	1.6%	2%	3.9	3.2	5.9	4.5
Casino Group 佳喜乐集团	10.1%	12%	3.7%	3%	1.0	1.2	2.8	3.2
Sainsbury 桑斯博里	10.7%	8%	2.4%	2%	2.0	1.8	2.2	2.1
Marks & Spencer 玛莎	18.3%	39%	4.5%	8%	1.3	1.4	3.0	3.5
Safeway 西夫韦	20.4%	13%	1.3%	2%	3.0	2.5	5.0	2.6
Walgreen 沃尔格林	11.7%	18%	3.0%	4%	2.1	2.7	1.8	1.7
Seven&I 7-11	7.3%	5%	3.3%	2%	1.0	1.4	2.1	1.9
Average 平均	15.1%	18%	2.7%	3%	2.0	1.93	2.8	3.18

表 2.6.2　国外供应商收益水平(2008—2012 年)

公司名称	净资产收益率		净利率		资产周转率		杠杆比率	
	2012	2008	2012	2008	2012	2008	2012	2008
Procter & Gamble 宝洁	17.0%	18%	12.9%	14%	0.6	0.6	2.1	2.1
Unilever 联合利华	31.5%	42%	9.6%	12%	1.1	1.1	2.9	3.2
Coca-Cola 可口可乐	27.5%	27%	18.8%	19%	0.6	0.7	2.6	2.0
L'Oreal 欧莱雅	20.4%	16%	10.7%	13%	1.7	0.7	1.1	1.8
PepsiCo 百事食品	27.7%	39%	9.4%	13%	0.9	1.2	3.3	2.5
Kraft Foods 卡夫食品	46.0%	11%	9.0%	7%	0.8	0.6	6.5	2.7
Philip Morris 菲利普莫里斯	−404.6%	37%	11.4%	11%	2.1	1.7	−17.3	2.0
InBev 百威	20.8%	22%	23.7%	17%	0.3	0.4	2.7	3.3
Danone 达能	14.6%	33%	8.6%	21%	0.7	0.5	2.4	3.1

（续表）

公司名称	净资产收益率		净利率		资产周转率		杠杆比率	
	2012	2008	2012	2008	2012	2008	2012	2008
Nestle 雀巢	17.7%	28%	12.3%	14%	0.7	1.0	2.0	2.0
Kellogg's 家乐氏	39.7%	41%	6.8%	9%	0.9	1.0	6.3	4.5
Diageo 帝亚吉欧	37.1%	38%	30.2%	15%	0.3	0.7	4.0	3.6
Average 平均	25.1%	32%	12.7%	14%	0.751	0.85	2.628	2.73

从 2008 年收益的数据看,净利率指标零售商远远低于供应商,零售商为 3%,供应商为 14%,供应商的净利润率是零售商的 4.67 倍;净资产收益率指标零售商也远远低于供应商,零售商为 18%,供应商为 32%,供应商的净资产收益率是零售商的 1.78 倍。

4 年以后的 2012 年,净利率指标零售商仍然远远低于供应商,而且从 2008 年的 3% 下降到了 2.7%,供应商下降为 12.7%,供应商的净利率是零售商的 4.70 倍,与 2008 年保持同等差距;净资产收益率指标零售商为 15.1%,供应商为 25.1%,供应商的净资产收益率是零售商的 1.66 倍,与 2008 年仍然保持同等差距。

上述两项衡量企业收益水平的指标都是供应商远远高于零售商,而且在过去 4 年中保持同等差距。可见,零售商的盈利水平大大低于供应商。尽管供应商不断抱怨零售商挤压他们的盈利空间,但零售商其实也并没有多大的盈利空间。

其他两项指标中,资产周转率指标,零售商远远高于供应商,零售商靠加快周转而盈利,供应商靠高毛利而盈利,这反映了不同行业的盈利模式。从杠杆比率指标来看,零售商略高于供应商,2012 年比率比 2008 年略有下降。

二、我国 24 家上市公司盈利水平

与国外相比,我国零售商与供应商的经营规模还不是很大,尤其是供应商,其经营规模普遍较小。我们选择了比较有代表性的、已经上市的 24 家公司(零售商与供应商各 12 家),从这些公司的 2012 年年报可以获得如表 2.6.3 和表 2.6.4 的数据。

表 2.6.3　我国零售商盈利水平(2012 年)

公　司	净资产收益率	净利率	资产周转率	杠杆比率
永辉超市	11.83%	2.03%	2.26	2.47
三江购物	12.26%	3.13%	1.68	2.03
人人乐	−2.65%	−0.69%	1.81	2.18
大商股份	9.70%	1.35%	2.24	3.21
苏宁云商	10.61%	2.72%	1.29	2.62
步步高	18.66%	3.43%	1.65	3.11
联华股份	9.02%	1.17%	1.39	5.52
北京物美	16.21%	3.92%	1.53	2.71
鄂武商 A	18.88%	2.70%	1.35	4.54
首商股份	16.19%	3.25%	1.98	2.32
银座股份	14.36%	2.56%	1.15	4.54
国美电器	−4.04%	−1.25%	1.32	2.47
平均	7.39%	1.75%	1.48	2.87

表 2.6.4　我国供应商盈利水平(2012 年)

公司	净资产收益率	净利率	资产周转率	杠杆比率
光明乳业	10.40%	2.17%	1.47	2.33
金枫酒业	8.57%	10.86%	0.58	1.32
古越龙山	8.19%	13.42%	0.40	1.49
双汇发展	27.93%	7.27%	2.38	1.42
伊利股份	25.97%	4.09%	2.12	2.70
贝因美	15.14%	9.51%	1.17	1.35
南风化工	34.37%	5.45%	0.77	7.01
恰恰食品	11.24%	10.30%	0.83	1.27
青岛啤酒	14.91%	6.82%	1.09	1.90
克明面业	14.90%	8.02%	1.18	1.28
承德露露	28.06%	10.40%	1.38	1.94
张裕 A	31.13%	30.19%	0.69	1.37
平均	15.44%	6.02%	1.41	1.82

如表 2.6.4 所示,我国零售商与供应商的净利率与净资产收益率远低于国外同类企业。但是,我国零售商与供应商之间盈利水平的差距,与国外同类企业保持同等水平。

我国 12 家零售商净利率指标的平均水平远远低于 12 家供应商,零售商为 1.75%,供应商为 6.02%,供应商的净利率是零售商的 3.44 倍;净资产收益率指标方面,零售商也远远低于供应商,零售商为 7.39%,供应商为 15.44%,供应商的净资产收益率是零售商的 2.09 倍。

在其他两项指标中,资产周转率指标零售商与供应商基本持平,这说明我国零售商的商品周转较慢。如果零售商不能加快周转,盈利水平就会大幅度下降,所以,加快周转也是我国零售商需要不断提升与改进的重要方向。

此外,对多品种生产的供应商来说,资产周转率低是因为商品周转慢,有些公司的商品周转期高达两个月甚至更高,却要求零售商十几天就付款。宝洁公司就是此类强势供应商之一,强势供应商所订的合同条款就是零售商实际接受的合同条款。

从杠杆比率指标来看,零售商是供应商的 1.58 倍,这一状况说明我国零售商利用较多的"负债"来发展经营是一个基本特点。但通过数据分析发现,零售商主要不是占用供应商的资金,而是占用用户的资金,而银行也在占压零售商的资金。

2.7 商业预付卡调查

预付卡在我国早已有之,在国外也延续了很久,预付卡是 VISA 公司的主体业务。如在日本,过去节日送礼要费心思选购礼品,自从有了"礼品卡"就省事多了;在欧美,有一种"内部信用卡会员制",持卡会员可以享受多重优惠。

一、预付卡产生的背景

我国预付卡与国外的预付卡存在很大差异。早期叫提货券、购物券、代币卡(券);后来叫消费卡、水票、米票、面包票、副食品票;如今叫预付卡(分为单用途与多用途两种,单用途卡是只能在同一企业、同一集团下属企业、同一品牌直营与加盟体系中使用的预付卡;多用途卡是可以在不同企业使用的预付卡），反反复复，禁而不止，直到 2012 年 8 月 24 日商务部第 68 次部务会议审议通过《单用途商业预付卡管理办法（试行）》（自 2012 年 11 月 1 日起施行），我国的消费卡或叫预付卡，才被政府正式许可。

行业中开始的时候叫预付卡为"购物券"，政府有关部门把它称为"代币券"，相关政府部门以"三大理由"（违反《中华人民共和国银行法》、令国家减少税收和助长腐败行为）予以禁止，但实际结果是禁而不止。政府虽禁止，企业却不断变换花样继续发行。第一波是 20 世纪 90 年代末，因为购物券被禁止，出现了利用现代技术发行的电子消费卡，代替纸质购物券；第二波是 2001 年 3 月份起，华联超市发行了水票，农工商超市发行了米票，这是因为电子消费卡也被禁止，企业又转为发售纸质的"购物券"；第三波是 2003 年 7 月份消费卡大检查大回笼以后，尤其是电子商务的迅猛发展，消费卡业务开始跨界发展，一家企业发行的消费卡在多家签约企业可以使用，如百联的 ok 蓝卡，如斯卡特卡（如今称为"多用途卡"）；第四波是 2012 年商务部出台《单用途商业预付卡管理办法（试行）》以后，加强了对预付卡的监管，其中最核心的一条是资金要"存管"，将发卡收到的资金以一定比例存入指定银行，在这样的背景下，有些连锁公司开始发行纸质购物券，以避开资金"存管"。

二、预付卡的有关规定

大约在 2004 年前后，上海曾出过咖啡店发行预付卡（会员卡）卷款潜逃的事件，后来康俊、丽池等会所爆出关店传闻。实际上，美容、健身、酒店等行业一直有消费者投诉会员卡发行者不能履约的情况。

为什么政府制定了相应的监管规制，仍然会出现这些情况？其实，这与政府的管制方式不恰当有关，现在实施的是"抓大放小"的办法，通过规制，把大型企业管住了，但没有管住小企业，而容易出问题的恰恰是小企业。所以，这个管理办法就失效了。

按照《单用途商业预付卡管理办法（试行）》的规定：

单用途卡是指按国家有关规定企业发行的仅限于在本企业或本企业所属集团或同一品牌特许经营体系内兑付货物或服务的预付凭证，包括以磁条卡、芯片卡、纸券等为载体的实体卡和以密码、串码、图形、生物特征信息等为载体的虚拟卡。

按照国家有关规定，单用途卡发卡企业有三种：①集团发卡企业：指发行在本集团内使用的单用途卡的集团母公司；②品牌发卡企业是指发行在同一品牌特许经营体系内使用的单用途卡,且拥有该品牌的企业标志或注册商标,或者经授权拥有该企业标志或注册商标排他使用权的法人企业;③规模发卡企业是指除集团发卡企业、品牌发卡企业之外的符合下列条件之一的企业:上一会计年度年营业收入500万元以上;工商注册登记不足1年、注册资本在100万元以上。

另外还规定了备案、发行限额、资金存管等方面的要求:①发卡企业应在开展单用途卡业务之日起30日内到当地商务主管部门备案。②主营业务为零售业、住宿和餐饮业的发卡企业,预收资金余额不得超过其上一会计年度主营业务收入的40%;主营业务为居民服务业的发卡企业的预收资金余额不得超过其上一会计年度主营业务收入;工商注册登记不足1年的发卡企业的预收资金余额不得超过其注册资本的2倍;集团发卡企业预收资金余额不得超过其上一会计年度本集团营业收入的30%。③预收资金只能用于发卡企业主营业务,不得用于不动产、股权、证券等投资及借贷。规模发卡企业、集团发卡企业和品牌发卡企业实行资金存管制度。规模发卡企业存管资金比例不低于上一季度预收资金余额的20%;集团发卡企业存管资金比例不低于上一季度预收资金余额的30%;品牌发卡企业存管资金比例不低于上一季度预收资金余额的40%。

三、大型企业实际运作情况

以2012年实施《单用途商业预付卡管理办法试行》以后的情况为例,上海以"联华超市股份有限公司"(简称联华)为例,北京以"北京物美商业集团股份有限公司"(简称北京物美)2012年年报为例。下列数据显示,管理办法出台以后,是银行占压企业资金。

联华有高达43.81亿元的资金被银行占压,作为存款保证金用于预付卡的担保。这个金额约占凭证债项的43%。也就是说,零售商利用品牌信誉、服务网络、渠道优势等发行预付卡所获得的资金有四成多被银行占用,不能用于正常的业务发展。按照我国现在对单用途预付卡管理的规定,预付卡发行单位必须将发卡收到的资金全额存入指定的银行,并由银行提取30%~40%不等的存保金,其余资金可以用于主营业务。而多用途卡的管理更为严格,发卡所获得的资金只能存入银行,既不能投资理财也不能用于经营业务。

北京物美与联华最大的不同在于:受限制定期存款(受限制定期存款由

一家附属公司存于不同银行的保证金,以作为向客户发行预付凭证的抵押,公司不能用作其他用途)特别少,仅占凭证债项的 3.56%,其原因有可能是北京物美对预付卡资金的管理采取了变通的办法。目前大部分企业所采用的是银行资金存管(保函)的办法,资金存管是企业将预付卡预收资金的相应比例存入监管账户,金融机构会定期核对预收资金余额和报送到商务部的数据是否匹配的。例如,某企业截至 2012 年年底,预收资金余额为 1 亿元,如果它是集团企业,应该将这部分资金 30% 的额度进行存管或保险,也就是受限制的额度为 0.3 亿元,这部分资金可以随着预付卡的兑换和新增卡的销售而变化,监管的标准会根据季节性有所变化,这是一个动态的过程。但也有一些企业采取买保险的方式,北京物美就是采取买保险的方法。采取买保险的方式,是统一按照预收资金 40% 的比例承保,行业标准保费费率为 4‰,如果发售 100 亿元,按照 40 亿元买保险,年保费约为 1 600 万元。如果买保险的话,就不用银行存管,这些资金就可以用于主营业务。中国银行保险已经开发了"单用途商业预付卡履约保证保险"业务,这是中国银行"信誉保"产品的有机组成部分。

四、国外预付卡的使用情况与预付卡的基本功能

在美国,2000 年即有销售金额超过 2 000 亿美元的礼品卡;在日本,也有类似的消费卡,叫做"商品券",日本每年两大节日有互送礼品的习惯,一是 8 月份的中元节,二是 12 月份的岁末节。以前直接送物品既麻烦又很难选择,后来就出现了"商品券",收礼人可以持券自由选购自己喜欢的商品。日本的罗森便利店也发行了小额的商品券,这是为了方便顾客购物,小额消费使用信用卡和现金都不方便,而电子消费卡既方便又安全,对买卖双方都有利。

由于预付卡可以当作礼品卡、代替纸币、省去找零、实现电子结算、网上交易、移动支付、POS 刷卡等多种功能,而且使用方便,与会员制相结合还能锁定目标客户等方面的优势,所以受到各方面的欢迎。

我国近年来出现的"闪付"业务也是为了弥补信用卡的不足,以及提高小额消费的方便性。

五、调查数据

上海商学院通过对 1 000 位上海市民的调查发现以下信息。

（1）对预付卡具有较高的认知度：98.31％的市民知道预付卡（消费卡）。交通一卡通的使用最为广泛，其次为联华 OK 卡、便利通、斯玛特卡。半数消费者对预付卡的使用觉得比较方便，29％的消费者认为预付卡的使用很方便，22％的消费者觉得使用起来感觉一般，只有 2％和 1％的消费者觉得预付卡的使用不太方便和极不方便。

（2）赠送、自行购买、单位发放是预付卡的主要来源。调查显示，预付卡主要来源分别是：赠送 29％；自己花钱购买 28％；单位发放 23％；工作所得，以预付卡代替货币 11％；促销派送 7％；其他 2％。

（3）超市、便利店和百货商场是预付者使用预付卡的主要场所。购买食品、日用品是消费者使用预付卡的主要用途：在超市、便利店消费及购买日用品 41％；百货商店、购物中心消费 28％；餐饮、咖啡店、茶座使用 9％；先购买食品然后购买百货 7％；用于旅游和航空 5％；其他用途 4％。

（4）消费者对预付卡的诉求：①预付卡能够统一，方便使用；②能够在更多的场所使用预付卡；③加强预付卡的安全性；④能够即时了解卡内余额，预付卡的离散余额利用率不高，造成积少成多的浪费，损害了消费者合法权益；⑤觉得预付卡充值不方便，一人多卡造成很大的资源浪费；⑥希望预付卡的期限设置问题能够有更多的考虑，给予他们更加充裕的时间；⑦希望预付卡持有者能够享受更多的折扣，获得积分等额外奖励。

六、问题

对消费者来说，最大的问题是发卡单位不能兑现预付卡。2013 年年底，"玛花纤体""健康煮"等店突然停业；2014 年 10 月，"康骏会馆"上海 80 余家门店一夜间关闭，数万会员近 2 亿元预付费卡余额"打了水漂"。实际上，即使买了"保险"，理赔也很难。这主要有两个障碍：一是保险合同中规定的理赔条件不包括"老板跑路"这种情况；二是由于尚未建立起第三方信息监控平台，消费者拥有的预付卡的金额无法确认。如 2015 年由上海展圆餐饮管理有限公司运营的"代官山"在上海的各直营和加盟店突然停止营业，展圆公司在市商务委网站单用途预付卡备案企业目录中榜上有名，根据相关办法，备过案就意味着企业要么缴过保证金，要么购买了预付卡履约保证保险。市商务委回应商家跑路不符合赔付条件，"代官山"的确买过相关保险，但目前不能赔付。所以为了及时确认预付卡消费金额与结余金额，有必要针对预付卡发卡企业，建立一个统一的消费交易数据库。

(1) 抓大放小,管理失效。我国目前的监管办法,与欧美等国存在很大差距。欧美国家政府对多用途卡也有监管,但对单用途卡基本没有如我国那样的强制性规定,更不会指定银行。实际上,我国对预付卡存在过度管理问题,抓住了大型企业,放走了小型企业,而出问题的往往是小型企业,消费者的权益并不会因为现在的管制而得到保护。所以,目前的管理办法,基本上是一种各方(尤其是银行)瓜分预付卡利益的、垄断性质的管理办法,没有建立起有效的市场化运作监管机制。

(2) 持卡消费被边缘化。持卡消费常常被排斥在折扣优惠之外,如某西饼屋"六·一"节八折优惠,但持卡消费者不能获得优惠,必须实价购买,店方给的理由是:买卡时候已经给予过优惠。有些超市之所以价格虚高,与预付卡发行量大也有关系,这些企业短视地认为,反正持有本公司预付卡的消费者不管什么价格都会来购买,就自然提高了商品价格。但如果预付卡是自己用现金购买的话,再用这样的经营思路对待持卡消费者,是不可能走得太远的,持卡消费者理应比一般消费者获得更多的优惠,企业应该改变这一在特定社会背景下所形成的传统营销思路。国外会员制体系中,有一种"内部信用卡会员制",持卡会员可以享受多重优惠,我国预付卡、会员卡捆绑在一起,对会员优惠还设置种种限制是非常不合理的。

(3) 管理不到位。尽管有关部门也在加强管理,商务部办公厅 2014 年还下发了《关于开展单用途商业预付卡专项检查的通知》(商办秩函〔2014〕118 号),为贯彻落实《国务院办公厅转发人民银行-监察部等部门关于规范商业预付卡管理意见的通知》(国办发〔2011〕25 号)和《单用途商业预付卡管理办法(试行)》(商务部令 2012 年第 9 号)要求,进一步掌握企业发卡状况,严格落实业务报告和资金管理制度,商务部定于 2014 年 3～5 月在全国范围内开展单用途商业预付卡专项检查。

但从总体来说,管理不到位的情况依然存在。按照现有规定,有些企业根本没有资格发行预付卡,但照样在发;有些加盟企业,总部发,加盟店也发,加盟店出了问题,一关走人,总部却不承担责任,这其实都属于违法行为。由谁来监管?几乎所有企业或多或少地在发行预付卡(购物券),但有多少企业进入了备案程序?不知道。据商务部的"单用途商业预付卡信息系统"统计,截至 2013 年 12 月 31 日,全国已有 29 个省(自治区、直辖市)的 4 210 家单用途预付卡发卡企业完成备案。其中,集团发卡企业 167 家,品牌发卡企业 140 家,规模发卡企业 2 229 家,其他发卡企业 1 674 家。2013

年,已备案企业发行单用途预付卡 5.78 亿张,发卡金额(含充值)4 384.44
亿元,年末预收资金余额 1 266.57 亿元。2013 年 5 月 29 日,备案企业为
1 774家,从数据看,增幅较大,但实际发行情况还远不止这些,为何难以禁
止乱发卡现象值得我们深思。

2.8　上海超市大卖场调查发现之一:顾客调查

上海零售业的发展与外资的进入密切相关。大致可以分为三个阶段:
第一阶段以内资小超市为主导。20 世纪 80 年代中期,首先发展的是本土
小超市,到 20 世纪 90 年代初期,日本与香港地区的连锁商业以食品超市业
态进入上海,本土超市在学习中快速赶超,从规模上获得了领先,外资超市
几乎全军覆没。第二阶段以外资大卖场为主导。从 20 世纪 90 年代中后期
开始,外资以超市大卖场业态进入上海,本土超市在 1999 年年末开始发展
大卖场,但在其后的发展过程中,外资卖场的店铺数、销售规模与单店年销
售额等指标都始终占据市场的主导与领先地位。上述两个阶段大致都经历
了 10 年时间,快速消费品零售的中小型业态(包括折扣店、生鲜超市、便利
店等)仍然以内资为主,超市大卖场则处于外资、台资、内资混战状态,出现
了普陀、莘庄、浦东等多个大卖场高度聚集的"竞争高地",每个高地聚集了
多则七八家、少则五六家大卖场,形成了大卖场贴身竞争的格局。第三阶段
的主要特征是外资开始进入小型零售业态,试图实施"大小通吃"的战略。
结果如何现在还难以预料,但有一种状况是客观存在的:外资的发展由慢变
快;内资的发展由快变慢。两者谁能胜出,关键是如何转型,从以规模扩张
为中心转型为以提升业绩为中心。

为了更好地把握消费者对上海超市大卖场的满意度,并分析不同卖场
的价格差异,上海商学院管理学院市场营销系于 2009 年 7 月完成了一项针
对上海超市大卖场的顾客调查,该项调查获得了上海连锁经营协会的支持。
调查对象是位于上海西北角的 6 家超市大卖场(家乐福古北店、沃尔玛江桥
店、农工商 118 广场、世纪联华中环店、Tesco 乐购铜川店、大润发曹安店)。

通过对上述调查数据的分析,主要有如下发现。

(1) 超市大卖场以女性顾客为主。女性顾客占 62.79%,男性顾客占
37.21%。女性顾客为主导的现象,与家庭结构、家庭成员生活分工和生活
习惯有一定关系。上海平均每个家庭约为 3 人,超市以生鲜与日用品为主

导，家庭主妇为主要购买者，所以，大卖场的顾客主要为女性。

（2）超市大卖场顾客群的年龄界限不明显。25岁以下年龄段的顾客占比最低，仅为13.51％。26～40岁的顾客占比最高，为33.37％。但40岁以下与40岁以上的顾客各占47.29％与52.71％。从数据看，超市大卖场的顾客包含各个年龄段，年龄界限并不明显，但卖场之间却存在较大差异。如家乐福古北店与沃尔玛江桥店，40岁以下的顾客分别为62.5％和60％；而农工商118店仅为25％；同为一个商圈的世纪联华中环店则为52.63％。世纪联华中环店有百货店与较多专卖店支撑，这对吸引年轻顾客有一定的作用。

调查中有位在日本工作的来沪顾客反映：日本20世纪七八十年代属于"大量消费时代"，处于人口高峰期，卖场商品也丰富，大卖场销售很好，个性化需求并不明显，只要有商品，没有自己需要的商品会选择"替代品"消费。但如今，日本的消费已经进入了高度"个性化消费"时期，"替代品"已经难以满足消费者需求，他们希望买到自己真正喜欢的商品。于是，专门店又以新的形态发展起来，这些专门店与以往不同的是：品类更齐全，某一门类商品线更深，品项更全。如小孩用品，囊括吃穿用玩各类商品，专门店成为特定商品"一站式购物"场所。他认为，上海的大卖场仍然处于大量消费时期，满足个性化需求还不够。他举例说，想买小孩鞋子，只有三四个品种，而规格与款式也不全，看起来什么都有，但真正需要的东西不多。这不是某一大卖场的个别现象，是上海大卖场的普遍现象。

（3）中低收入消费者是超市大卖场的主要顾客群。家庭月收入在6 000元以下的顾客占74.82％，月收入在10 000元以上的顾客仅占8.08％。在上海，6 000元月家庭收入属于平均水平，可见大卖场顾客以中低收入消费群为主。但家乐福古北店、农工商118店顾客的收入水平则高于六个店的平均水平，这两店家庭月收入在6 000元以下的顾客分别为52.86％与60.56％。在六家店铺中，大润发曹安店顾客的家庭月收入水平最低，月收入在6 000元以下的顾客高达91.18％。

卖场顾客的收入水平不仅与特定店铺品牌有关，还与该店铺所处的商圈特征以及店铺属性有关，如单店还是购物中心。

（4）大卖场顾客具有一定的学历层次。56.7的顾客具有大专以上学历，其中，家乐福古北店、农工商118店、沃尔玛江桥店更高，分别为72.86％，61.97％和61.33％，大润发曹安店最低为29.09％。

顾客收入水平与学历层次的提高,将对店铺的商品与服务提出更高的要求。农工商118店的顾客收入与学历层次这两个指标都高于平均数,与沃尔玛、家乐福等店铺处于同等水平,更需要加强商品、服务、环境等方面的改善,以便更好地满足顾客的个性化需求。

2.9 上海超市大卖场调查发现之二:顾客与商品调查

1. 大卖场顾客的购买频率较高

80.63%的顾客每周去大卖场购物1~2次。其中,大润发曹安店与家乐福古北店分别达到93.15%与90.14%。六家卖场平均有11.04%的受访顾客每月购物一次。

大卖场免费班车的开通,为顾客提供了更便利的交通条件,提高了顾客的购买频率,但有可能影响客单价。这一调查结果,与大卖场所谓"集中式一站购物"的定位有一定的矛盾,如今的大卖场已经成为顾客购买每日必需商品的主要场所。因此大卖场的营业时间也在提前与延长。

在这一背景下,大卖场的人力资源配置应该作适当调整,通过妥善排班,安排好周末与早上的员工。原来"做一天休一天"的排班方式应该适当改变,收银与安保这两类员工(约占全体员工1/3)可以实施"倒班制",平时休息,周末全班。

2. 顾客对内外资的总体评价比较接近,外资并没有显著优势

顾客对6家商店,从6个方面进行了评价。这6个方面包括:商品(是否丰富、品种全)、价格(便宜程度)、服务(包括人员服务,售后服务、店内服务)、购物环境(舒适、方便、人性化)、购物便利(公交是否方便、停车是否方便、班车是否方便)、员工精神面貌。

有三个数据值得关注:①4家外资店铺与2家内资店铺比较,外资满意度总得分为21.21分,内资为22.62分,略高于外资;②在6项指标中,只有价格指标(便宜程度)是外资比内资好,也就是说,在顾客感觉中外资比内资更便宜;③农工商118店总分最高,但在价格这个指标中,比总分仅次于农工商118店的大润发曹安店略低。

从本次局部调查来看,外资比内资的总分高,说明顾客的评价并不像有些人所说的那样一边倒,他们感觉到内外资超市大卖场在不同方面各有特点。在开放性问题的回答中,顾客对内外资超市的差异谈得比较少,他们一

般认为外资卖场的环境好,商品品种比较全,餐饮、娱乐、邮局等服务设施比较齐全;但觉得员工的服务态度一般;内资卖场中,顾客认为农工商 118 店环境比较好,价格便宜。

值得注意的是:①大润发的总分排在第二位,但价格评分最高。这一数据导出两个问题:一是以低价著称的公司,顾客对"便宜程度"这个指标的评价并不是最高的。所以,价格定位与顾客的实际感受存在差异。对此应该加以重视,是继续保持低价位形象,还是树立新形象,需要作进一步的分析。二是家乐福虽然很强势,但大润发的竞争力却非常诡异,大润发的商品实际价格水平并不是最低,但顾客却认为其商品价格最低。②本次调查属于典型调查,调查结果存在一定的风险,也就是说,调查结果还缺乏普遍的代表性。如农工商 118 店与家乐福古北店,都是公司的旗舰店。如果要获得更具有代表性的数据与结论,需要扩大调查范围,选择上述 6 个品牌在不同区域的店铺进行更广泛的调查。③在调查过程中,不同店铺的评价来自不同的顾客,因此调查数据缺乏代表性的风险还来自顾客,不同顾客的量分基准可能存在差异。

3. 调查发现

对 100 个在农工商 118 店热销的商品进行 6 家门店之间的比对调查后获得以下发现。

(1) 各个门店的商品结构存在较大差异,6 家门店都有的商品只有 42 个。

(2) 促销品项数与最低价格商品数不存在对应关系,与顾客对该店的价格评价也不对应。以家乐福古北店为例,在 77 个被调查商品中,只有 5 个是促销品,其中 42 个 6 家门店共有的商品中却有 22 个商品是最低价商品,没有一个是最高价商品。但是,为什么顾客对家乐福的价格评价只有 2.82 分(满分为 5 分),在 6 个卖场中居第四位,即价格属于中高水平。这是一个令人疑惑的问题。实际调查与顾客评估不一致,难道能据此说:家乐福的促销做得不好? 可能的情况是:进入家乐福的顾客觉得家乐福的价格确实不低,但觉得无所谓,而且他们对价格也不是很敏感,所以才没有真实感受到家乐福的低价。他们追求的不是商品价格,而是购物体验。再如沃尔玛江桥店有 63 个品项与被调查的 100 个商品一致,只有 2 个促销品,在 42 个可比品项中,23 个为最高价,只有 5 个为最低价,但顾客对其价格便宜程度的评价则是 3.03 分,居第三位,属于中低水平。

（3）中外卖场价格差异并不明显。在中外卖场之间，42个可比商品的价格差总和不到15元，没有明显的价格差距，但不同商品存在一定的价格差，每个卖场都有自己特定的低价商品。118店的饮料、清洁纸制品、冲饮类价格最低；古北家乐福的调味品（较低）、妇女卫生用品、个人清洁类、酒、口腔清洁类、食用油类价格最低；铜川乐购奶制品价格最低；世纪联华的调味品、洗涤类价格最低。

（4）100个品项价格调查发现：家乐福的价格最低，与问卷调查反映的大润发的价格最低的结论相反，顾客的印象与实际的价格调研有所差异，可能是因为大润发有很多廉价商品并不在调查商品的范围，因此顾客的低价感受与实际调研结果有所差异。

2.10 上海超市大卖场调查发现之三：趋势与对策

上海超市大卖场的发展，呈现出四个趋势：①融入购物中心或社区商业中心，从单一的卖场转变为综合服务中心，以更好地满足消费者的需求；②商品瘦身，面积压缩，生鲜强化，突出主力商品；③更注重消费者的感受以及差异化的定位；④不仅要关注来自POS系统的销售数据，更应关注来自消费者和竞争市场的数据。

根据上述发展趋势，超市大卖场的发展要特别关注以下三个问题。

一、业态转型

大卖场因为营业面积巨大，具有适时应变的客观条件。在国外，与我国目前所说的大卖场相关的业态或商业形式主要有：SSM（Super Supermarket）、SuC（Super Center）、GMS（General Merchandise）、HM（Hyper Market）、VS（Variety Store）、MWC（Membership Wholesale Club）、NSC（Neighborhood Shopping Center）、CSC（Communication Shopping Center）、RSC（Regional Shopping Center）、SRCS（Super Regional Shopping Center）等。

在我国，大卖场发展最初的是在强化非食品方面下工夫，服装、家电、家用商品因为卖场面积大而具有销售的优势，后来大概是受到两个方面因素的影响（专业大卖场的发展、租金的上涨），大卖场开始增加食品的销售份额，并通过招商引进相关的服务性项目。这样做既增强了集客能力又使高昂的租金得以消化。于是，大卖场这个"怪胎"变成了类似国外的 SC 和多楼层结构。招商对大卖场的经营是否成功具有决定性的影响。此外，以生鲜为主力商品的大卖场越来越受到顾客的欢迎，生鲜食品经营的方式也在不断地发生变化，由最初的食品材料发展到现场加工食品，由生食发展到熟食，由冷食发展到热食，由分类陈列发展到展示陈列（如一个品牌的系列产品做一个形象柜），由条状发展到块状。

实际上，现在的大卖场已经成为一个提供服务与销售商品的平台，凡是顾客需要并且具有潜在顾客的东西都可以装进去，顾客的需求在变，经营者有两种办法去适应顾客的变化：一是主动去了解顾客或是向业内同行学习创造一种新的模式，如上海的吉买盛大卖场转型为邻里中心店和超级生活广场两种类型，其中邻里中心店主打生鲜，超级生活广场则着重于丰富社区服务功能，转型后的销售额与毛利率都有显著提升；二是跟着消费者需求的变化而变化。总之，不能一成不变，不能坐井观天，不能故步自封。

二、服务提升

大卖场在我国的优势最初主要表现在两个方面：一是作为一种新的业态，既新奇又能满足综合需求，很快就成为居民可以接受的购物方式。二是价格便宜，对顾客具有很强的吸引力。以上两点使收入高的人与收入低的人都喜欢逛大卖场，在未来发展过程中，这两点仍然是吸引顾客的基本点。

但是，光靠上述两点远远不够，更重要的是服务形象的提升。

服务形象的形成过程是顾客对服务品牌的感性认识过程，实际上是顾客对不同连锁品牌的一种感觉。这种感觉来自商店的品牌理念、综合配套功能、便利性、人员服务、环境、商品、质量、价格、售后服务等多个方面，有时候某些细节也会影响服务形象，从而直接决定顾客选择到什么卖场消费。

在美国，以天天低价闻名的沃尔玛最吸引顾客的实际上并不是价格，而是能满足顾客的综合需求，这种服务形象培育了一大批忠实而稳固的消费群。它所涉及的问题是多方面的，如经营定位直接会影响顾客的感受。

在我国，大卖场是一个模糊的业态概念。在实际操作中，因为营业面积大，什么东西都往里面放，经营商品缺乏有针对性的规划，可有可无的东西排挤和淡化了顾客真正需要的主题商品，生活必需的品类不全与同一品类的品项太多以及陈列的随意性使顾客无所适从，这是目前大卖场商品经营的最严重问题。经营者并不一定能很快地感受到这种情况，但顾客却非常容易感受到。如果善于调查与分析,重视专业公司和专业人才的作用,就不会出现这样的情况,即使出现了,也可以及时予以纠正。

在服务方面,一方面是增加投入,扩大延伸服务,如免费班车拉客,送货上门,免费使用电子寄包柜,等等。另一方面则是现场服务人员的服务意识和服务水准与顾客的要求有很大的差异,甚至保安打人事件在有些大卖场也时有发生,促销员热情有余而诚意不足,相互贬低对方产品甚至相互打斗的情况也并不鲜见,而当顾客真正需要服务的时候,顾客得到的却往往是服务人员的漠视。大卖场服务人员的服务意识与服务水平亟待提高,大卖场的人性化设计与人性化服务值得研究,大卖场的售后服务还需改善,大卖场的经营者有必要把服务上升到战略高度来看待。

三、营运改善

从 2009 年大卖场单店销售情况来看,外资大卖场的单店销售额明显高于内资。其主要有两个原因:一是外资特别注重区域定位与店铺选址,而且各地政府为了完成招商引资指标,对外商的待遇也比较优惠,使外资能够获得更好的更优惠的店铺资源,先天条件比内资好,这是基本原因;二是外资大卖场的营运管理比较精细,商品结构比较合理,顾客满意度比较高。

大卖场已经从城市边缘地区发展到社区,进一步发展到农村及市外的县级市、地级市等传统商业为主体的区域是必然趋势。地区之间业态发展的不平衡为大卖场在全国的发展提供了一个广阔的空间。在经济比较发达的地区,生鲜食品已经成为大卖场的热点、卖点、亮点与主力商品,这是与生活水平的提高和消费结构、消费方式的变化相关的。但在经济发展水平相对落后的地区,以低价、折扣等方式推出的日用商品和百货商品更容易成为销售的亮点,地区之间的消费差异要求经营者制定大卖场的分区发展战略,用一种模式来发展会严重影响经营业绩和品牌形象。大卖场在全国的发展对店铺开发的前期调查与商品采购提出了更高的要求,商品配送方式的优化与配送成本的控制将成为跨地区发展大卖场的重要战略问题。

2.11 国外农产品流通模式

国外农产品流通的典型模式有以下三种。

(1)东亚模式:这是批发主导型流通模式,以位于流通环节中间环节的批发市场为主导,所以也称为"中心型模式"。如在日本,政府通过立法把批发市场分为中央批发市场、地方批发市场、其他批发市场三类,政府是中央批发市场的开设者,每年有大量预算用于批发市场的建设与维护,如维护设备,对商品检验检疫,在批发市场监督屠宰等。其运作基础有两点:一是以小农为主,但具有强大的农协组织;二是产品标准化程度高,超市等零售业态已经成为农产品零售的主渠道。

(2) 西欧模式:这是上游主导型流通模式,以位于流通环节上端的种植者(合作社)为主导,称为"上游型模式"。如在荷兰,著名的花荷(Flora Holland)就是种植者投资创办发展起来的拍卖市场。该体系形成之前,种植者为了对付顾客不按期支付货款,商人相互串通、压低价格的情况,建立了花卉拍卖制度。荷兰的花卉拍卖市场实际上是种植者的会员制联合体,花农一般不自行出售产品,而是成为拍卖市场的会员,并且按照拍卖市场的要求,把自己的全部产品送到拍卖市场出售。花荷作为世界上最大的花卉拍卖与交易平台,也由种植者组成,交易者连续 8 年将交易额的 1% 支付给交易中心就可以成为其会员,由会员选举产生董事会。所以,花荷始终以服务种植者为己任。法国伦杰斯(Rungis)农产品交易市场 1968 年创建时由政府强制规划,无偿划拨土地,政府再投入资金控制伦杰斯 72% 的股份,直至 2008 年 1 月,政府才将部分股份首次转让给了私人企业,国家股权下降到了 33.4%,其他最大的两家私人股东合计占有 40% 的股权。该市场采取出租场地模式:伦杰斯自己不从事交易活动,房子盖好以后以毛坯房提供给农产品销售者(批发商与生产商),租金是伦杰斯的主要收入来源,租金一般为每年每平方米 300 欧元。所以,法国的农产品流通业类似于荷兰,都是上游企业主导的流通模式。其基础是政府统一规划与建设,背靠大中型农场,依靠大客户支撑,靠异地农产品满足本地消费需求。

(3) 北美模式:这是下游主导型流通模式,以位于流通环节终端的零售商与物流商为主导,称为"下游型模式",也称为"物流配送模式"。如在美国,农产品分区生产,产地集中在少数地区,集约化、规模化、标准化生产,大型连锁超市公司是农产品零售的主渠道,其有条件向农场主或批发市场直接采购,加上物流以及相关服务产业非常发达,所以美国的农产品批发市场其实并不是很发达,农产品的批发市场通过率(在农产品流通总量或总金额中,经过批发市场交易的数量或金额占比)也比较低,农产品流通的主要方式是:规模订单+专业加工+物流配送+产销对接,环节少、效率高。

2.12 欧日农产品批发市场投资模式

一、种植者投资：以荷兰花荷为例

荷兰的花卉拍卖体系大约形成于 100 年前。在这之前，荷兰经常出现顾客不按期支付货款，商人相互串通、压低价格的现象。种植者为了对付这种情况，建立了花卉拍卖制度。花卉拍卖从刚开始的非正式合作，迅速发展成为相互协作，并形成了比较规范的拍卖制度。从那以后，荷兰园艺产业开始和拍卖系统并行发展。所以，荷兰的花卉拍卖市场实际上是种植者的会员制联合体，很多在这个市场拍卖产品的农户就是市场的股东。在荷兰，花农一般不自行出售自己的产品，而是加入一家拍卖市场，成为拍卖市场的成员，并且按照拍卖市场的要求，把自己的全部产品送到拍卖市场进行拍卖。花荷作为世界上最大的花卉拍卖与交易平台，也是由种植者组成的，交易者连续 8 年将交易额的 1％支付给交易中心就可以成为其会员。花荷目前有5 000 位股东会员，由会员选举产生董事会。所以，花荷始终以服务种植者为己任。花荷的资本构成 20％来源于经营盈利，20％来源于会员投入，60％来源于银行贷款。

二、政企合营：以法国伦杰斯为例

伦杰斯创建于 1968 年，至 2008 年整整 40 年。伦杰斯创立当初的背景是：政府以立法形式强制规定在市中心 20 千米范围内不能开设农产品批发交易市场。为了配合批发交易市场向城市外围转移的立法要求，政府无偿划拨土地用于筹建伦杰斯交易市场。土地划拨以后，伦杰斯无偿使用至今，但土地所有权仍然属于国家。另外，政府再投入资金控制了伦杰斯 72％的股份，直至 2008 年 1 月，政府才将部分股份首次转让给了私人企业，国家股权下降到了 33.4％，其他最大的两家私人股东合计占有 40％的股权。按照法国公司法规定，拥有 33.4％的股东可以行使小股东否决权，否决股东大会的决议案。政府从无偿划拨土地到创建时期的绝对控股，再发展到只保留 33.4％股权而仍然可以行使否决权，这一切都体现了农产品批发市场的特点——公益性；反映了政府创办市场的主导思想——政府投资，规范市场；明确了政府在市场中所扮演的角色——投资人与监管人。

三、政府主导:以日本中央批发市场为例

日本已形成了以农业行政部门为主的农产品流通管理体制,消除了多头管理、政出多门的弊端,提高了流通效率和行政管理效率,符合生产者和消费者的共同利益。这一市场格局的形成背景可以追溯到 1918 年,当时日本曾发生过所谓"大米暴乱"。政府为了稳定市场,于 1923 制定了《中央批发市场法》,1971 年又颁发了《批发市场法》,并于 1999 年、2004 年、2006 年对上述法律进行了大幅度修订。

日本批发市场分为三类:①中央批发市场:各级在 20 万人口以上的城市,大多是都道府县(相当于省级)级城市,市场开办者必须是地方公共团体,经农林水产大臣批准后,可以开设。②地方批发市场:这类市场是中央批发市场的重要补充,市场开办者可以是地方公共团体、株式会社、农协、渔协等,需经都道府县知事的认可。③其他批发市场:除中央批发市场及地方批发市场以外的共同体及其他类型的批发市场。日本主要以前两种类型的批发市场为主。

在日本,政府是中央批发市场的开设者,批发市场开设以后,政府还要对批发市场的设备进行维护,对商品进行检验检疫,并在批发市场进行屠宰。为此,政府每年有大量预算用于批发市场的建设与维护。

2.13　欧日农产品批发市场的交易方式

拍卖与对手交易是两种基本的交易方式,虽然鲜花、肉类、蔬菜、水果、水产等农产品,都广泛使用拍卖交易方式。但是,对手交易方式仍然是主导方式,如在法国伦杰斯,对手交易是主要方式。在日本福冈青果批发市场,20％交易额通过拍卖完成,80％通过对手交易完成。

一、荷兰式拍卖

在荷兰,传统的交易方式是拍卖,拍卖的一般形式是从低到高多次叫拍由出价最高者获得拍品,这种方式叫"英式拍卖"。在荷兰鲜花市场所独创的拍卖形式叫"荷兰式拍卖"。这是一种特殊的拍卖形式,拍品有一个起拍价格,即拍卖的最高期望价格,随着拍卖进行,该价格会随时间的变动自动向下浮动,如果在浮动到某个价格时有竞拍者愿意出价,则该次拍卖即成

交。因此荷兰式拍卖的竞价是一次性竞价,即在拍卖中第一个出价的人成为中拍者。

供货到花荷有五个步骤:①按要求完成产品包装;②选择运输公司将产品运到花荷;③为进出口货物办理好相关文件;④将准确的供货信息通过电子邮件发送到花荷进口及配送部门;⑤以后的环节就交花荷处理,包括收货、分级、处理、再包装的各个环节,并与供货商实时通报进展情况,其也负责配送服务。在花荷的 6 个拍卖市场里,拍卖交易每天从清晨 6 点开始,在短短一个小时时间里,超过 12.5 万笔交易通过 39 座拍卖大钟以"荷兰式拍卖"完成。

花荷的基本功能可以概括为三个:①提供交易平台;②负责货款结算;③提供配送服务。

随着信息技术与市场情况的发展变化,拍卖交易的方式也在发生一系列变化,主要表现在两个方面:①拍卖以及购买可以通过互联网在异地实现交易;②为了更好地适应终端市场的需要,花荷发展了一个新部门——花荷经销部门(Flora Holland Connect),产品可以通过这个部门经由拍卖而直接对外出售。

通过经销的产品以盆栽植物或插花居多,花荷所做的主要工作是:①为不同的供应商提供销售计划;②为供应商的产品提供展示场所;③与销售者(包括市场或零售业者)建立广泛联系,并提供花卉销售陈列等方案。

二、日本式交易

日本批发市场的交易过程大致有以下程序:①物品搬入:生产者或产地经纪人从前日下午 3 时左右到深夜,将运至市场的物品根据批发商经营种类陈列在批发场地。②拍卖前准备:经纪批发商与参加买卖者对陈列在批发场地的物品进行预先巡视,查看产品质量并进行估价,对有兴趣购买的产品记录有关编号,为竞拍做准备。③成交方式:主要有三种,一是拍卖,卖主让多数买主竞价,最后卖给出价最高的买主;二是投标,根据买卖以卖给出价最高者的协定,各个买主将商品的金额写在纸上提交给卖主的方法;三是协议买卖,以卖主与买主双方协议决定价格的买卖方法,一般是在"经纪批发商"和"参加买卖者"之间进行。拍卖开始的时间,水产为早上 5 时起,蔬果为早上 6 时半,花卉为早上 7 时半,肉食类为早上 8 时半左右开始。拍卖的场地有两种:一种是固定的台式拍卖,卖方在单独拍卖台上,众多的买方则在阶梯形的看台上竞买;另一种则是在地面进行拍卖,参加者以"经纪批发商"和"参加买卖者"居多。拍卖的方式也有两种:一种是人工拍卖,另一种是机器拍卖,花卉与肉类采用机器拍卖。④分货:经纪批发商将从批发商处购入的物品分成便于采购者购买的大小排列在店铺里。到 11 时左右,经纪批发商的店铺内挤满了采购者。采购者与参加买卖者将商品分销给最终消费者。

批发市场的交易参与者包括:①批发商:可将生产者委托销售的物品,在市场的批发场地,利用拍卖和投标方式出售给经纪批发商或者参加买卖者。批发商为在市场进行经营,必须有农林水产大臣的许可。②经纪批发商:可将自批发商处购买的物品,在市场内自己的店铺中(经纪批发商店)出售给零售商等采购人员。经纪批发商在市场的营业需得到开设者的许可。③参加买卖者:在市场上从经纪批发商处购入的物品,拿到街上自己店铺中出售的零售商与超级市场的采购人员。如果得到开设者的承认,也可以作为参加买卖者,与经纪批发商一样直接地或者通过拍卖从批发商处购买所需物品。④关联事业者:为利用市场的人们在市场内出售菜刀、长筒靴子、包装材料等,以及经营饮食业和运输业等。关联事业者在市场中的营业需得到开设者的许可。⑤开设者:东京都政府作为都内 11 个中央批发市场的开设者,需保证在市场交易中的生鲜食品材料能让消费者安心食用,并以合适的价格,尽可能快地出售给消费者。根据批发市场法和各种条例,开设者负责市场的建设、设施的维护、管理以及对交易的管理和监督。另外,在肉食市场,其除了作为市场管理部门以外,还从事肉食牲畜的屠宰与分割。在福冈市的临海市场(肉类),政府官员还兼任这个市场的场长。屠宰一头牛的价格(含 400 日元的检疫费)是 6 569 日元,屠宰一头猪的价格是 2 100 日元(含 200 日元检疫费)。⑥标识:不同类别的人用不同的帽子与服装加以区分,如政府派遣人员戴绿帽子,批发商戴红帽子等。

2.14　欧日农产品批发市场的收入来源

批发市场的主要收入来源是租金与佣金。

一、法国伦杰斯

伦杰斯占地 237 万平方米,覆盖率 27%,容积率 0.5。伦杰斯通过租赁服务实现盈亏平衡,主要收入来源是出租场地与提供配套服务。

(1) 出租场地:伦杰斯自己不从事交易活动,房子盖好以后就以毛坯房提供给农产品销售者(批发商与生产商),租金是伦杰斯的主要收入来源。租金一般为每年每平方米 300 欧元。在市区边缘的一个大约 300 平方米的中餐厅的年租金为 60 万欧元,每平方米年租金约为 6 000 欧元。两者相比,批发市场的租金显然比小餐厅便宜多了。其重要原因是政府无偿划拨土地降低了投资成本。车辆收费是伦杰斯的一项重要收入来源。进入伦杰斯的车辆每辆收费 8~10 欧元,全年合计总收入约为 7 000 万欧元,约占总收入的 11%。此外还包括房产出租的收入,如总部大楼,自己用 6 层,其余出租。伦杰斯并不向交易双方收取交易费,不参与市场交易活动,一般也不提供统一结算服务(肉类除外),不指导或干预市场价格,也不发布市场价格信息。实际上,伦杰斯是一个"生鲜农产品批发交易购物中心",来自世界各地的买卖双方自行谈判、自行结算、自行配送,伦杰斯所提供的仅仅是一个交易场地以及必要的配套服务。

(2) 配套服务:伦杰斯有员工 260 人,包括安全保卫人员与消防人员。其最主要的经营机构有:①投资部——负责交易市场内部的软件硬件更新改造以及对外拓展,现在每年用于市场内部改造预算高达 2 000 多万欧元;②市场部——负责收集各种市场信息,为客户与经营业务发展服务;③营销部——主要负责招商;④管理部——负责对商户的日常管理。伦杰斯正在从管理型模式向服务型模式过度,如组织租赁户参加展览会,2008 年 3 月在迪拜召开的展览会有 17 家批发商参加,费用由双方承担。

二、日本批发市场

日本批发市场的收入来源主要是收取佣金。日本批发市场法规定,批发环节的销售手续费,分别占批发金额的比例是:水产品为 5.5%,蔬菜为 8.5%,水果为 7%,肉类为 3.5%,鱼为 3%,花木为 9.5%。

2.15　我国农产品流通的发展过程与主要问题

各国农产品流通模式与运作方式各有特色,都有特定的社会经济与历史背景。发达国家经验表明,农产品流通模式的形成与演变,与上下游的组织化程度有密切关联,在"上游生产规模较小,下游组织化程度较高"的情况下(如日本),通过批发市场中间环节的流通模式能实现较高效率;在"上下游企业组织化程度都很高"的情况下(如美国),就可以跳开批发环节,实现产销对接,只要有健全的物流服务体系就可以顺利解决农产品流通问题。

一、我国农产品流通的发展阶段

我国农产品流通大致可以分为以下五个阶段。

(1) 1978 年改革开放之前为第一阶段,在计划经济体制下,农产品流通由国家主导,按计划分配。改革开放后,特别是从 1982 年起中央连续 5 年发布五个有关农村问题的 1 号文件以后,以小规模农户分散经营为基础形成了以"集贸市场"为主导的农产品流通模式。

(2) 1985 年起,由于农产品统购包销制度逐步被取消,农产品品种与产量迅速增加,迫切需要扩大产销范围。在这种背景下,我国出现了一大批能组织大规模异地交易的农产品批发市场,很多著名的批发市场就是创建于这个时期,如深圳布吉、北京大钟寺、山东寿光等。

(3) 20 世纪 90 年代中期开始,由农业部于 1988 年提出的菜篮子工程,开始解决市场供应短缺问题,先后转向大力推进设施化、规模化、多产化(种植多种新品种蔬菜)农业,以及加强农产品安全性和农产品产销体制与机制建设。

(4) 为切实解决农产品"卖难"问题,商务部在 2006 年会同财政部实施了"双百市场工程"。2009 年,商务部开始开展"农超对接"工作。2010 年,启动了农产品现代流通综合试点,以加快构建农产品现代流通体系。

(5) 2012 年下半年"褚橙"(褚时健 75 岁再创业,十年种橙哀牢山,85 岁进京卖褚橙)在"本来生活网"(http://www.benlai.com)一炮打响,启动了我国农产品电商发展的新时代。2013 年,淘宝网(含天猫)农产品网上交易同比增加 112%,阿里巴巴 1688 的批发平台,农产品网络批发量同比增长 300%。

二、我国农产品流通面临的主要问题

近年来,我国农产品流通领域有四个方面的显著变化:一是重申农产品批发市场的"基础性"与"公益性"特征;二是加强农产品批发市场规划;三是不断推进"农超对接";四是农产品电子商务发展迅猛。目前比较突出的问题有以下四个方面。

1. 农产品流通效率较低

我国农产品流通过程,仍然以农产品批发市场(批发)与传统菜市场(零售)为主渠道,超市、电商等现代流通渠道还没有成为农产品零售的主渠道,农产品流通效率较低。如在上海,农产品批发市场总面积和年交易量分别从2000年的162万平方米和320万吨增加到2013年的250万平方米和1000万吨①。按此计算,上海农产品批发市场每平方米年交易量在过去13年中提高了103.05%(每平方米年交易量2000年为1.97吨,2012年为4吨),这说明交易效率有明显提高,但与联合国粮农组织发布的标准(每平方米年交易量10~20吨)相比,还存在很大差距。

2. 零售模式转型迟缓

传统菜市场仍然是我国农产品零售的主渠道,虽然商务部与各地商业主管部门大力推进"农超对接"与"生鲜超市"的发展,但我国目前农产品经超市销售的占比仍然处于很低的水平,其占比约为15%,而在亚太地区和美国分别已高达70%和80%。上海市商务委还按照每2万人设置一个"标准化菜场"的标准来规划未来8年上海农产品零售市场,这将使上海的标准化菜场从2013年的880家增加到2020年的1500家。如果按照这一规划实施,在传统菜场农产品销售占比不仅不会下降,还有可能上升。这与国际化大都市的发展趋势背道而驰。

3. 食品安全形势严峻

我国食品安全形势的严峻性,主要表现在三个方面:一是先天不足。我国仅拥有全球7%的土地,却要养育全球22%的人口。为了提高产量,只能大量使用杀虫剂与化肥。农药特别是剧毒农药的大量使用,直接导致农产品农残严重超标,还造成大气、土壤和水体污染,破坏了农田生态平衡和生物多样性,危及子孙后代的生存环境。二是源头失控。农产品以家庭生产方式为主,13亿人每天吃掉32万吨大米、2万吨鸡蛋、160万头猪、2400多万只鸡,大部分来自320多万个村庄,批发市场对源头生产基本上处于失控状态。三是见利忘义。在市场经济的大风大浪冲击下,商业道德的退化已经不是个别现象,从城市到农村,从个体到企业,从小商户到大集团,从国内到国外,凡是有利益的地方就有可能存在欺骗,而且骗人的花样不断翻新,消费的忠诚度不断下降,整个社会陷入了诚信危机的汪洋大海。连鸡蛋也可以造假,那还有什么东西不可以以假乱真呢? 商人在恶性竞争的环境中出现了种种恶劣

---

① 上海市商务委员会:《上海市食用农产品批发和零售市场发展规划(2013—2020年)》(沪府办发〔2013〕49号),2013年8月16日。

的或不良的行为,如涂改标签,销售过保质期商品,缺乏质量保护措施,降低环境质量水平等。此外还存在监管不力、过程失控等方面的原因。

4. 公益性政策落地困难

2004 年,我国农业部颁发了《农产品批发市场建设与管理指南(试行)》(农市发〔2004〕10 号)。其中,第五条明确界定了农产品批发市场是"公共事业,以服务农业、农民和城乡消费者为宗旨。其设立及业务项目由各级政府规划确定,并提供支持"。但实际上却是执行"谁投资、谁受益"的政策。正是由于这个原因,批发市场规划流于形式,很难进行布局调整。如《上海市商品交易市场管理办法》(2002 年 11 月 18 日上海市人民政府令第 127号)第十一条(食用农产品市场的规划管理)规定:"市级商业中心不得设置食用农产品批发市场。以其他商品交易市场名义开办的市场内,不得从事食用农产品交易。"但配套政策没有落实,加上以标准化菜场为主导的零售格局也需要就近便利小规模的农产品批发市场的存在,所以市区内还存在不少农产品批发市场。此外,由于对分散的小型批发市场没有进行有效整合,政府规划下新建的综合批发市场也难以发挥中心批发市场的功能。

2000 年以后,我国有 4 000 多家具有一定规模的农产品批发市场转变成为产权主体多元化的企业,其实际运作几乎全部是营利性的。最近几年新建的被纳入政府重点工程的大型批发市场,在享受了一些优惠政策以后,不断受到政府有关部门的"指导",但作为批发市场的具体经营者,土地、纳税、收费等一样都不能少,两者的矛盾就更为突出。

我国对农产品批发市场的政策,大都采取"工程"形式,选择部分单位推行政策,实施补助,如"菜篮子""万村千乡""双百市场""农产品批发市场升级改造""升级拓展 5520"等工程,这些都是"特惠",而不是"普惠"政策。政府在"工程"的规划、实施、评审中耗费了大量资源,企业为获得项目支持、应付检查,也费尽心机。当下,为了体现农产品批发市场的"公益性",从"完善财税政策的保障措施"角度要求"改造和新建一批公益性农产品批发市场、农贸市场和菜市场。"①对此,业内人士反映:如果是"行业公益",这又是一项浩大的工程,如果是"小众公益",可能会引起行业内的不正当竞争。

---

① 国务院办公厅:《关于加强鲜活农产品流通体系建设的意见》(国办发〔2011〕59 号),2011 年 12 月 13 日。

2.16 上海农产品流通的基本现状

改革开放前,上海农产品流通行业曾流传着一句顺口溜:"多啦多啦少啦少,少啦少啦多啦多"。大家都喊多的时候会越喊越多,大家都喊少的时候则会越喊越少。计划经济时期,工业品实施"倒扣定价"原则,现定零售价,再根据不同环节的倒扣率来确定批发价与出厂价;农产品则实施"顺价定价"原则,按照统一的收购价加成确定批发价与零售价。农产品价格随行就市,价格波动受气候变化影响较大。一句顺口溜与定价原则的差异说明:长期以来,农产品尤其是鲜活农产品流通面临着两个基本问题:一是供需平衡,二是价格稳定。

1985 年,我国农产品流通体制改革,取消主要农副产品统派购制度以后,上海着力发展连接生产与消费的中介组织。如培育了 10 个"农产品营销大户",形成了以批发市场为主导、以标准化菜场为终端市场主体,包括超市、第三方物流配送、生鲜电商等多种形式的农产品资源配置的流通体制。

为了保障食品安全与均衡供给,按照沪委发〔2008〕4 号文的要求,上海于 2008 年年底开始实施农产品最低保有量制度,并确定 2009—2012 年主要农产品的最低保有量目标为:粮食自给率 20%,绿叶菜自给率为 80%,鲜奶为 55%,淡水产品为 30%,生猪、鲜蛋均为 25%,家禽自给率为 50%。

实际上,上海市耕地面积已经从 1978 年的 36 万公顷下降到了 2012 年的 20 万公顷,下降了 44.44%。上海市内生产的农产品,不包括由光明食品(集团)有限公司所属的外地农场(域外市属农场)的产量,从 2000 年到 2012 年,主要食用农产品的产量,除蔬菜增长 7.94%(406.93 万吨)、水果增长 113.62%(48.15 万吨)、牛奶增长 1.39%(26.31 万吨)、海产品增长 8.01%(13.21 万吨)外,粮食、油料、甜瓜、家禽、鲜蛋、牛羊肉、淡水产品等的产量都有较大幅度的下降,详见表 2.16.1。

截至 2015 年年底,上海常住人口已达 2 400 多万人,每年消费粮食 550 万吨,猪肉 78 万吨,蔬菜 530 万吨,水产品 75 万吨,家禽和鲜蛋各 13 万吨。农产品自给率方面,粮食 20%,蔬菜 50%,其中绿叶菜 85%,生猪 25%,家禽 50%,鲜蛋 85%,鲜牛奶基本实现自给,淡水鱼 80%。《上海市食用农产品批发和零售市场发展规划(2013—2020 年)》指出:本市食用农产品批发和零售市场发展面临五大挑战。其把"生产供应自给率低"作为首要的挑战,因为 70% 以上的货源是由外省市提供。

表 2.16.1　2000—2012 年上海市农副产品产量变化情况

指标	2000 年	2012 年	2000—2012 年增减	新中国成立以来最高年 年份	新中国成立以来最高年 产量	2012 年占最高年
粮食(万吨)(包括大豆)	174	122.39	−29.66%	1978	260.88	46.9%
棉花(万吨)	0.12	0.38	216.67%	1978	12.10	3.1%
油料(万吨)	16.37	1.73	−89.43%	1992	21.84	7.9%
#油菜籽	15.71	1.51	−90.39%			
蔬菜(万吨)	377	406.93	7.94%	2002	476.60	85.4%
西甜瓜(万吨)	49.88	37.14	−25.54%	2003	76.50	48.6%
水果(万吨)	22.54	48.15	113.62%	2008	46.12	104.4%
#生梨	1.74	3.74	114.94%			
柑橘	10.18	24.28	138.51%			
畜禽产品						
生猪出栏量(万头)	471.64	241.64	−48.77%	1978	365.74	47.2%
生猪年末圈存量(万头)	241.6	172.71	−28.51%	1991	7.31	81.8%
奶牛年末头数(万头)	5.83	5.98	2.57%			
羊年末头数(万头)	55.44	25.61	−53.81%			
兔年末圈存量(万头)	88.9	8.08	−90.91%	2001	26.40	66.6%
猪肉(万吨)	25.96	17.57	−32.32%			
牛羊肉(万吨)	0.79	0.58	−26.58%			
家禽出栏量(万羽)	17 231	3 650	−78.82%	1997	17 851	20.4%
牛奶(万吨)	25.95	26.31	1.39%	2002	27.98	94.0%
鲜蛋(万吨)	16.64	5.9	−64.54%	2001	16.87	35.0%
水产品						
海水产品(万吨)	12.23	13.21	8.01%	2006	19.44	68.0%
淡水产品(万吨)	16.64	14	−15.87%	2003	22.13	63.3%

数据来源:根据《2013 上海统计年鉴》整理。

由此可见,上海农产品流通的基本现状是:基于耕地面积减少、环境保护、消费需求多样性等方面的原因,本地农产品数量以及自给率呈下降趋势符合产销发展规律,是上海农业产业结构调整的必然趋势。这不仅仅是挑战,更是上海消费市场向全国化、国际化方向发展的重要标志。上海以巨大的农产品消费量为支撑,应该成为国际农产品的重要集散地,以及全国农产品的重要分销中心。为了满足上海本地市场以及辐射周边市场,需要建立完善的农产品流通体系,实现农产品高品质、高效率的流通。其中,在目前与今后相当长的时间内,批发市场仍然是农产品流通的主渠道。

2.17　上海农产品批发市场的发展变化

2013 年 8 月 16 日,上海市人民政府办公厅转发了上海市商务委员会制定的《上海市食用农产品批发和零售市场发展规划(2013 年—2020 年)》(沪府办发〔2013〕49 号)。这与 2002 年由四个部门(市商委、市农委、市工商局、市卫生局)联合颁发《上海市食用农产品批发市场发展规划》时隔 11 年。这些年来,上海农产品批发与零售市场的总体格局并没有发生显著变化,政府主导建立起来的批发市场仍然没有发挥主导作用,农产品零售市场仍然以传统菜场升级的所谓"标准化菜场"为主导。

从 2000 年到 2013 年,上海农产品批发市场的总量呈下降趋势,交易量呈上升趋势。2000 年年底,上海有粮食、蔬菜、瓜果、畜禽及水产品五类食用农产品批发市场 146 个,市场总面积 162 万平方米,年交易量 320 万吨,约占全市食用农产品消费量的 45%。2002 年的规划是:食用农产品批发市场总数控制在 25 家以内,中心批、区域批、产地批的结构为 5∶10∶10,总交易面积约 100 万平方米、交易量达 380 万吨以上,占全市食用农产品流通量的 40%左右。其中,中心批发市场还分为 3 家综合批发市场与 2 家(水产与肉类)专业批发市场。

到 2012 年年底,全市工商注册登记的农产品批发市场 51 个,总面积 250 万平方米,年交易量 1 000 万吨,约占全市食用农产品消费总量的 70%。2013 年的规划是:用 5~7 年时间,规划建设 15 个食用农产品批发市场,其中包括 2 个中心批发市场、1 个粮食专业批发市场、2 个水产专业批发市场、10 个区域批发市场、1 500 个标准化菜市场。

　　从上述数据可以得出一个基本结论:上海农产品批发市场的交易效率有明显提升,2000 年每平方米批发市场面积的交易量为 1.97 吨,2012 年提高到 4 吨,但与联合国粮农组织发布的标准(每平方米年交易 10~20 吨)还存在很大的差距。

　　规划提到的"一主一辅"两个中心批发市场分别是指:①西郊国际作为主中心批发市场,发挥其在本市粮食、蔬菜、肉类、水果、水产品等食用农产品商品流通、货物集散、信息发布、价格形成等方面的主导作用;②新上海农产品中心批发市场(即上海农产品中心批发市场,简称"上农批"),作为本市副中心批发市场,替代目前的上海农产品中心批发市场功能,发挥其毗邻海港、空港、外高桥保税区的区位优势,保障本市食用农产品的均衡供给。

　　从批发市场交易量和主要批发市场交易份额来分析,在 1 000 万吨农产品年批发交易量中,蔬菜占 47%,粮油干货占 26%,水果占 15%,水产占 7%,肉类占 5%;主要批发市场的交易量占比分别为:上农批占 13%,江桥占 23%,江扬占 11%,其他占 53%;主要批发市场的交易金额占比为:上农批占 23%,江桥占 18%,江扬占 19%,其他占 40%。其中,江桥、上农批、江杨 3 个批发市场年交易额均达到 100 亿元左右,承载了大部分外省市进沪食用农产品批发环节交易量,在稳定保障市场供应中发挥了重要作用。

　　上农批由深圳农产品控股,上海蔬菜集团参股,于 1998 年 1 月投入运营,年交易量约为 130 万吨,23 万平方米,面积效率约为 5.7(吨/平方米年)。该批发市场已规划搬迁。

　　西郊国际由光明食品集团控股,蔬菜集团、供销合作总社、曹安公司、盛源公司、大江集团、绿地集团等多家公司参股。2004 年年初,在上海市委、市政府的关心支持下,市农委开始筹划建设该项目,2006 年 8 月,正式成立"上海西郊国际农产品交易有限公司",2007 年 10 月 29 日破土动工。"西郊国际"位于上海西郊青浦区华新镇,北倚 A11 沪宁高速,东临 A5 嘉金高速,南靠 A16 沪苏高速,西向 A30 同三高速,距市中心人民广场 22 千米,距虹桥国际机场 10 千米,与虹桥综合交通枢纽相距 3 千米。"西郊国际"规划占地面积 110.5 万平方米(其中一期为 229 333.33 平方米),总建筑面积约 45 万平方米,分交易、展示、管理三个区域,其中批发交易区达 40 万平方米。曾被列入上海市重大工程项目,2008 年动工时,市领导亲临现场或来电视贺，还邀请了世界批发市场联合会主席出席开工典礼。但"西效国际"直至 2013 年 6 月 29 日才正式开业，市场建设者与经营者前后经历了万分痛苦的 6 年。由于曹安市场关闭，市场外围高速公路匝道的开通，以及在经营品类突破与客户引进等方面的改进，才使市场出现了转机。但该市场最终能否兴旺，仍存在很多未知因素。

第3篇 创新篇:调查发现

上海商学院市场营销系致力于培养具有"工作热情"和"实战能力"的应用型营销专业人才,诚邀企业进入校园,合作开发了"发现杯"营销策划大赛和"上商发现"专题栏目。通过策划大赛的实战演练,让学生了解企业,使企业尽早触达未来最有发展潜力的新生代消费者;通过调查研究,发现市场存在的问题与未来发展的机遇,为企业开拓创新提供参考。这是一个需要拥抱互联网,亲吻顾客,跪求90后、95后、00后的消费者主权时代。欢迎业界提出困惑的问题,以便校企合作研究营销策略,更好地服务用户。

在调查研究与策划大赛的基础上,上海商学院管理学院市场营销系开发了"上商发现"展示平台,师生互伴、校企合作开展市场调查,通过调查所获得的"市场发现"在《中国商界》《上海商业》《国际商业技术》《店长》《上海百货》《上海连锁商业》《连锁》《信息与电脑》《零售世界》等合作杂志发表"上商发现"专栏文章,本篇所选取的主要是历届市场营销专业学生的部分调查发现。

3.1 大型超市自有品牌商品调查发现

本调查选取上海某大型综合超市一个门店 2014 年 2 月份的商品数据,就自有品牌商品的品项占比、销售额占比、毛利率与毛利额占比三个方面进行了比对分析,有以下三点发现。

(1) 品项占比很低。在 34 776 个品项中,自有品牌商品有 1 175 个,品项占比仅为 3.38%。从品项数来看,自有品牌品项数前十位的中分类依次是:休闲食品(214)、个人纺织(123)、厨房用品(120)、居家清洁(119)、服饰(117)、居家杂件(106)、个人洗护(100)、粮油食杂(85)、南北货(69)以及饮料(23);从品项占比来看,自有品牌品项数占比前十位的中分类依次是:3C 家电(26.7%)、南北货(21.6%)、居家杂件(10.6%)、服饰(8.4%)、休闲食品(5.2%)、居家清洁(5.1%)、个人纺织(5.1%)、粮油食杂(4.48%)、厨房用品(3.8%)以及饮料(2.9%)。上述数据显示:自有品牌商品主要集中在非生鲜类产品,采取ODM 方式(Original Design Manufacturer,即原始设计制造商),利用制造商的设计与制造能力完成定牌商品的开发,是一种典型的"贴牌生产"方式,未能体现出商品的差异化,更难以创造新的用户价值。自有品牌开发要解决的首要问题是从 ODM 转变为 OEM(Original Equipment Manufacture,即原始设备制造商),这是一种"代工生产"方式,零售商拥有设计、开发、渠道、市场化运作等"拿手绝活",而将加工任务交给制造商。

(2) 销售额占比低于品项占比。令人感到非常吃惊的是,该店的自有品牌商品销售额占比仅为 1.28%,销售额占比低于品项占比 2.1 个百分点,其差距为210%。这一数据显示:自有品牌的销售额低于全店各类商品的平均销售水平,自有品牌商品不仅未能拉动销售,反而导致更多的库存积压,开发畅销的自有品牌商品是当务之急。自有品牌商品销售额占比前十名依次是:家具杂件(6.0%)、厨房用品(5.5%)、粮油杂食(3.5%)、车用五金(3.4%)、个人纺织(3.1%)、家居清洁(2.9%)、服饰(2.0%)、南北货(2.0%)、休闲食品(1.8%)以及小家电(0.9%)。销售额占比与品项占比对比发现:零售商大量开发的自有品牌商品,往往是自己的弱项商品。如品项数排名第一、品项占比排名第五的休闲食品,销售额占比排在第九位,而 3C家电的品项占比排在第一位,但其销售额几乎等于零。再如南北货,品项占比排名第二位,销售额占比排名第八位。这些品类都由强大的供应商生产,零售商推出的毫无特色的自有品牌商品根本无法改变顾客的心智与购买习惯。而"车用五金"虽然自有品牌品项数只有 7 个,但其销售额占比却远远超过了平均值。这说明:自有品牌开发中如何选择品类与品项是一个很关键的问题。零售商应该通过挖掘顾客痛点,有针对性地开发高频商品,但其前提是"尚德守法"。

(3) 自有品牌毛利率远高于综合毛利率,毛利额占比高于销售额占比但仍低于品项占比。自有品牌毛利率为 22.03%,比全店的综合毛利率10.98%高出一倍多。但这仅仅是核定的毛利率水平,所实现的毛利额占比仅为 2.49%,高于销售额占比(1.28%)低于品项占比(3.38%)。这说明目前自有品牌商品的销售业绩很不理想。在近30个中分类中,毛利额占比最高的自有品牌商品是"车用五金"(14.04%),约为自有品牌商品毛利额占比平均水平的7倍。其他品类的毛利额占比依次为:家居杂件(9.8%)、厨房用品(8.3%)、居家清洁(6.3%)、粮油食杂(5.8%)、休闲食品(4.7%)、个人纺织(3.8%)、个人洗护(3.0%)、饮料(2.8%)和南北货(2.4%)。从毛利率与毛利额占比对照来看,有些商品虽然毛利率很高,但毛利额占比却很低,如"居家纺织"的自有品牌毛利率高达42.79%,其毛利额占比却只有0.19%。

上述个案给零售商开发自有品牌的启示是:零售商要有"拿手绝活",才能提升商品管控能力;要小心触摸顾客的"痛点",开发既对顾客有价值,又能体现自身优势的商品;要做好自有品牌商品的定价、推广与促销活动。

（作者:周勇　上海商学院教授;刘佳　市场营销2010级学生）

3.2　自有品牌的生存逻辑

未来零售商必须修炼两种核心能力:商品资源掌控能力与平台服务能力。下面主要从自有品牌开发视角来谈谈商品资源的掌控能力。

从商品资源掌控的紧密程度来看,大致有四个不同级别的路径:一是自产自销。如上海的城市超市为了保证农产品品质,实现供应品种的差异化,采取了"自种自卖"的方式,有些品种还销售到如麦德龙等其他超市。二是定牌加工。一家规模再大的零售公司也不可能自己生产所有售卖的商品,自己投资建立基地生产售卖商品的做法实际上并不普遍,零售商通常是通过委托加工方式来生产自有品牌商品。如英国玛莎百货就是这方面的卓越典范,其所有商品都使用自有品牌"圣米高",被称为"没有工厂的制造商"。三是专业采购。与传统的单纯采购商品的方式不同,现代的专业采购是一个极度复杂的供应链管理过程,要通过不同区域的资源配置将成本最小化,实现原材料、品质、成本、交货期等元素的最佳组合。香港的利丰集团是这方面的典范,它拥有遍布全球60多个国家的1.5万家供应商,被业内称为"采购业的沃尔玛"。四是坐等客商。我国连锁超市公司在发展初期尚有专业采购精神,能够主动出击,积极寻求商品资源。但随着经营规模的逐步扩大,公司从"行商"变成了"坐商",商品进多出少,商品老化,导致流转梗阻。

上述四种路径,最需要改变的是"坐等客商"的采购模式,要达到"专业采购"的程度也需要有长期的积累,"自种自卖"也只适合部分产品,最现实的就是"定牌加工",也就是通常所说的开发自有品牌。

从表面看,制造商制弹与零售商造枪是合作关系。自由品牌的出现使零售商既造枪又制弹,用自己的弹打制造商的弹,两者形成了竞争关系。但自由品牌的驱动因素主要是消费者与零售环境两个方面。消费者熟悉商品,受过良好教育,他们是精明的广告辨识者和典型的性能偏好者,购买决策不再单纯受广告影响,而是凭自己的感觉来决定购买行为。也正是由于这个原因,近年来如"三只松鼠""兰州拉面"等网络创新品牌能在极短时间内能获得巨大成功。高度集中的市场、大型零售公司的出现、残酷的价格竞争、折扣店的扩张以及经济危机等零售环境也成为自有品牌发展的重要驱动因素。

瑞士、英国、德国、西班牙、法国、荷兰、加拿大、美国等国家的自有品牌的市场份额在50%~20%之间,连印度也超过10%;英国的牛奶、纸制品与冷冻食品的自有品牌占所在品类的份额居然高达50%以上;沃尔玛的自有品牌销售额则高于雀巢、宝洁和阿尔迪的自有品牌,其销售额也高于飞利浦、莫里斯、联合利华、百事、卡夫、可口可乐、欧莱雅和百威。

我们通过对上海某大型综合超市的典型调查发现:自有品牌商品的品项占比仅为3.38%;自有品牌商品销售额占比仅为1.28%;毛利额占比仅为2.49%。这是很可悲的现实。零售业既要有销售额与毛利率,但更应该关注周转率,要追求"有毛利的销售",并加快周转。开发自有品牌所能扩大的毛利,要让渡给顾客,这样才能引爆卖点。如2014年被誉为"中国最美乡镇超市"的"金好来",自有品牌纸品的毛利率高达40%,正常价为14.5元一提的卷筒纸促销价仅为9.9元。一个只有12万人口的城镇,1 200平方米的卖场,一天销售猪肉60片,开业三天销售卷筒纸1.2万提。所以,定价、推广、促销等也是自有品牌开发系统的重要内容。

我国自有品牌占比较低、业绩较差的主要原因有三个:一是零售组织化程度太低,连锁百强的销售额还不及沃尔玛一家的销售总额;二是我国零售业的口碑不太好,殃及自有品牌;三是我国零售商普遍实施ODM而非OEM方式,自有品牌普遍缺乏质感和高品质价值认同。

自有品牌的市场是巨大的,但需要认真探究以下问题:①ODM还是OEM?ODM方式是利用制造商的设计与制造能力完成定牌商品的开发,是一种典型的"贴牌生产"方式,未能体现出商品的差异化,更难以创造新的用户价值。自有品牌开发要解决的首要问题是从 ODM 转变为 OEM 这样一种"代工生产"方式,零售商拥有设计、开发、渠道、市场化运作等"拿手绝活",而将加工任务交给制造商。②伪品牌(Quasi-Brands)或还是门店/集团品牌(Store or Group Brand)? 前者是多品牌模式,后者是单一品牌模式,不同公司有不同的演变过程,如阿尔迪从门店品牌发展到以多个伪品牌为主,特易购与家乐福则从多个伪品牌演变成以门店品牌为主。③如何更接近顾客"痛点"? 如道德与生态、安全与健康、美味与品位,等等。④如何运作多层次自有品牌战略? 如家乐福的优质自有品牌、标准自有品牌、经济型自有品牌,这是自有品牌的细分化趋势。⑤如何跨界混合营销? 如品牌联合,英国超市 Waitrose 通过印度零售商 K Rahejade Hyper City 销售其自有品牌,智利超市 D&S 销售美国零售商 Safeway 的高端自有品牌商品。还有多样化选择的例子,如在英国,比萨饼速递也为零售商供货,麦当劳的土豆薯条在德国的超市也有销售,沃尔玛在美国以自有品牌名义销售冷饮,等等。在国内,近日上海百联集团、北京王府井百货与香港利丰集团发布新闻,决定联合开发自有品牌,利丰集团重点负责品牌设计开发,百联与王府井重点负责渠道开拓,三者联合是我国自有品牌跨界混合营销的重大举措。

　　自营与自有品牌相结合,线下与线上相结合,商品掌控能力与平台建设能力相结合,后台有专长的买手与前台有热情的服务人员相结合,这是零售业发展的四个基本空间。其中,最核心的是商品开发与经营能力,尤其是自有品牌开发更为重要,可以借用"买手店"的一些做法,要摸准摸透特定顾客的需求,要代顾客在全球搜罗价格亲民、质地良好的货品,只有这样才能重新燃起消费者对实体店的信心与热情。

(作者:周勇　上海商学院教授)

3.3　上海市第一百货商店顾客调查报告

　　第一百货商店新中国成立前原名大新公司(The SUN Co. Ltd.),其1934 年在南京路和西藏中路路口开工建造。大新公司设计者是留学美国的华人建筑家关颂声先生,参与建造的是基泰工程公司。1936 年 1 月 10日,大新公司正式开张营业。当时的大新公司是远东最大百货商店,其大楼曾获得亚洲最佳建筑设计奖。大新公司同新新公司、永安公司、先施公司合称南京路四大公司。新中国成立后，上海市第一百货商店迁入大新公司。从此，单位营业面积、营业品种、销售规模一直在全国百货零售行业雄居榜首，是名副其实的中华第一店。但是，近年来，零售行业竞争激烈，由于海外代购、电子商务及购物中心的迅速发展，上海市第一百货商店在零售业中的地位不如从前。

本次调查的目的，主要帮助上海市第一百货商店认清自己的目标顾客，了解第一百货顾客的特征，了解其购物行为，更好地为目标顾客服务。因为，目标顾客是企业的服务对象，企业要在满足目标顾客需要的基础上获取利润。

本课题组经过充分的准备，2013 年 12 月在南京东路上海市第一百货商店开展现场调研。上海市第一百货商店有 8 个楼面，我们在一楼发放 30 份问卷，其余各层楼面，每楼发布 10 份调查问卷。此次调研累计发放问卷 100 份，回收 90 份，其中有效问卷为 83 份。本次顾客调查所获得的数据资料，采用 SPSS 19 进行分析。

一、调查对象的特征

此次接受问卷调查的顾客，既有外地居民，又有本地居民，第一百货商店的顾客还是以上海本地顾客居多。这说明，第一百货虽处在上海市著名的旅游景点，但是进店游客不多，这很遗憾。对国人来讲，什么是旅游，旅游就是观光加购物。南京东路的中外游客可以说是每天都人山人海，但为什么没有人进店？怎样才能让这些游客进店？

接受调查的对象中，女性顾客大大多于男性顾客，这是可以理解的，因为，一般而言，女性顾客比男性顾客更愿意逛街。

根据二八理论，为第一百货商店作出突出贡献的是企业的 VIP 顾客。VIP 顾客是企业最重要的客源，为企业带来丰厚的利润。此次调查采用的是在各楼面随机调查的形式。接受调查的顾客，VIP 顾客占总调查人数的 35.48%。关于调查对象的年龄段，接受调查的本地居民年龄段 30 岁以上的占了 95%，40 岁以上的占了 86.67%。可见 80 后、90 后、00 后新生代消费者，对第一百货的认知度不高。但是 80 后、90 后、00 后新生代的消费者是未来的消费主力。如何实现第一百货的代际传承对第一百货商店至关重要。接受调查的外地游客年龄年轻很多，所有顾客年龄都在 50 岁以下，分析原因则是这个年龄段的人更愿意出来旅游。

调查对象的月收入区间统计请见图 3.3.1。从顾客的月收入指标分析:现阶段,光顾第一百货顾客的个人税前月收入大部分位于 10 000 元以下。上海进店顾客与外地进店顾客相比,总体收入水平更高。上海本地顾客有 21.67% 的比例收入水平超过 10 000 元。外地顾客的收入水平全部位于 10 000 元以下,外地顾客的收入水平也有高的,但没有进店。

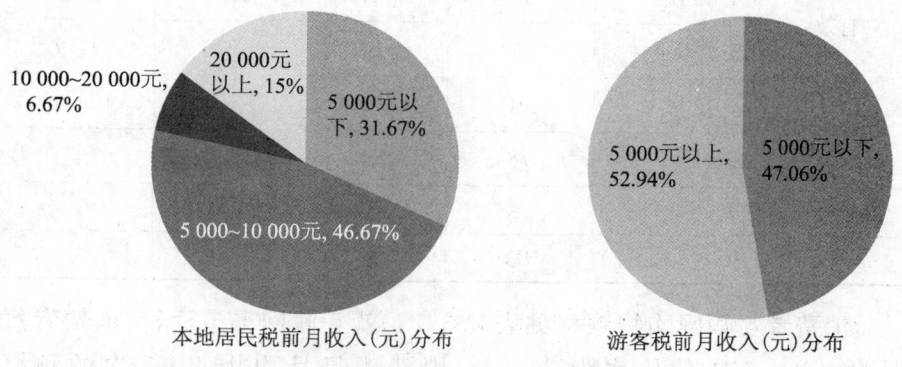

图 3.3.1　调查对象的月收入分布状况

二、消费者在第一百货商店的购买分析

根据调研,从消费者的购买渠道选择分析,无论是上海顾客,还是外地顾客,他们在选购百货商品时,还是首选百货商店。在上海顾客中,有 10.53% 的顾客在购买百货商品时,首选渠道为互联网,3.51% 的顾客选择专业专卖店,66.67% 的顾客选择百货商场。我们可以看到实体百货面临着互联网的巨大竞争压力。外地顾客中,购买百货商品的主要渠道还是百货商店,但是专业专卖店、小店也有较大的市场份额。互联网的发展有抬头之势,但消费者并没有单独依赖互联网。消费者在购买百货商品时常多种渠道并存。这也反映出电子商务的发展是大势所趋。目前,中国的消费者购买百货商品选择的渠道包括:百货商场、互联网、专卖店和小店。

现分析消费者在百货商场、专卖店、小店,互联网的购物频率,详细调研数据请见表 3.3.1。就百货商场而言,48.7% 的消费者每月购物 2～3 次,23.1% 的消费者每月购物次数为 4～5 次。也就是说消费者还是愿意逛百货商城的。只要消费者愿意来,百货商场有人流量,那么百货商场还是有商机的。

表 3.3.1 消费者在百货商场的购物频率

		频率	百分比	有效百分比	累积百分比
有效	1 次	11	13.3	14.1	14.1
	2～3 次	38	45.8	48.7	62.8
	4～5 次	18	21.7	23.1	85.9
	5 次以上	7	8.4	9.0	94.9
	不足一次	4	4.8	5.1	100.0
	合计	78	94.0	100.0	
缺失	系统	5	6.0		
合计		83	100.0		

消费者互联网购物频率见表 3.3.2。就互联网渠道而言,消费者每月购物 2～3 次的比率为 36.8%,消费者每月购物 4～5 次的频率为 13.2%。

表 3.3.2 消费者互联网购物频率

		频率	百分比	有效百分比	累积百分比
有效	1 次	13	15.7	17.1	17.1
	2～3 次	28	33.7	36.8	53.9
	4～5 次	10	12.0	13.2	67.1
	5 次以上	10	12.0	13.2	80.3
	不足一次	15	18.1	19.7	100.0
	合计	76	91.6	100.0	
缺失	系统	7	8.4		
合计		83	100.0*		

注:若出现数据合计百分比不为 1,是因四舍五入所致。

消费者专卖店购物频率见表 3.3.3。就专卖店渠道而言,消费者每月购物 2～3 次的频率的有效百分比为 45.5%,每月购物 4～5 次的有效百分比仅为 6.5%。

表 3.3.3　消费者专卖店网购物频率

		频率	百分比	有效百分比	累积百分比
有效	1 次	22	26.5	28.6	28.6
	2~3 次	35	42.2	45.5	74.0
	4~5 次	5	6.0	6.5	80.5
	5 次以上	2	2.4	2.6	83.1
	不足一次	13	15.7	16.9	100.0
	合计	77	92.8	100.0	
缺失	系统	6	7.2		
合计		83	100.0		

注:若出现数据合计百分比不为 1,是因四舍五入所致。

消费者小店购物频率见表 3.3.4。就小店渠道而言,消费者小店购物频率集中在每月 1~3 次,23.4% 的消费者每月到小店购物 1 次,34.9% 的消费者每月到小店的购物次数为 2~3 次。

表 3.3.4　消费者小店购物频率

		频率	百分比	有效百分比	累积百分比
有效	1 次	18	21.7	23.4	23.4
	2~3 次	29	34.9	37.7	61.0
	4~5 次	11	13.3	14.3	75.3
	5 次以上	3	3.6	3.9	79.2
	不足一次	16	19.3	20.8	100.0
	合计	77	92.8	100.0	
缺失	系统	6	7.2		
合计		83	100.0		

注:若出现数据合计百分比不为 1,是因四舍五入所致。

综上,无论何种渠道,消费者每月的购物频率集中为每月 1~3 次或 2~3 次。消费者在百货商场、专卖店的购物次数是最多的。消费者在百货商场、专卖店、小店,互联网的每月购物金额分析如下:百货商店的人均消费金额高于其他渠道,约38%的消费者的月消费金额在1 000元以上。月消费金额在500~1 000元的也占了33.3%。就互联网渠道而言,约52%的消费者的月消费金额在500元以下,约20%的消费者月消费金额在1 000元以上;约30%的消费者每月消费金额在500~1 000元;就专卖店渠道而言,约26%的消费者每月在专卖店消费2 000元以上,月消费金额在500元~1 000元的约占28.7%;专卖店月消费金额在500元以下的,占45%;就小店渠道而言,约60.27%的消费者每月在小店消费的金额在500元以下,20.55%的消费者的月消费金额在500~1 000元之间,约19.1%的消费者的消费金额在1 000~2 000元之间,没有消费者的消费金额在2 000元以上,这也非常符合小店的特征。

面对互联网强势来袭,百货商场的竞争优势到底何在? 因此,我们要探寻消费者逛商场的目的到底是什么。这样能探究实体店的优势,进一步发扬这些优势。经数据分析发现:消费者逛商场的主要目的还是买衣服,占比为60.7%;10.1%的消费者逛商场是为了看式样,然后网上购买;20%的消费者是购物、餐饮、娱乐缺一不可。

消费者在上海市第一百货商店消费过的商品排名靠前的是:男女服饰、黄金珠宝、针织用品、运动休闲。从调查数据来看:儿童用品、餐饮、电影的消费频率很低。但可能事实并非如此,因为消费此类商品的消费者比较繁忙,没有时间接受调查。

消费者选择在上海市第一百货商店购物的原因很重要,可以帮助我们分析上海市第一百货商店的优势和不足。从所得数据来看,消费者到上海市第一百货商店购物的主要原因:商品质量好、交通方便。可休闲式购物的比例仅占2.2%。这说明,上海市第一百货商店虽然有餐饮、有电影,但是知名度不够,宣传没有做足,或者是因为这些娱乐设施在店内的位置不佳,消费者难以寻觅。

三、结论和建议

基于此次对第一百货商店的顾客调查数据分析,我们给第一百货商店的建议如下。

1. 注重培养新生代消费者

目前,在第一百货商店购物的消费者主要是上海本地年龄在40岁以上的消费者,这部分消费者对第一百货商店有较深厚的感情。年轻消费者对于上海第一百货商店的认可度不高,对第一百货商店的印象是老气。所以第一百货商店要注重对新生代消费者的培养。

2. 利用地理位置优势,吸引游客进店消费

差不多每天南京东路的中外游客都是人山人海,但是进店的人较少。第一百货商店应该利用地理位置优势,吸引游客进店。例如,可以通过大屏幕显示第一百货商店的光荣历史,使之成为一处人文景观,消费者一旦驻足,就有了人流量,有了人流量随之会产生客流量,这也使其和周边的百货商场差异化。

四、研究的不足和展望

此次调研,虽然经过了认真的准备,但还是存在很多不足,今后要改进。如此次调研累计发放问卷 100 份,回收 90 份,其中有效问卷为 83 份。总的说来,样本比较有限。有限的样本会导致抽样结果的代表性低,所以,今后如果有可能,我们要进一步增加样本。市场调查需要消费者的配合,虽然为争取消费者支持我们调研时赠送了小礼品,但是对于行色匆忙的有价值顾客却没有时间来接受我们的调研,这实在是非常遗憾的。这似乎也告诉我们,我们应该采用更先进的技术来了解我们的顾客。如通过面部识别软件来分析在第一百货商店购物的顾客的年龄、性别特征,分析他们在店内的喜怒哀乐,从而改善我们的服务水平,提高服务质量。

（作者：康海燕　上海商学院教师）

3.4　上海标准化菜场的价格为何比超市贵

民以食为天,菜价永远是老百姓最关心的问题。上海标准化菜场经过10 余年政府推动下的发展,已成为上海居民购买生鲜食用农产品的主渠道。据上海商学院管理学院市场营销系周勇教授介绍,近年来标准化菜场周边开出了越来越多的"菜店",蔬菜店、海鲜店、河鲜店、熟食店、水果店、点心店、鲜花店等一应俱全,但价格比菜场便宜很多,自从永辉超市进驻上海以来,超市的价格甚至也比菜场便宜。为什么标准化菜场的价格居高不下?带着周教授提出的问题,我们于 2015 年 5 月 10 日,选择了位于上海市奉贤

区南桥镇环城东路 585 号联华超市背面的奉浦菜场和位于上海市鲁班路 619 号的"永辉超市",对蔬菜种类与价格进行了实地调查,并通过数据分析获得了一些发现。

一、菜场与超市比价

上海的菜场具有悠久的历史,最早的菜场是位于虹口区的三角地菜场。在计划经济时期,菜场是计划分配的场所。即使在计划经济时期,农村也都有"集市"存在,有些地区每逢农历初一与十五就开市,熙熙攘攘,特别繁荣。上海农村实施承包经营以后,农民自产自销的农产品越来越丰富,于是就形成了 400 多条马路菜场。为了改善交通与环境,上海市政府于 20 世纪 80 年代末发起了一场"菜场入室"运动。周勇教授介绍说,"期初的实施效果并不是很理想,位于上海市静安区的胶州路露天菜场入室以后生意一落千丈就是一个典型例子"。但由于政府的大力推动,菜场毕竟还是入室了。2004 年开始,市政府大力推进标准化菜场建设,并出台了相应的标准,到 2013 年由上海市商务委制定的《上海市食用农产品批发和零售市场发展规划(2013—2020 年)》特别重申:要"持之以恒地推进标准化菜场建设",强调农产品批发市场与标准化菜场的对接,并按照每 2 万人设置一个菜场的标准建设 1 500 个标准化菜场。

从前普遍认为超市的价格高于菜场,但通过调查发现,永辉超市的部分食用农产品价格居然比菜场低 1/3。实地调查发现:奉贤南桥的标准化菜场共有蔬菜摊位 6 个,每个摊位平均有 62 种蔬菜,永辉超市有 54 个蔬菜品种;标准化菜场的摊主每日会根据蔬菜的销售情况减少或更换品种,而超市大卖场的蔬菜一般皆采取季节性更换的办法。可见,在品种更新上标准化菜场比超市大卖场更具灵活性。我们调查了 14 种菜场和超市共有的蔬菜价格,永辉超市的价格平均比菜场便宜 33.5%。如表 3.4.1 所示,在 14 种蔬菜中,只有莲藕的价格永辉比菜场高 11.6%,其他 13 种蔬菜的价格都比菜场便宜,便宜程度从 20.4%(莴笋)到 60.6%(胡萝卜)不等,永辉超市的冬瓜、胡萝卜、白萝卜、白菜的价格比菜场便宜 50% 以上。

上述调查数据虽然只比较了部分商品,调查时点也只集中在一天,调查对象只有一个菜场与一个超市,但从一个侧面反映了上海农产品零售渠道的格局正在发生微妙的变化。

表 3.4.1 菜场与超市菜价比较

单价:元/斤

品种	菜场价	超市价	差价	价差率
冬瓜	4.0	1.58	−2.42	−60.5%
南瓜	4.5	2.59	−1.91	−42.4%
黄瓜	3.0	1.99	−1.01	−33.7%
西红柿	3.5	2.39	−1.11	−31.7%
莲藕	5.0	5.58	0.58	11.6%
莴笋	2.5	1.99	−0.51	−20.4%
香芹	4.0	2.98	−1.02	−25.5%
土豆	3.0	1.99	−1.01	−33.7%
白萝卜	2.0	0.99	−1.01	−50.5%
胡萝卜	3.5	1.38	−2.12	−60.6%
韭菜	4.0	2.58	−1.42	−35.5%
菠菜	4.5	2.98	−1.52	−33.8%
生菜	3.5	2.58	−0.92	−26.3%
白菜	2.0	0.99	−1.01	−50.5%
合计	49	32.59	−16.41	−33.5%

注:斤=500克。

二、标准化菜场菜价居高的原因分析

从资源属性、设备配置与营运成本三个方面来分析,超市的成本应该高于菜场。首先看资源属性,标准化菜场属于公益性资源,理应以更低的价格租赁给商户经营;从设备配置来分析,超市经营生鲜食品需要配置冷冻冷藏设备、制冰设备、空调设备等,投资成本比一般的常温超市至少高出 30% 以上,而标准化菜场至多是在肉禽专柜配置了冷柜,设备成本明显低于超市;从营运成本来看,超市配备专业管理人员与大量销售人员,人员成本很高,而菜场摊主一般都是一家人自主经营,人员成本就是自己的收益。但实际运作情况则又是另外一番景象。

据调查,一个长 3 米、宽 2 米(约 6 平方米)的摊位,年租金与管理费高达 1.2 万元,每平方米日租金超过 5 元。这比大卖场的租金还要高。周勇教授带我们对菜场鱼摊的调查显示:一个鱼摊一天能卖 300～400 斤鱼,每斤赚 1～1.5 元,平均一天赚 500 元,但要扣除 200 元的摊位费,还有运费、电费、水费、损耗,以及其他杂费,一天大概能赚 200 元,2 个人,每人平均 100 元。鱼是从批发市场采购的,早上 1 点半开始,到 5 点左右结束,天天如此。鱼贩毛收入的 40% 要交给街道菜场管理者,这很不公平,也直接拉动了菜价。在闵行与松江两区交界的别墅区,不仅道路坑洼,就连那里的菜场也严重缺乏管理。我们发现从新南路上的一个菜场买来的小排变成了杂排,感觉分量也比自己选购的多了不少。再次购买时留了个心眼,终于发现:不法肉贩居然故意把肉墩头做得比柜台低,顾客看不见刀手的操作,刀手预先在砧板上放了一堆杂排,趁顾客不注意便把小排与杂排混在一起过秤卖给了顾客。其操作要点一定是:先分割再称重,如果像超市那样先称重再分割,那就没有必要再做“手脚”。菜场是一种与居民生活息息相关的基础性事业,摊位费坐地起价,贵得离谱,这难以体现菜场的基础性与公益性。标准化菜场租金攀高拉升了菜价,对菜场摊主的调查发现:菜场每平方米的租金甚至比超市的租金还贵。

此外,农产品流通环节过多,也增加了流通费用,拉升了菜价。以奉贤南桥标准化菜场进货流程来说,先从上海农产品批发市场(上农批)运到奉贤农产品批发市场,再运到南桥批发市场,再由个体商户贩运到菜场。农产品经过多次转售,运输费、人力物力、毛利等层层加码,菜价自然水涨船高。

三、改进标准化菜场的建议

由周勇教授主持撰写的《上海食用农产品流通研究报告》指出:“‘持之以恒地推进标准化菜场建设’的思路需要重新评估,上海如果再发展标准化菜场,农业产业化、农产品批发市场的现代化、农产品流通的高效率与上海市民生活质量的提升就难以保证。”我们认为,要进一步规范标准化菜场,并推展标准化菜场的功能。

首先,要恢复标准化菜场的基础性与公益性特征,并加强规范管理。上海市商务委应会同相关部门,对全市标准化菜场进行一次全面清理,理顺产权关系,理清租赁合同,割断菜场层层转包的利益链。标准化菜场在现有规范的基础上,对计量器具、包装材料等要加强管理。对此,周勇教授指出:“超市马夹袋早就取消免费,上海标准化菜场仍在毫无节制地使用有重又臭的马夹袋,菜价越贵袋子越重,严重损害消费者权益,应该明令禁止使用。"

其次,大力推进"农改超"。适合开设生鲜超市的菜场,政府应大力支持从菜场转型为超市。永辉超市进入上海以来,与光明食品集团旗下的蔬菜集团合资开办了"上蔬永辉",计划2015年发展到25家,但在推进过程中也遇到不少实际困难,需要相关部门的支持。

再次,标准化菜场的服务功能可以拓展。在互联网背景下,标准化菜场可以发展成为O2O两线融合与社区服务的一个站点,设置相应的设备,更好地服务社区。

总之,标准化菜场与传统菜场相比是一种进步,但随着居民生活水平的提高,社会环境的变迁,政府有关部门也应该不断调整思路,改进策略。

(作者:沈艳雯、原敏敏、熊伟、唐涛、黄建成 市场营销2012级学生;指导教师:周勇 上海商学院教授)

3.5　还有多少商家蒙顾客

从1978年到2014年,我国社会消费品零售总额增加了168倍,但在其背后,商家坑蒙拐骗的行为也从来就没有停止过。对此,上海商学院周勇教授指出:"'悲情'的中国消费者似'肥猪',常常被某些'屠夫商家'任性宰割,这是黎明前的黑暗"。黎明前的黑暗到底有多黑?我们带着这个问题进行了深入调查。调查发现:自从有了互联网,商家骗人的招数推陈出新,花样百出,在线下,"价格""质量""品牌"是消费者上当受骗的重灾区;在线上,购物者看不到实物,主要是根据商家设定的图片与文字说明来了解商品,很难辨别信息真伪,也容易上当受骗。

1. 品牌忽悠

当下无良商人用品牌忽悠消费者,但不全是制假售假、假冒伪劣,主要有四种"境界"。一是假冒名牌,劣等货品以名牌为幌子销售给消费者,这种初级手法已越来越难以蒙蔽消费者,最终被沦为地摊货。二是"傍名牌"。形式多种多样,初级手法只要仔细辨认就能识破,如"汝家酒店""adides"等。但如果以合法的途径干混淆市场的勾当,一般消费者就难以识别,如将"啄木鸟"中文商标注册为"九江啄木鸟……公司""深圳啄木鸟……公司"等,这是将其他企业的品牌注册成为自己企业的商号。导致这种状况的根本原因是:商标注册全国统一管理,而企业名称登记则实施地域管理,两者存在交叉空白。"傍名牌"还包括:将知名公司名称注册成为自己的商标;将著名商标、著名公司的名称以相似的形式注册登记为自己的商标或名称;擅自使用知名商品特有包装装潢等。其结果都会误导消费者,造成品牌混淆。三是假冒不伪劣。用他人品牌生产销售质量尚有保证的产品,这是看起来还算"仁道"的蒙人伎俩。这也许是因为品牌产品价格太高,给仿冒名牌生产优质低价商品留下了巨大的利润空间。四是高价不正牌。在大型百货公司、购物中心甚至专卖店,消费者都有可能买到假货,但他们却支付了真品正货的价格,这是最没有道义的做法。

2. 诚信缺失

马云说,"诚信才是世界上最大的财富",但在当下,不少商人却正在利用顾客对商家的"信任"赚取不义之财。一是价格误导。在我国,虽然富裕的人非常多,但总体来说生活水平并不高,对商品价格仍然十分敏感,商家就利用"求利心理"忽悠消费者。如低标高结,结算价格与挂牌标价不一致,标价低、结算价高,不仔细核对就会多付冤枉钱。再如"本店转让""清仓处理""跳楼甩卖""厂家直销""全市最低价"等引诱消费者上钩的虚假宣传。二是一品多价。在服装商店、百货公司、购物中心、家电连锁店甚至超市大卖场等现代购物场所都存在不明码标价的状况,不同的顾客开不同的价格,导致一品多价。三是质量控制缺乏最起码的道德底线。从牛奶到猪油,从蔬菜到水果,从牛肉到禽蛋,突破道德底线的事例随处可见,消费者无能为力,我国"史上最严"食品安全法已于 2015 年 10 月 1 日起实施,但愿能具有威慑作用。四是不履行服务承诺。"无条件退货""包接包送""一年保修"等服务承诺是吸引消费者的重要因素,但商品售出以后,各种承诺常常成为泡影,甚至连国家规定的保修期内的免费维修服务都不提供,严重损害消费者权益。有一个 2015 年发生在上海超市招商区域的极端案例是:顾客买的牛仔裤还没有下水洗过拉链就坏了,与商家交涉得到的回复居然是——我们是卖牛仔裤的而不是修拉链的! 如果 2016 年迪斯尼开园后的上海仍然是这样的服务水平,怎么能让 1 500 万客人在上海多留一天呢? 那是不可能的!

3. 网购受骗

马云说电商建立了诚信。但事实是:电商也有两面性,他们也在制造欺骗。我们通过对近 400 位在校大学生的访问调查有如下发现。

(1) 73% 被调查者有受骗经历。从受骗产品种类来看,服装类出现频率最高,其他依次是电子类、护理类、食品类、图书音像类、生活电器类、珠宝饰品类等。

(2)87%受骗经历来源于淘宝和天猫。在问及受骗网站时,有87%的受访者提到了淘宝与天猫,其后依次为:京东、聚美优品、当当、亚马逊、1号店等。阿里巴巴所占比例如此之高,除了其庞大的规模外,最主要的原因还是其门槛较低,许多网店的信誉难以保证。

(3)虚假折扣。本次调查共跟踪观察了21种商品,调查期间正好处于2014年"双十一"和"双十二"。调查显示:在"双十一"当日实现了全年最低价的商品只有52%;为在网络购物节体现折扣力度而将商品价格"先涨后降"的商品占57%;并且有38%的商品出现了价格波动幅度过大的情况。某电商平台承诺只要是打出"11·11狂欢价"的商品,售价必须是专柜价的50%及以下,并且低于2014年9月15日至2014年11月10日的最低成交价,这与"双十一"网络购物节时所标榜出的"全年最低价"并不完全相符。从所调查的价格趋势可以看出,不少商家选择在"双十一"来临前将商品价格提升几百元到几十元不等,之后就上演了"大幅降价""亏本让利"的戏法。而"双十一"过后,消费者重新点击商品链接才发现商家给出的实际折扣其实只有一点点。疯狂过后投诉纷至沓来,各种"五折后比双11前还贵""虚高之后再打折"的声音在网上此起彼伏,迅速蔓延。

(4)其他情况。除了虚假折扣外,网购受骗还包括:商品有质量问题、货物与卖家描述不符、商品购买后突然降价、购买成功后商家不发货、货物退回但商家没有退款五种比较典型的情况。

(5)维权现状。调查显示,大学生在感觉受骗上当后,采取了维权措施的只占63%,而在维权人群中感到满意的只占30%。虽然大学生已经成为网购主力军,但是这个群体仍然是网购中的弱势群体。某大学生在天猫上买了一双鞋子,货到后却发现鞋子尺码不对,明明是41码的鞋子居然穿上小了,这时他能怪商家吗? 商家说我们这里41码就是这么大的,可能是你的脚不合正常尺码。于是这位大学生有三种选择,第一,不作任何反抗,默默地穿着这双"41码"的鞋子。第二,不要了,退货。这样的话,他就要和客服商量,说因为尺码不对要退货。如果他遇到比较好的商家那还好,如果遇到的是不好说话的,硬说鞋子是正品,都是按照顾客的要求来的,不接受退货的要求。若这位大学生也固执一点,去找天猫的客服申请仲裁,但是申请发出要过几天才能得到回复。各种客服的商量使得时间成本大大增加,自

已也弄得焦头烂额。第三种选择,换货。要换个 42 码的。嗯,这个要求很
合理。但是来回的运费需要"亲,您来支付哟,来的是 15 元,我们给您发过
去也是 15 元"。鞋子也就 80 块钱,加上运费 15 元一共 95 元,现在还要来
回的运费 30,欺人太甚!大学生要举报他们,但回头想想好像也没什么用。
于是这位大学生陷入了悲伤,只好默默地掏出 30 块吃了这个哑巴亏。

只要有商业就会有欺骗!但尚德守法应该获得更多的褒奖,坑骗蒙骗
应该受到严厉的打击。这样的商业才能提升消费者的信心,才能促进消费,
拉动内需。

(作者:陈浩、胡水媛、赵涛、孟瑶 市场营销 2012 级学生;指导教师:池
丽华 上海商学院副教授)

3.6 "嘿客"便利店上海站调查发现

嘿客便利店是顺风旗下的网购服务社区店,主要为顾客提供智能化的
线下社区服务体验,有便利店之形,但与传统的便利店有本质区别。其于
2014 年 5 月 18 日在全国 70 多个城市一次性开设 518 家门店至今,虽然门
店发展到 3 000 多家,但尚处于起步阶段。我们通过对上海嘿客便利店的
调查,主要有如下发现。

一、铺面的情况

我们对上海嘿客便利店的访问调查始于 2014 年 11 月,2015 年 3 月用
了 2 周时间对位于莘谭路 14 号和古宜路 122 号的两家嘿客便利店进行了
观察与访问调查:一是对目标门店 1 公里内的 100 位行人采取了拦截询问
调查,了解顾客对嘿客便利店的认知度;二是与门店工作人员交谈,了解店
铺的经营状况;三是采访店里的顾客,了解他们对商品与服务的意见与建
议。通过调查,获得了有关嘿客便利店的如下基本情况。

(1)店面配置。设备包括:两个 iPad、两把椅子、一个冰箱、一个货架、
一组依据空间大小而设置的展示架;人员包括:店长、内勤 2 人、外勤 5～6
人,人员配置比传统的便利店还要多。原则上店内不储存商品,但实际上还
是有一些库存,商品由供应商提供,品项选择由店长决定,所以每家店都可
能有所不同。

(2)服务项目。服务项目包括:商品预购、网购线下体验(也称 JIT 服

务,已取消)、金融服务(顺手付 APP)、便民服务(缴水电、话费、充值交通卡等)、顺丰海淘(着力建设中)和快件自寄自取(主要服务)。目前所做的主要是快递服务和便民服务。

(3)目标顾客。据店员介绍,嘿客便利店的主要目标顾客分两类:一是嘿客便利店附近小区的居民,在需要收发快递,或者需要嘿客提供便民服务时来门店;二是嘿客自己做推广,帮助他们采购一些高端或进口产品。店长介绍,嘿客店铺 70%~80%的收入来源于快递揽件,客源大部分是顺丰的主顾。

(4)经营状况。通过不同时间点的连续 2 周的观察发现:很少有顾客进入店内,随机采访路人后也发现,他们并不清楚嘿客便利店是干什么的,或者说销售什么商品。店内商品销售量很少,在两次一小时的观察客流量中,并没有一单成交。

二、调查的发现

我们从知晓程度、服务感受、门店选址、大众看法四个方面有如下调查发现。

(1)知晓程度不到四成。随机访问 38 人发现:24 人不解"嘿客"为何物,在了解"嘿客"的人群中又有约一成人从来没有去过嘿客便利店。可见,被访者中有七成的人没去过嘿客便利店。约有两成人对嘿客便利店的存在、发展与否不感兴趣,他们表示:他们每天都从嘿客便利店门前路过,但不会进店。

(2)快递收寄和公用事业收费是主要的服务项目。调查显示:有 82%的顾客知道嘿客便利店有快递收寄服务,该服务项目的认知度最高,其他服务项目的认知度依次为:公用事业收费(含话费充值)为 47%,商品预购为39%,网购线下体验为 37%。但在对进店所诉求的服务项目的调查中发现:服务项目则主要集中在快递收寄服务与公用事业收费。有 58%的受访者选择了快递收寄服务,有 39%的受访者选择了公用事业收费。但这两项服务都没有体现出嘿客便利店的独特优势,传统便利店、超市、顺丰站等都能提供上述服务。可见,当下嘿客便利店并没有真正做到他们当初想做的事情,只是发挥了一些拾遗补缺的功能。

(3)有超过 1/4 的受访者要求在"工作地点附近"设店。尽管有 60.5%的受访者选择了"小区附近"设店,但值得注意的是,仍然有 26.3%的受访者选择了"工作地点附近"设店。这一调查发现提醒嘿客便利店经营者,可以把商务区甚至办公楼作为选址的一种类型,不一定要选择沿街铺面,这样也有利于降低租赁费用。嘿客便利店的目标顾客与传统便利店不同,选址策略也不一样。

(4)大众的看法比较冷淡。在对嘿客便利店的开放性问题的回答中,只有 5 位受访者持积极态度,在支持嘿客便利店的受访者中,也只有 1 人认为嘿客便利店的"服务态度还行",1 人认为交水电费比较便利,另 1 人称快递收寄更加便捷。这些评价没有显示出嘿客便利店不可替代的特殊功能。上海商学院周勇教授指出:如果一种业态没有满足顾客需求的特定功能,就不称其为一种独立的"业态",目标定位与功能定位尚不明确或尚未被消费者认可,这是嘿客便利店需要解决的首要问题。

三、嘿客便利店的前景

业界对嘿客便利店褒贬不一。不看好的观点认为,物流企业布局电商有很多失败案例,服务不完善,消费者体验不好等也是导致嘿客便利店经营没有达到预期效果的重要原因。但有业内人士反映,杭州的嘿客便利店发展挺好,也许这与杭州被淘宝带动有关,如果在杭州坐出租车,谈到淘宝,司机都很骄傲,嘿客便利店的商业模式在杭州也比较容易被接受。从淘宝店铺数据分析来看,广州的淘宝店铺最多,接下来是杭州,上海排名较靠后。有些行业专家认为,从物流业切入零售业的新 O2O 模式,具有超前性,但不看好嘿客便利店的现状。要做很大的改进,嘿客便利店的未来才会有良好的发展前景。

顺丰设立嘿客便利店的初衷是依靠顺丰较发达的物流体系,让嘿客便利店带动顺丰实现深入线下、扩大业务的转型。但几千家门店的租金就会给顺丰造成巨大的经济压力。

嘿客便利店是顺丰服务链的重要一环。顺丰线下的顺丰站和嘿客便利店应该进一步明确功能定位与业务区分。顺丰站也是线下实体店,多开在人流密集处,而嘿客便利店是建立在社区附近,解决的是"最后一公里"问题。顺丰线上有:嘿客商城,类似淘宝的购物平台;顺丰优选则主营生鲜;还有顺手付支付软件。送货则是顺丰速递。顺丰想打造一个独立完成从线上购买到线下配送的全服务链 O2O 模式。嘿客便利店的未来发展不仅要稳定老顾客,更要吸引新顾客,具体需要解决三个基本问题:一是主营服务做什么？如今嘿客便利店所做的主要也是快递收寄业务，缺乏增值服务与特色亮点，根本没有击中顾客的"痛点"。二是要解决店面体验问题，顾客希望店面有真实商品可以选购，但如果这样做的话，就会带来一系列经营问题。三是根据目标顾客及其需求，选址策略需要适当调整，以社区为主还是以商务区为主，或者有其他选址，应该拓展思路。

（作者：陈圆、吴东霞、丁元、陈维洲、杨小苗　市场营销 2012 级学生；指导教师：周勇　上海商学院教授）

3.7　家电零售业的经营模式与转型对策

中国连锁经营协会（CCFA）发布的《2014 年中国连锁百强排行榜》显示：国美电器以 1 435 亿元的年销售额和 7.6% 的销售增长率荣居榜首，而苏宁云商则以 1 428 亿元的年销售额和 3.5% 的销售增长率紧跟其后。我国家电零售业早在 2009 年前后就提出了连锁模式转型问题，以苏宁云商和国美电器为代表的家电连锁企业的转型何去何从，这是值得思考的一个问题。

一、家电零售业再现"连锁悖论"

从 2006 年开始，家电连锁企业跃居连锁百强排行榜榜首，从这一年开始，国美电器连续 3 年位居连锁百强榜首。2008 年苏宁电器销售额突破千亿元并首次赶超百联集团位居连锁百强排行榜第二位。2009 年国美电器或受"黄光裕事件"影响，销售额仅增 2.1%，门店数下降了 14.1%。苏宁电器后来者居上，销售增长 14.3%，门店增长 15.9%，首次荣居连锁百强榜首。

2013 年，"苏宁电器"改名"苏宁云商"，不仅实施了多元化发展战略，而且着力打造"苏宁易购"电商平台。在同年的 B2C 购物网站销售规模排名中，苏宁云商名下的"苏宁易购"以 258 亿元的年销售额位居第 4 名，远超第 10 名的国美在线 3 倍有余。但其主营业务在 2014 年实则亏损超过 12 亿元，依靠一笔 43 亿元的门店资产证券化运作，才实现了约 9 亿元的净利润。

与苏宁云商相比，国美电器的发展战略相对来说则比较稳健，实现核心财务指标连续 8 个季度同比增长，净利润达 12.8 亿元，同比大幅增长 43.5%，差异化商品销售占比从 2009 年的 1.2% 大幅增长至 2014

的 33.0%。

从连锁经营原理来说,规模扩大有利于提高经营业绩,但在我国却出现了效益与规模呈反比的奇怪现象。早在 2002 年上半年,时任农工商超市集团总经济师的周勇教授在答《光明日报》记者问中就指出:我国大型连锁企业"规模扩张并没有带来效益递增,反而出现了规模效益递减的现象",他把这种现象称为"反连锁现象"。2011 年,他在《连锁悖论与商业精神》一文中进一步提出了"连锁悖论"的概念,建议连锁企业要加强"危机管理",要依靠技术手段实施个性化与差异化服务。如今,在互联网背景下持续发展的连锁家电零售行业正在再现"连锁悖论"。

苏宁云商把 11 个门店资产打包实施证券化运作,获得 43 亿元的现金流量。有人认为,这是苏宁云商向"轻资产"公司转变的良好开端,零售本来就应该轻资产。也有人认为,零售只要做得专业,轻重无妨,轻则活,重则稳。苏宁云商强势推进电商,却出现了总销售增幅不大、净利润下降的现实问题,而反应相对迟缓的国美电器却实现了总体业绩的较大增长。这是互联网+的悖论,还是用当前的亏损来获取未来市场份额的一种战略? 互联网+的投入与效果不尽一致,问题出在哪里? 互联网+的商业本质是什么? 国美电器怎么办? 这两家以家电连锁经营为主体业务的商业集团,未来将走向何方? 这些都是值得探讨的问题。

二、国内家电零售业的经营模式

我国家电零售业 30 年来的发展,经历了兴起、成长、挣扎和重组四个阶段之后,又迎来了互联网经济的浪潮,大致可以分为四种发展模式:品牌专柜模式、品类营销模式、多元发展模式、乡镇拓展模式。

品牌专柜模式是最普遍的发展模式,按照这种模式,家电零售企业在线下开设家电销售大卖场,营业面积一般在 5 000 平方米左右,引进家电生产企业,按照各个品牌设立家电销售专柜,每个专柜区域销售多种类别的家电产品,制造商招募销售人员派驻卖场负责销售工作。在通常情况下,除连锁企业统一组织的促销活动外,各家也可以自行组织促销活动,商品销售的实际价格与挂牌价格不一致,消费者可以讨价还价,商品价格不是由连锁公司统一制定,销售员实际管控着销售价格。连锁企业依靠向制造商收取通道费与商品扣率来实现盈利。这种模式从消费者来说,不仅难以建立对商家的信任,而且交易效率也比较低;对商家来说,不断地租店开店,看起来规模越做越大,但经营能力并没有随着规模的扩大而提升,反而越来越不会采购、营销、营运,核心竞争力越来越薄弱。这不是一种可持续发展模式。但时至今日,这种最传统的经营模式仍然占据着主导地位。

品类营销模式以 2006 年年底进入上海的百思买为代表。这种模式的主要特点是遵循品类陈列原则,即卖场按照商品种类分类陈列。例如把所有品牌的 42 英寸平板电视挂在同一面墙上放同样画面,以便于消费者比较。百思买的营业员全部自行招聘,不需要厂方提供销售人员。此外,百思买从供应商进货,付款在先,供应商供货在后。这一模式不仅有利于消费者比较选购,还使零售商掌握了经营主动权。但百思买最终还是退出了上海市场,其收购的“五星电器”也转售易主。在强大的传统经营模式面前,即使是全球公认的先进经营模式,在我国也难以生存。

多元发展模式是在行业竞争白热化以及互联网背景下发展起来的。一方面,由于行业竞争越来越加剧,开店成本越来越高;另一方面,由于网购模式越来越普遍,家电产品的线上业务开始增长。在这样的背景下,苏宁电器开始发展电商业务,并初期的一个“多渠道部”逐渐演变成为“电商事业部”,其后成立了独立的电商公司。2009 年上线苏宁易购,发力电子商务,到如今在上海的地铁口随处可见“苏宁易购”的视频广告。“一体两翼”的“互联网路线图”也逐渐明朗,“一体”就是以互联网零售为主体,“两翼”就是打造 O2O 的全渠道经营模式和线上线下的开放平台。家电连锁企业的经营品类正在突破“电器”的范畴,这不仅是因为网上开放平台提供了商品品类拓展的可能性,也是出于实体店营业面积过剩的考虑,从而使家电实体店的经营品类也向食品以及日用百货商品攀升。

乡镇拓展模式以五星电器创始人汪建国创办的“汇通达”为代表。这是一家专注于乡镇市场的家电流通企业,2013 年的销售额已超过 60 亿元,当年的净利润超过 5 000 万元。其采取 B2B2C 模式。汇通达农村网点通过移动终端设备直接将商品需求信息上传至区域服务商(区域服务商与汇通达有产权连接或深度合作连接)和汇通达 ERP 系统。汇通达的 B2B 平台将所有订单汇集后,直接向上游厂家订货。汇通达通过买断、代理或经销等形式直接向生产厂家订货,而后由区域服务商批发给乡村零售网点。汇通达建立了公交化送货系统,一条线路有 10 到 15 家客户,产品出厂后直接送往汇通达区域仓库,再由第三方物流公司直接配送到乡村零售网点。由于每个网点的订单事先已定,所以配送计划、路线都能提前确定,由此做到了定时、定点、定量的有序配送。"最后一公里"配送则由乡村零售网点完成，避免了配送员不了解农村情况所导致的低效率。汇通达通过互联网技术，彻底颠覆了传统的农村家电分销模式，改变了农村多层级的分销渠道现状，极大地提高了农村家电销售的供应链效率。由于普遍看好农村市场，如今苏宁云商与五星电器也都公布了乡镇战略。

三、家电零售业的突围之路

从国美电器、苏宁云商的战略发展思路来看，国美电器更稳健，苏宁云商更激进；国美电器更坚持传统，苏宁云商更与时俱进。从发展过程来看，国美电器更倾向于线下并购，苏宁云商则更重视线上的市场占有率。从实体店设立策略来看，面对电商冲击，国美电器关店果断，节省了租金成本，而转型中的苏宁云商则比较迟疑，从而导致了巨额亏损。从电子商务发展重心来看，苏宁云商更重视线上，国美电器更重视线下；苏宁云商用线上带动线下，国美电器用线下支撑线上。苏宁云商早于国美电器启动了 O2O，率先实施了线上线下融合，志在成为服务型公司，而国美电器具有后发优势，在 O2O 基础上升级推出 O2M 模式，力图打造全渠道零售商。从物流配送渠道来看，苏宁云商在线上与京东商城迎面而战，在京东商城"百亿建物流"的同时，苏宁云商也投入了大量的资源建设物流网络。反观国美电器，一直没有采取较积极的态度，其物流系统没发生变化。目前从物流速度来看，京东商城 1 日 3 达，苏宁云商也基本达到次日到达，而国美电器还停留在原来的物流水平。从新业务拓展方向来看，在传统家电市场，国美电器、苏宁云商和京东商城阵营一致看中了三四线城市和乡镇，"三国杀"即将上演。但在各自传统强项业务之外，各走各的路：苏宁云商在线上的 PPTV、红孩子母婴和线下的生活广场，甚至咖啡厅，都有所投入，转型目标较为发散；国美电器试图开展智能化门店建设，推出现场比价购物方式，吸引消费者前往实体店体验和购买，同时试水在线家装市场，与新途网合作推出"国美家"3D 家居解决方案，转型目标较为聚集；京东商城发力乡镇市场，通过整合已有渠道，合作推出"京东帮服务店"，将物流和安装售后等服务在农村进行拓展。

在互联网背景下，家电零售业的未来向何处去？下面以国美电器为例，提出六点转型对策。

（1）把握互联网本质。互联网只是倍增器，主体产业是 1，互联网是后面的 0。国美电器的发展必须深刻理解互联网精神的本质，打好主业根基，积极引入信息要素的创造力,但不能本末倒置。

(2) 线下极致化。不仅要强化实体店原有服务,更要突出用户体验,挖掘实体店不可替代的作用,让用户喜欢到实体店来切身感受,同时享受线上的同等待遇,甚至更加优惠。国美家业务也应该实体化。

(3) 支持厂家直营。对抗不是明智之举,顺应与合作是上策。国美电器应该积极协助战略合作厂商建立直营系统,并调整国美在线,使两者整合联动,将国美电器的入口优势和厂商的直营优势联合起来,实现双赢。

(4) 创立自营品牌。一是采用 OEM 或 ODM 方式推出自己的品牌产品,可以从小家电开始;二是与大型厂商合作推出联合商标,这既是一种品牌强化,有利于双方形象提升,也是一种认证强化,对用户具有明显的保障心理支持作用。在此基础上,可以接受用户定制要求,组织合作厂商合作生产;并可设立创新研究中心,创建新的业务模式,改进原有业务,开发自营品牌,研发专有技术,设计自营产品。

(5) 运用资本手段解决物流问题。国美电器的物流虽是短板,但有其合理性,过分追求速度不是正确的系统思维。盲目拓展物流网点风险较大,而采取战略合作或并购等手段改善物流系统既可以解决问题又可以回避风险,例如拓展 ERP 系统,升级"代储代销",与合作伙伴共享库存,既利于自己节省成本,也便于厂家开展直营业务。

(6) 围绕核心业务稳健拓展新业务。当前,国美电器的核心业务仍是家电零售,新开展的业务要与核心业务互相促进。国美家是合理拓展。还可以发展互联网金融,整合银行进入支持大宗业务的租赁、分期付款。新业务要与主业分离,要先试点后推广,稳健发展,要设立好防火墙。

国美电器真正的敌人不是苏宁云商,也不是京东商城,而是潜在的新力量,这股力量可能摧毁一切现有模式。这就是互联网思维。

(作者:王紫阁、罗阡睿、许婷欢、罗君怡　工商管理 2012 级、市场营销 2012 级、工商管理 2013 级、市场营销 2013 级学生;指导教师:周勇　上海商学院教授)

3.8　上海"买手店"调查发现

买手店源于消费者对专卖店与百货店的不满。专卖店品类不全,百货店品类太杂,都难以满足特定消费群的个性化需求。于是,欧洲在 20 世纪

五六十年代就出现了一种叫"买手店"的商业模式,它有以下三个显著特征:

一是以个性化品牌与商品满足消费者个性化时尚需求,所以,一般都与设计师关联在一起,如 1971 年在香港文华酒店开设的全港第一家设计师服装精品店 Joyce Boutique,就属于买手店。

二是将消费关联商品,如时装、饰品、珠宝、皮包、鞋子以及化妆品等融合在一个店面中。

三是买手们谙熟消费行情与流行趋势,实际上是代顾客采购,所以,俗称"买手店"。这种店铺在欧美以街铺形式为主,在港台则以"店中店"形式为主,通常位于商场内,即所谓的"Shop-in-Shop"。

在我国大陆,早在 1996 年,上海就开办了第一家买手店,但由于市场需求还不够成熟,不久就夭折了。近年来,随着个性化、时尚化需求潮流的兴起,为买手店的发展提供了市场机遇。这对于千店一面的百货行业来说,具有一定借鉴意义。为此,我们对上海的买手店进行了调查,通过调查有如下发现。

一、走访上海买手店

我们走访了上海三家买手店,分别是:The Villa、Le Lutin 和岩意。

The Villa 位于上海市徐汇区桃江路上。从区位来看,这是一个集上海风韵、小资情调与海派浪漫的好地方,老洋房、老上海、老酒吧,再加上点滴洋味,衬托着这家 300 多平方米的精品女装店。此店汇聚了多个全球设计师品牌,但以经营美国设计师的品牌服饰为主。铺面装修精良,十分精致的洗手间与吧台,以及充满少女情怀的粉红色沙发,都在为顾客营造一种张扬个性的感觉。店主叫 SARA,是一名纽约女孩,她发现上海除了一线大品牌就是零零散散的外贸小店,缺少如今在时尚圈较为流行的设计师品牌。于是,她就开了这家小店,服饰大部分来自纽约,但价格与纽约当地价位差不多。

位于上海金鹰国际购物广场 2 楼的 Le Lutin,可以说是上海买手店的先锋。它成立于 2009 年,主要售卖来自伦敦本土设计师的品牌产品,店主秉持着"经典中不失创意,优雅中不失叛逆"的独特理念,给顾客呈现出质感与风尚,是一家具有独特感性的设计师品牌店。店铺装修偏向复古英伦风,带满钻的铆钉手环,哥特式风格的吊灯,看似不经意放置在桌上的鸟笼、墙壁上吊着的各种画作等,让顾客仿佛置身于伦敦的街头小店,诠释着潮流又不违背经典,看似简单,实则清新可人。

岩意是一家韩国买手店,位于上海奉贤南桥新都汇 1 楼,店面虽然不大,但装修风格独树一帜,使它在众多品牌店中脱颖而出。岩意并不是一家品牌集成店,而是根据店里售卖的服饰风格,通过店主及买手在韩国各处精品服装店中"淘",挑选出物美价廉、符合其服饰风格的衣服,定期从韩国寄回上海。因此,店中售卖的衣服通常只有一到两件,一旦错过就不会再有,每一件衣服都可以说是独一无二的,更不要说那些小饰品了。这家店还会向顾客提供韩国的时潮资讯,包括旅游、美食、时尚、明星,帮助顾客了解韩国的最新动态。

我们还注意到其他几家很有特色的买手店。一家是上海市南京西路1717 号会德丰国际广场北院内的"10 CorsoComo",囊括了艺术、时尚、音乐、设计及美食等元素,并被设计为多个区域。该品牌上海店分为时装设计店和画廊两大板块,店里设有意大利餐厅和酒吧,周末两天还设有咖啡厅,让顾客"放慢脚步"去享受购物过程。

另一家是位于黄浦区兴业路 123 弄新天地南里 1 号楼的"Maria Luisa"。Maria Luisa 是一家创立于 1988 年的巴黎高级时装精品店,开在新天地的 Maria Luisa 店铺,由法国设计师与中国建筑师李大欣联手打造,其运作模式是每一季都会推出紧扣当季流行趋势的主题特色活动,品牌定位更加细小、稀有和有格调。

再一家是位于黄浦区马当路 245 号新天地时尚购物中心的"ONE BY-ONE STUDIO",这是国内第一家独立设计师品牌集合店,创立于 2003 年 9 月。该店设计师邱昊和王楚翘在上海长乐路开设第一家门店,由此引发以国内独立设计师自创品牌为特色的长乐路商业业态。其旗下已经有了两个品牌并且在全国各地有了连锁店。

二、买手店的类型与经营手法

买手店主要分为四大类别:百货式、代理合作式、寄卖式和专品买手店。

(1) 百货式买手店。这是最传统的经营模式,即"纯买手制",依靠专业个体或团队"买手"到世界各地搜罗符合本地消费者审美习惯和时尚倾向的品牌,独家买断并打造独一无二的商品组合。前文提到的"岩意"属于此类买手店,买手们亲自从韩国购进商品,风格独特,具有很强的个性特征。

(2) 代理合作式买手店。不少买手店除了买断品牌商品外,还拥有部分品牌的代理权,通过售卖提成、股权参与、开设合资公司等方式,与签订合同的品牌建立长期合作关系。这种买手店不用派买手外出采购,一旦与品牌商签订了合约,就可以在网上下单,由品牌商送货到店。前文提到的

"The Villa"就是一家典型的代理合作式买手店。

（3）寄卖式买手店。店主与尚未成名的设计师合作，替对方售卖当季最新作品，买手店在商品销售后获得一定分成，季末滞销的货品会退还给设计师。这种模式既能保证商品的原创性和唯一性，又能降低库存风险，同时也受到了小设计师们的青睐。

（4）专品买手店。这类店铺面积通常不大，主力产品价格比较亲民，品类也比较少，售卖范围比较小，是最常见的一种买手店，容易快速发展，所以也比较容易快速复制。

买手店的生意手法与百货店有很大差异。在移动互联网时代，买手店最常用的生意手法有两种：一是推送，二是混搭。推送是借助网络的力量开展营销，到买手店选购的顾客其实都是移动互联网消费群体，店家以实体店为主阵地，向顾客发送设计师品牌独有的二维码，并利用微信平台的公众账号，获得消费者关注后，便可以每天向消费者推送信息，包括设计师信息、新品上市信息、店家推荐的搭配方案等，顾客也会将相关信息在朋友圈中分享，从而也扩大了买手店的知名度。买手店以推送的方式实现了"高频交流"，稳定和扩大了顾客群。

混搭既是买手店商品组合的特色，也是其处理存货的最常用手法。经营服饰最大的风险就是库存，尤其是对买断商品的买手店来说就更是如此。减少或处理库存一般都是采取降价促销的方法，但调查研究显示，对买手店而言，这种营销方法并不是很奏效，最有效的方法是"混搭"，既提供"搭配和套餐"，以成套的方式卖服装，引导消费者追求服装与耳环、饰品、鞋子、包袋等的有效搭配。

过去的买手店以售卖外国设计师的产品为主，但如今中国本土设计师塑造的品牌与产品也逐渐被本国消费者接受。其中，最具有代表性的便是"薄荷糯米葱""SEVEN DAYS""栋梁"等，它们被称为"有当代中国意识的原创设计店"。

（作者：谭丹、林妹妹、倪倩文、吴丹宁　市场营销 2012 级、会计 2013 级学生；指导教师：池丽华　上海商学院副教授）

3.9　大学生微信使用状况调查发现

微信已成为在校大学生沟通交流、自主学习与文化娱乐的基本工具，不仅思想政治教育工作者开始关注微信平台,企业界也越来越重视在校大学生消费群,关注能直接触达新生代消费群的微信平台。本次调查从 2015 年 4 月 25 日到 30 日,调查对象是上海在校大学生,收到有效问卷 242 份,其中女生约占 70%。通过数据分析,获得了一系列调查发现,提出了相应的建议。

一、超过八成大学生在使用微信

调查显示:使用微信的大学生占 84.7%,只有 15.3% 的大学生表示尚未使用微信。在使用微信的学生中,使用时间超过 1 年的占 42.2%。

在校大学生普遍使用微信主要有三个原因:首先是微信功能强大,迎合了大学生社交需求。微信从即时沟通工具发展到如今的朋友圈、滴滴打车、游戏、钱包、微商、微视频等日益扩展的功能,集合了学生表达情感、吸收信息的各种途径。如果不用微信,就会有一种落伍感,在人际交往与团队活动中就跟不上群体的步调。其次是微信不仅费用低,而且兼容性强。微信可以用以往广泛使用的 QQ 与手机号接入,兼容了 QQ 的部分功能,并与我的电脑相互链接,使用非常方便。与短信按条计费相比,使用低流量费的微信,花费少、即时信息量大,所以广受大学生青睐。再次是微信具有隐私保护功能。微信朋友圈只对好友开放,对非好友实行封闭管理。与 QQ、微博、博客相比,微信在隐私保护方面更有效。如在 QQ 空间发布一条"说说",一个好友评论后,其他好友都可以看到评论内容,但在微信朋友圈里,如果不是对方的好友,就看不到评论内容。

二、最常使用的微信功能是"朋友圈"

从微信功能发挥分析来看,大学生经常使用的微信功能依次是:朋友圈占 36%,QQ 离线信息占 18%,语音通讯占 17%,QQ 邮箱提醒和扫一扫占 15%,五项合计占 86%。可见,使用频率最高的是"朋友圈"。

从大学生群体对信息获取的偏好来分析,大学生使用微信所诉求的信息依次包括:朋友信息占 35%,休闲、娱乐资讯占 27%,时事信息占 22%,学习信息占 16%。

三、微信对大学生既有积极影响也有消极影响

微信对大学生的积极影响主要表现为两个方面:一是便于沟通,二是内

容传播快。大学生相互交流已普遍从 QQ 或其他即时沟通工具转变为微信,促进了人际交往。微信像一个信息蒸发器,为大学生提供了一个快速接收与发送信息的渠道,可以获得消息,学习知识,分享经验。所以,微信已经成为大学生了解社会时事,关注社会热点,与社会接轨,跟上时代步伐的基本工具。

但微信也给大学生造成了一些不良影响。调查显示:大学生已普遍出现了"微信依赖",每天微信的时间超过 6 小时的学生占三成,有很多同学在熄灯后还在玩微信,大部分同学会在听课时也会玩微信。"摇一摇"和"附近的人"这两个功能容易让大学生结交到陌生的、社会上的人,这些人良莠难分,加上不良微信信息等,如果没有自我判断力,有可能使"微信"变"危信"。

四、微信正在挑战传统的教学模式

近年来,上海市教委力推"教师互伴计划",在具体执行过程中,有些学校要求教师定时定点等候学生互伴。这一政策的出发点不错,但缺乏互联网思维,更缺乏对师生的基本尊重与了解。如今网络如此发达,为什么不能利用网络与学生互伴?上海商学院周勇教授说:"在互联网、移动网、社交网、物联网四网合一的现代社会,要多利用碎片化时间为学生提供服务,无论我在还是不在,我一定在网上,学生一定找得到我,这就足够了。"机械地贯彻教委的互伴计划,既折腾老师,也折腾学生。现在有许多高校已经逐渐意识到网络教学的重要性,不仅开了网络视频授课,而且建立了微信公众平台,并快速发布有关政策与信息,这些举措都得到了学生的一致好评。微信正在挑战传统的教学思路、教学体制、教学模式与教学方法。

如今的大学、大学中的学生与老师以及庞大的管理阶层,犹如一个个"教育孤岛",微信的广泛使用是否能打通自改革开放以来计划经济体制下的最后一个堡垒——传统守旧、不敢进取的中国大学,我们拭目以待。

(作者:蔡永菲、赖桂玉、徐锋 市场营销 2012 级、物流管理 2012 级、市场营销 2013 级学生;指导教师:周勇 上海商学院教授)

3.10 大学生在线消费调查发现

大学生是网络社会的"原住民",越来越倾向于在线消费,甚至有不少大学生几乎所有商品都是在线购买。大学生是一个特殊群体,商业大佬们不仅向他们低下了高昂的头,甚至要为他们"下跪",因为他们是未来消费的主力军。为了更好地了解大学生网上消费的特点与诉求,我们对上海高校大学生在线消费现状进行了问卷调查,从而得出了一些有意义的发现,并由此提出相关建议。

第一,在线消费是大学生的一种生活常态。本次调查显示:96%的被调查者有过网购经历,其中有58%的被调查者每月在线消费额占生活费总额的10%～30%。这表明,在线消费是大学生生活中不可或缺的一部分,是大学生消费的重要渠道。在线消费已成为大学生的一种生活习惯或生活常态,由此也触动了他们网上创业的情愫。随着智能终端越来越普及,大学生将会进一步固化网上购物路径依赖,使在线消费成为生活方式的重要组成部分。

第二,大学生在线消费以满足自我需求为主。本次调查显示:大学生网购有95%是自我消费。但有数据显示:近年来大学生相互礼送以及为父母购买商品的次数呈现增长趋势。从网购目的的排序来看,排在第一位的是自我消费,以后依次是:家人、朋友、同学、恋人。大学生为家人购买的主要是日杂品、服装等生活必需品,为朋友、同学、恋人的购买更多是礼品。由于生活必需品不同于礼品,它是家庭日常消费中的重要支出,如果大学生开始倾向网上购买这些物品,显然家人将会减少在线下实物店的购买行为。由此可以推断,大学生网购不仅满足了自身消费需求,而且在一定程度上还在影响着家庭消费行为。

第三,价格是大学生在线消费的最主要表面诉求。从大学生的"月均网购消费数额"来看,超过一半(约53%)的被调查者选择了"100～300元"这个区间。而且,在大学生网上购物的主要动机中,选择"价格便宜"的人数占总人数的61%。可见,"划算""实惠"是绝大部分大学生在线消费的最主要诉求,这应当也是大学生选择在线消费的重要原因之一。实际上,大学生在线消费的诉求是多样化的,从表面看似乎"价格"是最主要的诉求,从客观上来说,这是因为他们可支配的收入有限,此外,在大学生群体中谁也不愿意被其他同学留下"被人宰"的印象,所以,大家都以能买到价格最廉的商品为荣。这也许就是大学生追求廉价的心理原因。上海商学院周勇教授的一项调查显示:大学生在线消费的最重要诉求是便利与安全,尤其是初始交易者或交易金额不高的大学生,特别关注交易安全问题。

第四,大学生抱怨网购商品的质量问题。大学生在倾向于产品价格优惠的同时,也特别重视商品质量。在"商品价格、商品质量、客服和售后服务、物流、用户评价等"多个选项中,有88％的被调查者注重商品质量,67％关注到了商品价格,37％关注到了客服和售后服务,37％关注到了用户评价,33％关注到了物流配送。可见,大学生对商品质量的关注甚至高于对商品价格的关注。调查还发现:有71％的被调查者认为在线消费的商品质量难以保证。2014年,国家质监总局的抽样报告也显示出这一状况:对京东商城、淘宝网、天猫商城、1号店抽查的产品质量合格率分别为90％,37％,86％,80％。这些知名网络平台的商品质量问题令人担忧。在质量问题已经众所周知的情况下,为什么人们仍然喜欢网购?对此,上海商学院周勇教授的调查发现是:宁可被网商骗也不愿意被店商骗,网商至少价格还算便宜,如有商品质量问题,退货也比较便利,更可以广而告之。

第五,大学生在线消费首选淘宝网。在"偏好哪个购物网站"的选项中,淘宝以87％的占比独占鳌头,其后分别是京东44％、当当26％、一号店23％、聚美16％、唯品会12％、苏宁易购10％。这一数据对非淘宝系网站来说应该是一个利好消息,他们对大学生细分市场具有更大的未来想象空间与发展空间。

上述调查发现给业界的启示如下。

(1) 不仅要拥抱互联网,更要亲吻在校大学生。他们不仅是当前的消费群,更是未来的消费主力;不仅为自己购买,还影响着家庭消费。所以,快消品、时尚品、耐用品、家用汽车、房产中介以及教育服务、旅游服务、婚庆服务、理财投资、医疗保健、养老服务等行业,都可以考虑在大学培养潜在顾客,在校园组织公益性的产品与服务推广活动,让大学生通过实践活动,了解公司、了解产品与服务,在大学生心中种下一颗未来消费的种子。这是一项对各个参与方都很有价值的活动。为了更好地开展这项活动,可以搭建一个以互联网为技术支撑的"产、教、学、研、创"五位一体的公益平台。

(2) 网商与店商要加强合作,细分出大学生市场,为他们提供更好的产品与服务。有调查显示:年轻的消费群并不是"喜新厌旧",而是"喜新不厌旧",网购与店购之间并不是替代关系,而是补充关系,约有60％的90后消费者仍然会去店商购物。所以,网商与店商应该"远交",把大学生作为一个特定细分市场来研究与服务,线上线下实现真正的融合,提供更好的产品与服务,把更多的实惠让渡给在校大学生。

(3) 鼓励在校大学生参与商业活动。当下,在校大学生都有很强的金钱意识与创业意识,但他们缺乏必要的训练与机会。例如,无论是电商还是店商,都可以把那些"有热情的在校大学生"组织起来,把那些来自农村、有特色农产品资源的大学生组织起来,给他们一些参与经营活动的优惠政策,让他们在"实战平台"上展现自己,企业也可以从中发现人才,以备后续之用。当然,非常重要的一点就是:政府应该对提供大学生创业帮助的企业给予政策倾斜。上海商学院周勇教授有一个大胆设想:建议把人民大道200号的市政府办公大楼改为年轻大学生或其他专业人才的集体公寓或科创园区,让他们在交通便捷的地方有住有吃有就业,以后会对上海乃至全国的发展有更大的贡献。

(作者:叶卿、赵晓洁、鲍家丽、金渊丽、林妹妹　市场营销2012级学生;指导教师:曹剑涛　上海商学院博士)

3.11　上海纺织品老字号调查发现

上海纺织品老字号当下正面临新品牌竞争、产品设计与技术短板、经营网点流失与品牌运作不给力等多重压力,问题的症结到底在哪里? 有没有破解之道? 这是一个值得深入探讨的问题。

一、老字号的记忆

上海"中华老字号"在全国拥有50多万个网点,其中纺织服饰类约占1/5,目前仍具有较大的市场,是比较具有代表性的老字号。

为了具体了解纺织服饰类老字号品牌的市场状况,我们首先对300名消费者开展了问卷调查,调查对象的年龄跨度从60后到90后,对两个问题的调查发现如下。

(1)品牌认知度恒源祥独占鳌头。通过对"以下所列品牌您都知道哪些"的问题调查发现:恒源祥独占鳌头,其品牌认知度高达95%;水星家纺、凤凰、古今、三枪四个品牌跟随其后,分别为83%,66%,65.6%和57%;罗莱家纺、明光、皇后、钟牌、博洋家纺分别为46%,45%,44%,38%,27%。其中,民光、钟牌、凤凰、皇后为龙头家纺旗下品牌,虽然是老品牌,但通过集团化运作,品牌的认知度也都比较高。

(2)恒源祥、凤凰、三枪是消费者记忆中的三强老品牌。通过对"在您的记忆中下列哪些品牌属于上海老字号品牌"的问题调查发现:恒源祥占比最高达 91%,其次是凤凰为 61%,再次是三枪为 57%。本次调查可能具有一定的局限性,但就调查数据来看,上述三个品牌的占比明显高于其他老品牌,如钟牌、明光、皇后、古今分别为 36%,34%,32%,29%。

上述发现告诉我们:凡是市场推广做得比较好的老品牌,在市场博弈中仍然比较活跃,消费者也比较认可。

二、老字号的困境

当下上海纺织品老字号面临的问题主要表现在以下四个方面。

(1)新品牌的竞争。由于新品牌紧跟时代潮流,善于利用自身的优势,使得自身产品的市场份额在不断扩大,因而对以往的老品牌构成了威胁。如成立于 1992 年的罗莱家纺,虽然认知度排名第五位,但其发展态势迅猛,在上海的门店数与成立于 1927 年的恒源祥相差无几,其品牌认知度紧跟恒源祥达到 83%。可见,这是一个新老品牌博弈的年代,谁没有动作,就必然消沉,自然会被市场淘汰。

(2)产品设计与技术短板。产品是老字号企业赖以生存与发展的根本,核心因素就是其独特的工艺技术与良好的产品质量。古今内衣在 20 世纪 40 年代就从事女性内衣设计,在当时闻名遐迩。但进入新的时期,现代女性对于内衣更注重健康舒适与外观精美。如果古今内衣保守自己过去的传统技艺和样式,难以与国内外新的竞争对手抗衡。面临乳腺癌发病率居高不下的现状,内衣生产企业要在研究内衣与健康相互关联度的基础上提出"新主张",引导消费者改变传统的内衣消费习惯,提升内衣消费档次。

(3)经营网点流失。以往上海老字号门店一般处于商业街黄金地段,但如今老字号的实体网点越来越少。2015 年,上海除恒源祥尚拥有的 57 家门店和古今内衣拥有的 81 家门店外,其他的老字号如民光、皇后、钟牌、凤凰等品牌的专卖门店已寥寥无几。

(4)品牌运作不给力。新品牌加入市场以后,舍得花血本开发新品,舍得投巨资开发市场,舍得请明星推广品牌,有了这三个"舍得"就逐渐培育了市场。老字号在市场推广方面不仅投入较少,而且运作模式也有待改进。老字号对企业品牌价值重视不够,仍停留在"酒香不怕巷子深"的旧的经营理念。

访问调查中还发现:大多数消费者对上海纺织品老字号都难以区分其差异,比如龙头旗下的民光、凤凰等,多数消费者无法说出两个品牌之间有何区别,品牌产品同质化现象严重。如 2012 年 9 月在微博上被誉为"国民床单"的花纹被单,虽然因复古情怀得到了诸多好评,但历经多年以后的诸多老字号家纺企业依然没能走出"当年的流行",多个品牌厂家生产同种样式的床单,已经不能适应个性化的时尚潮流。

三、老字号的未来

鉴于老字号目前的困境,我们认为老字号品牌也应该从三个方面着手,提升实力,摆脱困境。

(1)抱团取暖,增强实力。抱团取暖、集团化运作、整合市场资源、改进运作模式,是老字号增强实力、提升业绩的重要途径。上海著名的三枪、海螺、民光等老字号都已纳入龙头集团,三枪、海螺经过市场化、资本化运作,已被列入世界品牌实验室公布的中国最具价值品牌排行榜。

(2)技术创新,产品更新。在调查走访中我们发现,有 64% 的受访者认为老品牌样式落后而不再购买;有 78% 的受访者认为老字号应结合时代潮流推陈出新。在技术上,科技手段与传统工艺相融合,引入先进设备,规模化和集约化生产,既减少成本又提高效率。例如,培罗蒙运用成熟的 CAD 应用系统将顾客衣服尺寸数据化,通过系统运算使定制时间从 72 小时缩短至 22 小时,节约了顾客的时间成本。

(3)高频交流,拓展渠道。老字号要避免进入以促销代替营销的陷阱,而应该利用互联网平台,怀着特有的情怀,加强与新老顾客的高频交流,提高品牌关注度,确立个性化品牌形象。调查显示:有 47% 的受访者认为老字号销售渠道单一,应拓宽销售渠道。如民光家纺已进驻天猫与京东商城,且业绩出色,上海纺织集团在 2014 年"双十一"网上销售总额首次突破 5 000 万元,比 2013 年当日的 2 228 万元增长 126%。

老字号是一座金矿,只有通过集团化、资本化、市场化运作,加强品牌塑造与市场推广,才能重获新生与繁荣。

(作者:吴登凯、杨珠萍、李嘉怡、傅文灏、房疏雨 市场营销 2012 级学生;指导教师:朱文敏 上海商学院副教授)

3.12 上海便利店向何处去

我国便利店是在超市的专业化经营水平还比较低的背景下发展起来

的,上海本土便利公司则是在向罗森学习的过程中成长起来的,但展店速度,"徒弟"完全超越了"师傅"。全家与 7-11 的进入,正在改变上海便利店的竞争格局。据上海连锁经营协会统计,截至 2012 年 6 月份,上海 10 个便利店品牌(好德、可的、快客、光明、良友、罗森、喜士多、全家、7-11、乐购便利)在市内开发的便利店有 4 807 家,其中,罗森、喜士多、全家、7-11、乐购便利五个海外品牌有 1 347 家,已占上述总门店数的 28%。

特别值得关注的是,经过短短 8 年时间,全家的门店数已经超过 700 家,而且仍在迅猛发展。本土便利公司不仅经营模式与服务方式受到海外品牌的挑战,连"地盘优势"也正在逐渐消退。出路何在? 带着这个问题,我们在上海商学院管理学院周勇教授的指导下,对上海便利店进行了实地调查,现将调查发现与我们的建议发布。同时也要感谢《上海商业》杂志社常务副总编周麟昌先生对我们的指导与帮助。

一、调查概况

本次调查采取分层抽样方式与便利店拦截访问相结合的方式。回收有效问卷 1 135 份。其中男性答卷 447 份,女性答卷 688 份。年龄 15 岁以下 35 人,16～23 岁 628 人,24～35 岁 163 人,36～45 岁 60 人,46 岁及以上 249 人;个人月收入 1 000 元的 757 人,1 001～3 000 元的 149 人,3 001～5 000 元的 172 人,5 000 元以上的 57 人;学生 645 人,上班族 275 人,退休职工 198 人,其他 17 人。

二、调查发现

1. 上海便利店约有七成顾客是年轻人

被调查消费者中 16～35 岁人群共有 791 人,占被调查者总数的 69.69%。这也就是说,上海便利店约有七成顾客是年轻人,学生和上班族是主要消费群体,年轻人支撑了上海便利店的发展。

此外还发现:市民养成了便利店购物习惯。在 1 135 份答卷中,"从未去过便利店"的只有 69 人,仅占 6.08%,其中,在 16～35 岁人群中,"从未去过便利店"的人仅占 1.64%。"经常去便利店"(一周内多次购物)的人,占 68.19%。上海本土企业从 1995 年创办"可的便利"至今,前后 18 年,现存市内便利店网点 3 461 家,估计总投资(包括亏损)超过 20 亿元。这些投资的最大成果是培育了比较成熟的便利店市场,如果本土便利公司不能转型发展,投资成果就会被外资坐享其成。

2. 全家便利在上海独占鳌头

通过对罗森、可的、快客、好德、良友、喜士多、全家、7-11 八个便利店品牌消费者认可度的调查发现:51.54%的消费者表示最常去全家便利,而其中学生则占 40.88%;其次是快客和好德,分别占 24.32%与 24.23%;再次是罗森、7-11、喜士多,分别占 23.44%,22.03%,21.23%;排在最后的是可的与良友,分别占 16.74%与 15.15%。由于可的与好德同属于农工商超市集团,如果把好德与可的合并计算,消费者经常光顾的占比为 40.97%,仅次于全家便利。这与好德和可的门店数量在市内位居第一(1 345 家)有一定的关系,快客便利在市内有 1 258 家便利店,仅次于好德、可的。调查还发现:在学生中,最常去的则是全家、7-11、快客和喜士多。

全家便利的门店数仅占上海市内便利店总数的 14.9%(717 家),却能独占鳌头,成为消费者首选的便利店,这是很值得深思的问题。对此,上海商学院周勇教授认为:店铺选址比较集中,鲜食(如早餐)做得好,服务人员年轻化,店址便利购物、购物环境舒适体面,人员服务比较和善等是年轻人青睐全家便利的主要原因。另外,全家招聘大学生兼职的用工政策也拉近了其与大学生的距离。所以,便利店的转型不仅要考虑店铺服务,更与人力资源政策紧密相关。

3. 消费者选择便利店的首要因素是"就近便利"

便利店,顾名思义就是要比普通超市更为便捷。调查消费者选择便利店时的考虑因素,我们设计了——就近便利、商品种类齐全、购物习惯、服务态度好、购物环境好、服务种类多、价格较低、广告语吸引人、明星代言、其他十个选项,调查发现:有 61.41%的背调查者选择了"就近便利",即离家近、顺路;其次是"商品种类全",占 34.89%;"购物习惯"占 28.81%;"服务态度好"占 27.31%;"购物环境好"占 25.02%;"服务种类多"占 21.23%。其他各项的占比都在 10%以下,顾客对这些因素不是很敏感。其中"价格相对较低"的占比仅为 8.37%,这说明顾客对便利店的价格不是很敏感,便利店的营销也不应该以低价促销为主导,这一点与大卖场和超市有很大的区别。

上海商学院周勇教授指出:上海便利店发展初期把居民小区作为重要的选址目标,后来发现,居民小区的便利店面临大卖场免费班车与折扣店的冲击,生意越来越难做就开始撤离。如今又出现了一股便利店返回居民小区的热潮,如全家便利有不少门店就 24 小时固守在居民小区,做晚间、早点与快餐生意。便利店重返居民小区的另一个趋势是：与社区服务和电子商务相结合，有可能使便利店发展成为社区生活服务中心。

4. 客单价与收入水平并不存在密切的相关性

一般认为，便利店的消费很大程度与收入相关，但本次调查发现：消费者到便利店购物的频率和客单价，与消费者的收入水平并不存在密切的相关性。每月平均收入 1 000～5 000 元的消费者中，没有"未去过便利店"的消费者；月收入 1 000 元以下的消费者中这个比例也仅为 7.27%，月收入 5 000 元以上的消费者中则有 24.56% 的人表示从未去过便利店。可见，对于消费者来说，是否去便利店进行消费与个人收入并无直接相关。

从便利店顾客的消费值来看，客单价 20 元以上的占比最高为 33.13%，其次是 10～15 元占 21.81%，8～10 元和 15～20 元并列第三，各占 15.79%，8 元以下仅占 7.40%。客单价偏高与上海便利店常常被作为家庭消费物品的购物场所有关。如果便利店以即食性个人消费为主，客单价就较低，如果以家庭消费为主，客单价就会较高。其中，月收入在 1 000 元以下的消费者中，有 17.53% 的人，其客单价超过 20 元。由此可见，收入多少并不决定便利店消费金额的高低。便利店不需要靠价格战，应该靠品牌与店面服务来吸引顾客。

5. 首选饮料冷饮，关东煮与餐座得到消费者高度认可

便利店的售卖商品一般可分为常温商品（包装食品、日用杂货）、鲜食商品（盒饭寿司、便当面食、甜点水果、糕点包子等）、冷冻商品（如冰激凌）、文化出版品等。上海便利店目前仍然以常温商品为主，全家、7-11 等便利店主打鲜食商品，提供消费者中食服务（介于在家食用即"内食"与在餐馆食用即"外食"之间）。

本次调查发现：饮料冷饮是消费者的首选，占 53.04%；其次是零售面包，占 46.26%；再次是寿司饭团，占 37.89%；第四是生活日用品，占 37.18%；第五是便当面食，占 29.60%；第六是关东煮，占 25.81%；第七是烟酒，占 17.44%；第八是公用事业缴费，占 14.45%；第九是沙拉蔬果，占 12.16%；第十是书报杂志，占 11.37%。

在调查便利店特色商品中，关东煮位列第一，所占比率为 34.89%。在访问调查中，被调查者普遍反映，全家的关东煮做得最好，其次是罗森。而"有座位可以休息"也已成为 33.30% 被调查者的基本诉求，消费者认为这方面印象深刻的是 7-11 和全家。从调查数据所显示的情况来看，提供餐座

有利于提升顾客的满意度,但这样做需要扩大面积,并增加成本。

此外,调查中还发现:便利店服务多元化已迫在眉睫,消费者对"一定距离内的配送服务""手法快递""预购预订"等服务也高度认可。在未来,线上企业与线下企业有可能通过便利店为社区提供更便捷的服务。

三、思考与建议

如今,上海的便利店可以说已进入了"全家时代",但7-11作为后来者,也在虎视眈眈,不可轻视。

(一)问题分析

本土便利店已经没有多少资本可以炫耀,应该痛定思痛,以顾客感受为导向,拿出创业时期的精神来,积极参与市场竞争。否则,它们3年以后就会被市场淘汰。本土便利店存在的主要问题包括如下几项。

(1)服务水平有待改善。从调查中获悉,服务人员老化,服务形象不佳,缺乏服务热情以及细致周到的服务精神,这是本土便利店在服务方面的通病。这不仅仅是单纯培训不到位问题,更是公司的人力资源政策问题,还与连锁组织模式相关。此外,如何与电子商务相结合,提供多样化生活服务,应该成为便利店发展的一个新亮点。

(2)商品雷同但价格偏高。便利店应该以提供便利服务为主导,但目前本土便利店仍然是以提供与超市雷同的商品为主导,但其价格却比超市高出许多。便利店毛利率的提高不能依靠同类商品的价格提高,而应该通过商品结构的调整来实现。但商品结构的调整又依赖于服务形象的调整,如果商品结构调整到以鲜食为主导,而店面形象、服务形象与顾客认知仍然停留在"现代杂货铺",那会亏得更惨。

(3)租金等营运成本日益高涨。便利店的月租金成本早已超过了万元大关,有些店铺的月租金高达几万元,再加上24小时营业所支付的电费、用工费也比其他零售店铺更高。上海商学院周勇教授指出:如果以每家便利店投资20万元、毛利率25%计算,日均销售额必须在4 000元以上。实际上,有不少便利店的日均销售额还不到4 000元。周勇教授还说:更令人惊奇的是,本土便利店不仅面临来自"洋便利"的挑战,也面临来自"土便利"的挑战,大型连锁公司规模化发展以后,传统的小商店并没有被消灭,仍然遍布城市与农村的各个角落,如来自福建三明、南平两个地区的经营者在上海开办的杂货店、小型超市、便利店就有五六千家,而且大部分都能盈利。

(二)发展建议

通过上述分析,我们对上海本土便利店的发展有如下建议。

(1)注重店铺与店员形象。便利店的客层具有低龄化的趋势,所以,要吸引新的消费人群,便利店的店面形象设计与服务人员配置都要年轻化。

(2)营销活动迎合消费需求。虽然7-11有蔡依林代言,但比起传遍大街小巷的"全家是你家"的五月天,全家在明星代言方面似乎更胜一筹。全家曾经推出过满10元赠送1张五月天卡通贴纸,在指定时间内集满规定张数可赠送五月天公仔一个。当时,不少年轻人都为此而在全家奔波着。据在全家打工的大学生反映,情人节那天,费力罗巧克力全线卖空。便利店一般不做降价促销,但一定要关注各种节日的消费需求,并作好相应的商品计划。

(3)用餐饮带动销售。7-11的快餐岛、午后咖啡,全家的现磨豆浆、超值早餐套餐和6.86、8元HOLD住午餐套餐,都非常吸引顾客眼球。本土便利店需要在健康生活、活力早餐、丰富午餐等方面多下工夫。

(4)培育忠诚顾客。培养忠诚顾客有一套很健全的体系,就上海便利店而言,目前需要特别重视三件事情:第一,以社区服务为突破口,提升本土便利店的服务形象与顾客满意度。上海商学院周勇教授指出:不要一味追求鲜食供应,因为很多本土便利店的选址其实不适合销售鲜食商品,如果盲目紧跟全家或7-11,可能会死得更快。第二,要关注顾客的感受与反馈,这一方面要加强员工培训与制度建设,更要有制度创新,让员工收入与经营业绩紧密挂钩,只有同时发挥总部与门店的积极性,便利店才有活力。第三,要发展多样化服务,便利店除了商品销售外,更应该提供优质的多样化的服务,努力提升消费者的生活质量,这是便利店的发展趋势。

(作者:马璀、张瑞琪、金婷婷　市场营销2009级、2010级学生;指导老师:上海商学院周勇教授)

此外,我们特别邀请了WOWO(中国)便利连锁管理有限公司、上海昂赛企业管理咨询有限公司、上海尚益企业管理咨询有限公司等企业的负责人对《上海便利店向何处去》一文进行点评。

◆ **WOWO**(中国)便利连锁管理有限公司负责人汤耀华

写得很好,很多描述很符合实际,周教授的点评也很精辟。看了以后,结合我认识的原来在上海的消费者,到四川便利店的创业者,有以下几点想法供参考。

（1）除了上海等几个城市,全国很多便利店的投资者财力有限,追求高产出、低成本投入作为常态,短期利益高于长期利益。一旦7-11、全家进入便毫无抵抗力。

（2）上海的便利店都是国企,是母公司的副业,从大卖场和超市脱胎,口头上对鲜食经营都很重视,一旦出现报废异常便舍弃,加上管理层的更替,思路经常在变,不求有功、但求无过的经营理念很难让便利店从超市脱胎换骨。

（3）作为一名便利店从业者应经常检讨。国内的便利店的日均销售与7-11、全家有几倍的差距,虽然外资还不能卖香烟,一旦烟证放开,我们没有任何优势。

关键还是在转换便利店的经营理念,不能把便利店等同于超市,同质化的竞争必然走向死路。便利店＝饮食店＋小杂货＋现代服务,这样,才能在未来高房租、高人力的趋势中,掌握先机,有与7-11、全家抗衡的实力。

◆ 上海昂赛企业管理咨询有限公司总经理张子磊

拜读《上海便利店向何处去》这篇文章后,再想想最近热议的"大学生起薪跟农民工比不科学"的话题。如果大学都能培养这样高素质的专业人才,则大学生又回到了10年前企业争先恐后的聘用时代。我经常陪同零售连锁企业国外交流考察,结合国外零售业,谈以下三点看法。

首先,考察中国台湾地区、日本、美国等地,给我们印象最深的就是灯火通明的便利店。但上海便利店还是没有在众多零售业态中脱颖而出。门店形象设计上的差距是一个重要原因,如装潢、灯光设计及门店清洁等都不尽如人意。而全家、7-11等外资便利店的综合形象具有激发消费者进店逛逛的魅力。

其次,国内便利店的商品开发缺乏对顾客需求的充分了解,商品研发能力薄弱。零售商向供货商收取各类费用成为制约供货商做大做强的瓶颈。在这种大环境下,双方没有形成制贩同盟,更难以成为战略联盟;零供双方恶性循环,各自只考虑自己的利益,便利店沿用大卖场盈利模式,显然不符合业态发展的规律;国内便利店争相模仿全家、7-11,他们卖什么,我们也卖什么,在这种风气盛行下怎么可能跟随消费者需求的变化,怎么可能形成很有影响力的零售业态。

最后,国内便利公司缺乏长远的人力资源规划及完整的培训体系,行业知识、专业技能、人才素质等三个培训层次的构造不完整,使本土便利店不适应市场发展变化,让外资企业发展有了广阔的生存空间,这是令人心痛的。

◆ 上海尚益企业管理咨询有限公司总经理胡春才(联商网—黄山岩松)

文章写得很不错,在针对消费者进行市场调研的基础上,根据自己的观察能够写到这样已经很不错了。只是我们看的与那些实际投入进去做的人是完全不一样的感觉,因为看的人不必体会限制因素,而跳进去做的人却发现处处都是陷阱和牵绊。

作为一名曾经在中国最大的便利店公司——快客便利挣扎了5年,既干过商品采购又干过营运,之后离开这个行业,然后以一个旁观者身份非常密切地观察了这个行业整整6年的业内人士来说,说起便利店业态,可以说是既爱又恨的。

初看便利店业态,一定是很激动的,因为有这么多的门店、还可以通过加盟来吸引社会资本,发挥资金的资本杠杆作用,然后看到日本的7-11竟然可以成为日本所有企业中资本利润率最高的企业,心中禁不住怦然心动。

但是当我们国内的便利公司一个个朝着这个美丽的景色冲去的时候,最后都发现自己上当了,相对于百货、大卖场、超市等业态,目前可以说便利店是最不赚钱的行业了,这个看似门槛很低的行业,其实与电子商务一样,是有着非常非常高门槛的,也许你在淘宝上开几家店铺赚钱毫不费劲,但是你若想像淘宝一样拉开架势开个网上商城什么的,那你就等着往里面烧钱、然后像99%以上的团购网那样找死吧。

不过,如今市场已开始渐渐地进入便利店发展的黄金时期了,我在山西阳泉这样一个中西部的三线城市,发现租金较低,但是门店的日销售仍然可以做到两三千元以上,原因是现在消费者的收入水平确确实实是提高了,他们在赚钱与休闲之间越来越看重休闲的宝贵,越来越愿意用钱去买时间了。

标准超市的兴起主要靠提供有别于大卖场和便利店的生鲜经营,这是它们的生命线;大卖场靠的是商品齐全和价格低廉,这是它们的最大卖点;那么,便利店的最大卖点是什么呢?是即食品经营,就是能够作为早餐、中餐和晚餐替代品的早点、便当、快餐盒饭、关东煮等,这是国内便利公司的最大的短板,如果这一块不突破的话,那就只有再过3年等着被7-11和全家等外资便利公司收购了。

做便利店一定要放弃急功近利的心态,不要指望它三五年能够为你赚钱，所以那些急等着赚钱的企业不要涉足便利业态，否则一定是心理失衡的，最后守着便利业态这块鸡肋，吃也不是、丢也不是。

便利店是一个很小的店，但是它却需要有比做大型 Shopping Mall 更长的耐心来等待它的开花结果，唯有如此，你才可能与那些非常缓慢积累的"千年老妖"——7-11 这样的外企抗衡。

做便利店的人一定要牢记，店多不一定强。就像多子未必多福一样，倘若子女一个个很健康、而且都很有出息，那便肯定是多子多福了；倘若子女一个个都是身体病残或者精神上病残，就是家庭的负担了，那么此时就是多子多难了，做便利店也是如此的。

其实任何行业都是这样的道理，只是便利店常常有数量在诱惑我们，更加容易让我们忘记质量罢了。这些都是用血的教训累积下来的，希望后来者牢记。

3.13　上海市民的买菜渠道与诉求

改革开放 30 多年来，我国城市居民食用农产品购买行为发生了极大变化，主要表现为两个方面：一是诉求，二是渠道。从诉求来看，过去几乎没有人担心食材的安全性问题，购买者只凭直觉判断鲜度，比较价格，但受食品安全事件频繁曝光的影响，食品安全问题已成为无可奈何的"心痛"。从渠道来看，传统的马路菜场通过"引场进室"被改造为"标准化菜场"，超市大卖场、折扣店、居民小区的"菜店"也已经成为很多城市居民买菜的主渠道。近年来，还出现了网上买菜、售货机买菜、直销店买菜、批发市场买菜等新的购买方式。如 2013 年年初，在上海市普陀区蓝田、华池两家菜场就首次出现了"无人售菜点"，顾客只要按照 1 元、2 元、3 元、4 元四个标价，分区按件选菜，投币购菜。

2013 年 3 月 12 日至 4 月 1 日，调查组在上海商学院周勇教授的指导下，采取拦截调查方式，在奉贤、宝山、南汇、嘉定、普陀、黄浦等区，调查了 580 位市民，获得了一系列新的发现，并提出了相应的建议。

一、食用农产品零售渠道的变数

调查显示：目前上海市民已普遍能够接受去超市卖商买菜。"您经常去哪里购买蔬菜、水果、鲜肉等生鲜食品"这个问题的回答，虽然单项选择菜场的占比最高（43%），其次是大卖场（28%），再次是就近的小超市（24%），批发市场与其他购买渠道占5％,但大卖场与小超市合计占比高达52％,已经超过了菜场占比。这说明:上海市民已经普遍接受去超市卖场买菜的购买习惯。

对此,上海商学院周勇教授指出了以下两个问题。

问题1:标准化菜场被规划成为上海居民买菜的主渠道,是否符合消费发展趋势? 从1994年起,上海市政府先后出台了一系列扶持连锁超市发展的政策,但从2004年起则转向推广"标准化菜场"。从表面看,消费者愿意接受超市卖场等现代超商的购买渠道,但从购买量来分析,标准化菜场仍然是居民买菜的主渠道。2013年8月16日,上海市人民政府办公厅转发(沪府办发〔2013〕49号)上海市商务委员会制定的《上海市食用农产品批发和零售市场发展规划(2013—2020年)》也将标准化菜场作为主渠道,按3 000万人口规划,到2020年,上海的标准化菜场将达到1 500个。这样的规划是否符合发展消费发展趋势,是值得深入探讨的问题,有关部门应该从生活质量与食品安全等长远利益来规划设计食用农产品流通问题。

问题2:上海标准化菜场很有可能因后继乏人而逐渐萧条。目前上海的菜场或标准化菜场,大致有两类商户组成:一是个体设摊的商户,二是品牌专柜(主要是肉与特色农产品)。经营者大部分是外来人口。他们有点像日本的"阿信",靠自己的勤奋,起早摸黑为上海市民作出了很大贡献,也据此维持着一家人的生活。但调查显示:他们的下一代普遍不愿意再做这样的行当。在日本,当年菜场也十分兴旺,但后来正是由于后继乏人才被超市、便利店、生鲜店取代,于是,市民也就进入了一个消费的新时代。可见,食品农产品流通不仅仅是一个经济问题,更是一个社会问题。

另一方面,调查显示:虽然网上购买生鲜食品的数量占比不足2％,但是有17％的受访者有在网上购买生鲜食品的经历,网络作为新渠道正在对传统渠道造成越来越多的冲击。

谁将成为食用农产品零售的主渠道? 目前虽然还难有定论,但在网络时代一切皆有可能,我们坚信:标准化菜场将不会是唯一的主渠道。

二、消费者买菜的主要诉求

消费者购买食用农产品,对超市与菜场有不同的担忧。就标准化菜场而言,首先关注的是购物场所的环境和诚信问题。与超市相比,在菜场购买生鲜食品,36％的市民认为其购物环境不如超市,29％的受访者对摊主的诚信表示担忧,担心缺斤少两,还有 28％ 的受访者对食品安全比较担忧。

就超市而言,生鲜食品包装问题成为超市生鲜食品售卖瓶颈。有 20％ 的受访者认为超市生鲜食品包装之后看不出好坏,18％ 的受访者认为超市生鲜食品没有菜场新鲜,18％ 的受访者认为超市生鲜食品价格比菜场高。此外,商品品种、服务、等候时间等因素也是超市售卖生鲜食品时存在的主要问题。

对于上述问题,周勇教授指出:

第一,缺斤短两、以次充好等违法行为,在某些菜场处于管理失控的状态。在闵行与松江两区交界的别墅区,不仅道路坑洼,就连那里的菜场也严重缺乏管理。从菜场买回的小排变成了杂排,分量也不对,不法肉贩故意把肉墩头做得比柜台低,顾客看不见刀手的操作,趁顾客不注意便把小排与杂排混在一起过秤卖给了顾客。

第二,超市以专柜形式做生鲜,给消费者不良的"教育"。有些专柜经营者售卖的包装食品,不仅底面不同、里外不同,而且也会玩一些价格上的猫腻,如把"公斤"算成"斤",以翻倍的价格把商品卖给消费者。这些"不给力"的作为,严重损害了超市的形象,不利于超市的有效发展。超市想要做好生鲜,必须还消费者一个"正能量"!

对部分尝试网购的消费者来说,他们的诉求是什么? 调查显示:快递送达时间不确定是最主要的问题,有 23％ 的受访者对此感到担忧,19％ 的受访者对网上购买生鲜食品质量问题比较关注,16％ 的受访者认为其质量没有保障,16％ 的受访者认为网络购买生鲜食品不够新鲜,另有 15％ 受访者担心快递可能会损坏产品。

网上买菜作为一个新的渠道还没有被大多数人接受,但是随着尝试在网上买菜的人越来越多,网络对传统渠道的冲击会越来越大。

三、调查结论与建议

上海市经信委发布的数据显示:生鲜食品价格马路菜场比标准化菜场平均低 50％;标准化菜场比超市平均低 28％,比大卖场平均低 18％;标准化菜场的菜价总水平平均比联华超市低 22％ 左右,比家得利超市低 15％ 左右,比沃尔玛大卖场平均低 14％ 左右。但对不同的消费者来说,价格的敏感性是不一样的,消费者买菜会有更多的考虑。

1. 要鼓励支持生鲜食品购买渠道的多样性

上海常住人口 2013 年已经达到 2 371 万人,户籍人口约为 1 421 万人,市民年龄、消费习惯、上班时间等情况差异很大,白领阶层对新事物的好奇心和接受能力比较强,敢于尝试网购,刷卡买菜、无人售菜等方式,而老年人不喜欢刷卡,不会网购,喜欢到菜场逛逛,聊天寒暄成为生活的一部分,与菜主形成很好的关系。上班族比较喜欢在超市卖场买菜,环境好,大部分是半成品,分量小,比较方便。所以生鲜食品购买渠道的多样化在一定时期内是一个常态趋势。

2. 菜场应该回归公益性

经过连续 8 年时间的建设,到 2012 年年底,上海已建成标准化菜市场 880 家,其经营的副食品约占全市销售量的 75%,一个菜市场平均服务 2 万人口。标准化菜场的建设虽然取得了很大成果,但依然存在很多问题。据上海市商务委发布的数据显示:目前,郊菜在批发环节的固定成本约占最终售价的 10%～15%,客菜在批发环节的固定成本占最终售价的 18%～23%。菜市场发生的成本包括摊位费、垃圾清扫费等管理费用以及进货和人工成本,占最终售价的 62%～79%。这么多的附加费用都分摊到了每位市民身上,菜价居高不下,因此政府要想办法进一步改革标准化菜场,降低租金等费用,使菜场回归公益性。同时,要加快菜场改造步伐,引进先进业态与优秀企业,向超市生鲜化方向发展。

3. 建立生鲜食品的诚信机制

普陀区商务委试点"无人售菜"方式推进诚信经营,说明上海市政府已经意识到了生鲜食品购买过程中的诚信问题,生鲜食品的诚信问题是市民关注度最高的问题之一,建立生鲜食品的诚信机制是食品安全的重要步骤,也是市民的普遍期待。

当下上海市民买菜虽然以菜场为主,但他们对超市买菜与网上买菜也并不陌生,未来一切都有可能改变。有关部门应该顺应时代潮流,本着提高市民生活质量与保障食品安全的基本宗旨,妥善规划与改进食用农产品流通渠道。

(作者:李俊磊、叶子菀、谈晓鸣、汪上元、贺枣 市场营销 2011 级学生;指导老师:周勇 上海商学院教授)

3.14 进场费是否助推物价上涨

进场费问题由来已久,商界、政界、学术界、舆论界各持己见,观点针锋相对。支持者认为进场费提高了产品分销效率，并刺激竞争；反对者则认为大零售商滥用市场优势地位压榨供应商，违背了公平竞争原则，甚至认为进场费助推了物价上涨。后一种呼声通过政府高层领导的批示得到强化，2006 年 10 月 12 日，五部委联合发布了《零售商供应商公平交易管理办法》（以下简称《办法》），2012 年五部委联合开展了清理整顿大型零售企业向供应商违规收费工作。《零售商供应商公平交易管理条例》（以下简称《条例》）的起草工作也已经纳入政府计划，2013 年 6 月 25 日，商务部召集供应商、零售商、政府主管部门以及部分专家，在南京召开了"零供关系立法调研"座谈会，目的就是为起草《条例》做好准备。

一、进场费的合法性在我国早有规定

纵观国内外进场费问题的历史演变可以发现，这是一个具有深刻社会经济与技术背景的问题。上海商学院周勇、池丽华两位教授指出：尽管部分国家先后制定了不同的法律规范，但有两点是一致的：认定进场费的合理性，主要通过合同法规范双方的权利义务关系；禁止零售商滥用"市场优势地位"，保护公平竞争，其所依据的法律规范主要不是反垄断法，因为零售业是一个充分竞争的行业，任何一个零售商都难以达到市场垄断地位。

进场费最早起源于企业的信息化管理。在《超市行业采购系统与进场费》（周勇，2001）一文中就指出："进场费最初起源于美国。当美国工业开始依靠计算机时，美国的大型连锁超市开始向供应商收取进场费。实际上，在当时的进场费是向供应商收取的用于支付编程的费用，因为增加或者减少一个产品都需要计算机程序员重新编码，大约为 350 美元。到后来，进场费就逐渐演变成为供应商为了取得新产品上架、陈列、销售的权利而向零售商支付的一笔费用。"

在我国，有关部门对进场费的项目以及税收等也早已制定了相应的规定。早在 2004 年，国家税务总局就发布了《关于商业企业向货物供应方收取的部分费用征收流转税问题的通知》（国税发〔2004〕136 号）。该文件规定：①对商业企业向供货方收取的与商品销售量、销售额无必然联系，且商业企业向供货方提供一定劳务的收入，例如进场费、广告促销费、上架费、展示费、管理费等，不属于平销返利，不冲减当期增值税进项税金，应按营业税的适用税目、税率征收营业税。②对商业企业向供货方收取的与商品销售量、销售额挂钩（如以一定比例、金额、数量计算）的各种返还收入，均应按照平销返利行为的有关规定冲减当期增值税进项税金,不征收营业税。此规定从 2004 年 7 月 1 日起执行。这表明政府从税法上确认了"进场费"的合法性。

我国部分大型外资综合超市称,进场费(包括进场以后的其他费用)约占其综合收益的 20%,而大型连锁超市公司的年报显示,这个比例已超过 40%。可见,进场费已成为我国零售业收入的重要组成部分,除非能保证 25% 左右的毛利率,否则,零售商不可能放弃进场费。这是客观现实。

二、进场费与涨价之间不存在必然的相关性

从跨国零售商与供应商的年报来看,销售净利润率与净资产收益率这两个指标,供应商远远高于零售商。我国的情况也基本如此,下面以"联华超市股份有限公司"(以下简称"联华超市")为例,分析 2003—2011 年相关财务指标的变动情况(见表 3.14.1)。

表 3.14.1　联华超市 2003—2011 年财务数据

时间(年份)	进场费/经营盈利	毛利/经营盈利	进场费/总收益	进场费/毛利
2003	221.88%	556.18%	4.73%	39.89%
2004	239.18%	529.90%	5.24%	45.14%
2005	357.49%	602.40%	6.13%	59.34%
2006	590.45%	863.41%	7.46%	68.39%
2007	294.38%	562.83%	6.23%	52.30%
2008	325.82%	623.31%	6.23%	52.27%
2009	266.69%	484.28%	6.57%	55.07%
2010	234.27%	466.07%	6.41%	50.27%
2011	230.73%	477.04%	6.37%	48.37%
平均值	306.77%	573.93%	6.15%	52.34%

资料来源:2003—2011 年联华超市股份有限公司年度报表。

联华超市的年报显示,其税前盈利称为"综合收益",包括以下三个方面:毛利额,这是销售净值与采购成本之差,实际上就是通常所说的"进销差价";其他收益,包括招商收入、向供应商收费、加盟收入、其他等项目,主要是"向供应商收费";其他收入,如存款利息、政府补贴、金融资产利息收入

等。可见,进场费是超市从供应商那里获取的"其他收益"的一部分。其他收益与商品销售额构成超市的总收益,总收益加上其他收入减去成本开支(如销售成本、分销成本、行政成本、其他经营开支、财务成本)就是联华超市的经营盈利。

进场费和毛利都是构成联华超市经营盈利的一部分。从表3.14.1可知:进场费占总收益的平均值是6.15%,这并不是一个很高的占比。其中,2006年进场费占总收益的7.46%,之后其占比还有所下降。这与《办法》实施的时间正好吻合,《办法》的出台虽然没有大幅度减少进场费,但起到了一定的抑制作用。

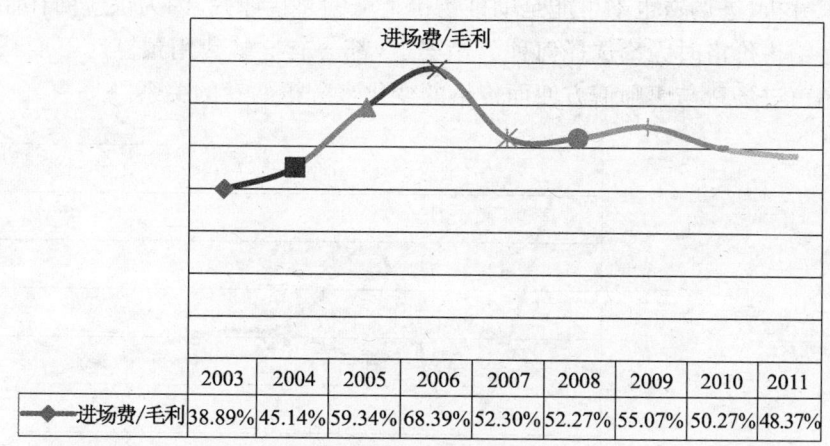

	2003	2004	2005	2006	2007	2008	2009	2010	2011
进场费/毛利	38.89%	45.14%	59.34%	68.39%	52.30%	52.27%	55.07%	50.27%	48.37%

资料来源:2003—2011年联华超市股份有限公司年度报表。

图 3.14.1　联华超市进场费和毛利的关系

图3.14.1显示:进场费与毛利的比例大约为1∶2。2006年之前进场费占毛利的比例一直呈现上升趋势,直到2006年达到最高68.39%。2007年和2008年呈下降趋势,维持在52%左右,2009年的占比又上升到55.07%,2009年之后再度下降,到2011年占比为48.37%。

总的来说,联华超市的进场费占总收益的比例并不高,但是收取的进场费费用和销售毛利最后却是经营盈利的好几倍,进场费是经营盈利的3倍左右,毛利收入是经营盈利的5倍左右。这说明零售企业对进场费的依赖程度很高,进场费已经成为弥补经营费用与获取经营利润不可或缺的重要来源。对此,上海商学院周勇教授指出:这一方面反映了我国零售业的核心竞争力与自营盈利能力并不是很强,另一方面也反映了零售业的现状,在我国目前,零售业是一个盈亏平衡点很低、经营费用很高、经营风险很大的行业,销售额的小额变动,对净利润会产生重大影响,经验数据显示,销售额每下降1个百分点,净利润就会下降9个百分点。所以,零售业需要依靠规模扩张、促销活动来提升销售额。对快速消费品来说,为了扩大销售额,提价策略的实施对零售业来说是十分谨慎的,零售商甚至采取各种措施来防止供应商的提价行为。可见,从行业现状来分析,零售商具有平抑市场物价的机制,进场费不可能助推物价上涨。

零售商对供应商收取进场费,必然增加供应商的成本,但供应商如果在选择分销渠道时不选择零售商渠道,也同样需要开支相关的费用。从这一点来分析,进场费也不可能是助推物价上涨的直接原因,因为供应商在制定商品销售价格时无论选择何种分销渠道,都会有这笔费用预算。下面从联华超市进场费与康师傅方便面价格的变化来分析两者的关系。

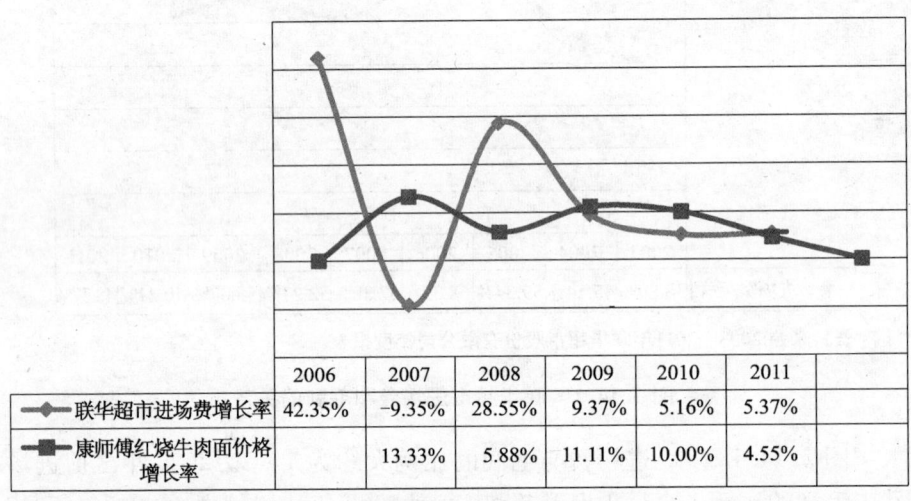

	2006	2007	2008	2009	2010	2011	
◆ 联华超市进场费增长率	42.35%	-9.35%	28.55%	9.37%	5.16%	5.37%	
■ 康师傅红烧牛肉面价格增长率		13.33%	5.88%	11.11%	10.00%	4.55%	

资料来源:联华超市股份有限公司 2006—2011 年度报表。

图 3.14.2　联华超市进场费和康师傅方便面价格的逐年增长率

图 3.14.2 显示:联华超市的进场费的年度增长率从 2006 年的 42.35% 下降到 2007 年的 -9.35%,这是一个最低点,2008 年达到高点之后,其后呈下降趋势。

再看康师傅红烧牛肉面的市场价格则一直呈上涨趋势,2007 年与 2009 年价格上涨分别达到 13.33% 和 11.11%,2009 年之后则又呈现下降趋势。联华超市进场费与康师傅牛肉面的价格变化之间,不仅不存在对应关系,而且显示出完全相反的变化:在 2007 年进场费的增幅下降时,康师傅牛肉面的价格却大涨了 13.38%;2008 年进场费的增幅上涨时,该商品的价格增幅却只有 5.88%,价格增幅比上年下降了 7.5%! 以后 3 年,该商品价格的年增幅均较大幅度地超过了进场费的增幅。

上述分析虽然反应的是进场费与单个商品之间的关系,但从这个典型事例说明:至少康师傅牛肉面的价格上涨与进场费不存在必然的相关性,而此类商品也正是收取进场费的重点商品。如果收费重点的商品的价格上涨与进场费不存在相关性,更何况其他商品? 进场费是商品价格的一个组成部分,但影响商品零售价格的主要因素并不是进场费。

实际上,零供双方的交易行为,主要是通过市场博弈来达成的。以下两个事件从一个侧面能说明这个问题。

事件之一:卡夫食品被联华超市下架。2010 年 11 月,因为联华超市与卡夫食品在"扣点"上没有达成一致,联华超市决定在全国 2 000 多家直营门店将 250 多种卡夫食品全部下架。最后双方都作了让步,才取得和解。

事件之二:康师傅向家乐福断货。2010 年 11 月 1 日,康师傅经典袋面系列涨价,家乐福在中国的所有卖场,均拒绝上调康师傅方便面的价格,康师傅停止向家乐福供货。僵持 4 个月后,家乐福和康师傅的断货风波最终达成了和解。

这两个事件表明:无论是"店大"还是"客大",在交易过程中都难以达到单方面垄断的地位,只有通过双方的博弈与让步,才能最终达成合作意愿,因为零供双方既存在矛盾,有利益不一致的地方,也具有双方一致的利益点,如扩大市场销售。只有双方合作,才能达成互利共生的目标。这就如上海商学院周勇教授所言,零供关系如"枪弹关系",零售商造枪,供应商制弹,只有枪弹合一,才能发威发力。

三、协调零供关系需要各方协同配合

从根本上说,我国超市目前的盈利模式有待改进。随着销售渠道的多元化发展,超市等传统渠道的优势地位也在下降,如果不改变盈利模式,不提升竞争实力,尤其是提升商品自营能力与服务能力,就很难再维持现有的盈利水平,甚至会出现大面积的亏损与倒闭。为此就零供关系协调问题提出以下建议。

(1)提升商品自营能力。通过加快商品周转获得盈利,这是国际零售

业的主导盈利模式。为此,有两点特别重要:一是优化供应链管理,完善采购体系,培养采购人才,带顾客采购,为顾客选择最有价值的产品;二是要大力开发"自有品牌",通过高毛利、高质量、高价值的自有品牌商品的开发与销售,提升商品的获利能力。

(2) 规范收费项目与收费行为。根据 2011 年 12 月 26 日商务部等五部门联合印发的《清理整顿大型零售企业向供应商违规收费工作方案》,超市需要从以下三个方面规范收取进场费:①超市要公开相关进场费的收费内容。收取的促销服务费只能包括以印制海报、开展促销活动、广告宣传等相应服务为条件,向供应商收取的费用。将所收取的促销服务费登记入账,向供应商开具发票并按规定纳税。②禁止违规收费。禁止向供应商收取合同费、搬运费、配送费、节庆费、店庆费、新店开业费、销售或结账信息查询费、刷卡费、条码费(新品进店费)、开户费(新供应商进店费)、无条件返利等费用。③落实明码标价。零售商向供应商收取的任何费用,均应按照有关法律、法规的规定明码标价。

虽然上述条款还需要不断完善,但对于企业来说,应尽可能规范运作,公开、公平、公正地对待供应商,这样做既有利于获得供应商的支持,也有利于连锁企业内部控制,以避免采购与营运环节的不规范行为的高频率发生。

(3) 供应商要树立风险意识,量力而行。渠道开拓与市场拓展都存在投资风险,进入流通渠道,对供应商来说,要比对分析,循序渐进,如果盲目投入,很有可能血本无归,进入市场的前期一定要在市场分析的基础上进行风险评估,中期要积极配合做好促销活动,把销售做大,到后期要把重点放在建立零供双方的长期战略合作关系上。供应商对自己缴纳的进场费要进行合理规划,合理利用调查和谈判对增加投资的进场费要精细管理。

(4) 立法要谨慎。在目前的市场环境下,进场费有其存在的合理性,只是需要政府在规范进场费的收取方面作出法律的规定并且严格依照实施。在美国,1936 年国会就专门出台了《罗宾逊·帕特曼法案》(即《连锁商店价格限制法》)。该法案规定:对有可能垄断市场的商家不许向供应商收取进场费,禁止向供应商要求特殊折扣等不合理费用,对供应商不能采取大小有别的政策。法国 2001 年颁布《新经济调整法》,对零售商收费时应当遵循的原则作出明确规定。英国 2002 年 3 月实施《超级市场执业准则》,对零售商与供应商的不公平交易行为作出规定。日本 2005 年出台了《大规模零售商与供货商交易中的特定不公平交易方法》。这些法律都对零售商收费时应当遵循的原则作出了明确规定。我国流通渠道正在发生显著变化,在立法过程中,不仅要限制"店大欺客"行为,也要注意防止"客大欺店"的行为,更要规范网络零售商的收费行为。

　　总之,进场费已经不仅仅是供应商选择分销渠道时向零售商支付的"入门费",它已经演变成为一种为了共享渠道服务而必须开支的各种费用的总称。这一费用的增减与商品的价格不存在必然的相关性。在起草有关法律规范时,要特别关注市场分销渠道的发展变化,出台《条例》应该比《办法》更谨慎。

　　(作者:冯秋月、李晓辉　市场营销 2010 级本科生;指导老师:周勇　上海商学院教授,池丽华　上海商学院副教授)

3.15　"快餐岛"是上海便利店扭亏转盈的法宝吗

　　近年来,由于竞争加剧,上海便利店纷纷进入了调整期,呈现出差异化发展态势,全家便利后来者居上,店铺快速"开关",在高歌猛进中调整发展;老牌 7-11 主打餐饮,快餐岛、关东煮、思乐冰等食品受到消费者的一致好评,引发了便利店做快餐的潮流;罗森便利则推出了奥特曼、柯南等动漫主题店;好德、可的与天猫携手试图解决"最后一公里"问题;快客便利则推出了新版高端店。

　　上海各家便利店虽然各有千秋,但其共同的发展态势是抢占"餐饮市场"。有的便利店甚至把 60% 的营业面积用于销售快餐、小食、冰品和饮料,即食品已成为便利店最重要的盈利增长点。

　　但是,便利店推广快餐目前还面临设备配置、物流配送、花色品种、售卖时点、品质控制、消费习惯等一系列亟待解决的问题。

一、便利店以餐饮店为竞争对手

　　便利店作为一种零售业态,从其产生开始就经营食品业务,7-11 便利店最初销售的产品主要就是牛奶、面包、鸡蛋和冰品。1978 年,中国台湾地区统一集团引进 7-11 以后,在经历了 6 年连续亏损后,最后用茶叶蛋实现了盈利。随着市民外出就餐比例的提高,便利店开始引入"复热食品",如包装盒饭,微波炉加热后就可食用。随后还开发了各种可自我搭配的"即食快餐"，如早餐有面包、豆浆、鱼蛋、香肠等，饭市推出快餐岛熟食，总之，一日三餐都可以在便利店解决。目前全家、罗森便利等店也开始售卖熟食，其他便利店也跃跃欲试。便利店快餐还处在不断地探索与完善之中。

关于这一点，上海商学院周勇教授说：超市供应食材，在家食用，可以称为"内食"，餐馆就餐可以说是"外食"，便利店则是介于两者之间的"中食"，快捷、卫生、营养、经济。例如，7-11进入台湾地区以后的第一个竞争对手是中餐，便利店盒饭被消费者普遍接受以后，开始主打汉堡，洋快餐也成了便利店的竞争对手。所以，城市型便利店更像一个餐馆，其实它们做的就是餐饮服务，国内有些超市、便利店、面包店也申领了餐饮执照。零售店做餐饮，是趋势。

我们认为：在快节奏的现代生活中，一切从简从快，但最容易被缩减的还是吃饭时间。尤其是新生代消费者，恨不得3天吃一顿饭，把节省下来的时间用于自由支配。以前吃点餐，如今吃套餐，于是，传统餐饮转变为现代快餐；从前在家悠闲用餐，如今边走边吃。消费者餐饮习惯的改变为便利店发展餐饮业务提供了极大的利好条件。

二、上海便利店餐饮消费调查的主要发现

通过对本市徐汇、普陀、黄浦、闸北、浦东陆家嘴、虹口、嘉定、奉贤、南汇、宝山等区域的1 112位消费者的拦截调查，以及对7-11、全家、罗森便利、快客、好德、可的等便利店餐饮业务的实地考察，我们获得了一系列新的发现。

1. 约有1/5的受访者中午在便利店就餐

在午餐解决方案的调查中，占比前四位的选项是：路边就餐（27.1%）、公司提供（26.9%）、自带（26.2%）和便利店就餐（18.1%）。从前，除了公司提供和自带中餐外，几乎所有的市场份额都被快餐店占领，如今约有1/5的消费者愿意到便利店就餐，便利店就餐正在日益成为白领与写字楼文员的一种生活习惯。大多数受访者认为便利店所卖快餐与传统盒饭相比，干净卫生、放心安心，而且比快餐店更快捷。他们中午一般只有一个小时休息时间，快餐店就餐排队加路途时间长，有时会来不及。自身改良与消费习惯转变，使便利店从快餐行业分得了一杯羹，成为午餐解决方案中的主流消费趋向。

2. 消费者最关注卫生安全与饭菜风味

消费者外出就餐的关注问题，占比前四位的是：卫生安全（80%）、饭菜风味（56%）、价格（51%）和健康（37%）。可见，消费者最关注的是卫生安全

与饭菜风味，但价格也是一半以上消费者十分看重的因素。我们在调查中感受最深的是，全家便利的服务态度比较好，所以客流量也较多。7-11 虽然快餐岛做得很好，但其服务还有待改善，在陆家嘴 7-11 作调查时甚至有顾客主动跑过来向我们投诉，投诉完了还是去买了快餐岛熟食。民以食为天，做餐饮业务，诚实守信、真材实料、热情周到，这是根本，不能有半点马虎，否则就存活不了多久。

3. 便当是首选主食

在"您在便利店就餐时会选择哪些食品"的多选题中，有 54％的受访者选择了"便当"，虽然 7-11 快餐岛的熟食比便当的口味好，每天都会有很多人排队，但是便当更快捷，而且大多数便利店还没有做熟食业务，所以更多的消费者还是选择了便当。下午两三点钟的时候，罗森便利的便当架子已经空荡荡了，这也说明便当是便利店快餐的主打产品。关东煮和饭团也是消费者比较喜欢的食品，分别有 33％和 31％的受访者选择；包子和面包各占 27％；虽然只有 18％的受访者选择了快餐岛，但是快餐岛只有 7-11 有，约有 1/5 的消费选择快餐岛，这个比例已经很高了。每天 11 点到 12 点半，快餐岛前都会排队，这说明消费者对熟食还是比较喜欢的。随着越来越多的便利店开始做熟食业务，这个比例还会大幅度提升。

4. 偏淡偏辣是新的口味组合

在人们的印象中，上海市民喜欢吃偏甜偏淡的食品，但是本次调查中偏辣口味选择则位于偏淡之后，占了总数的 31％，偏甜则退居三线占总数的 18％。这主要是由于在上海上班的外地人越来越多，据上海市计生委公布的数据，上海户籍人口 1 400 多万人，外来人口 900 多万人，外来人口对上海本地的饮食习惯会造成一定影响，吃辣的人的比例有所上升。基于人们对健康问题的关注，越来越多的人开始放弃偏甜的饮食习惯。

5. 其他发现

本次调查中，有 11％的受访者没有在便利店购物的经历；快餐岛的价格：素菜 4 元，小荤 6 元，大荤 8 元，买两道菜加 1 元送白饭，白饭单买 2 元一份，调查显示：花费不超过 20 元的午餐是消费者比较乐意接受的价格；消费者普遍欢迎设置餐台。

三、结论与建议

从上述调查发现可知，便利店做餐饮大有可为。便利公司应该高度重视食品安全问题,密切关注快餐业竞争格局。便利店做餐饮的出发点是便利,竞争力是便利,落脚点也是便利,一切从便利出发,把便利做到极致,这就是其他行业无法撼动的竞争力。经营者要有品牌意识,这一点7-11做得很好,本土企业的品牌意识与品牌营销有待加强。

1. 食品安全与环境卫生是重中之重

便利店的环境卫生相比超市要好得多,对食品安全也十分重视,但是其毕竟不是餐饮行业,对营业员也没有餐饮行业的要求高,营业面积小、顾客多,还是容易引发环境卫生问题。如关东煮等食品存在长时间加热问题,一般规定烧煮6个小时卖不掉的食品必须登记销毁。但实际操作完全由店员控制,这就容易出现违规操作的情况。如何确保店员按照标准流程操作,这是便利店营运过程中的一大难题,加强督导管理与调动店员工作积极性要紧密结合。另外,由于人员不够,中午时分餐台总是没人打扫,一片狼藉,这也导致环境卫生问题,小则有损店容店貌,大则有损企业形象。所以,一定要把食品安全放在最重要的位置,要像爱护自己的脸面那样维护店堂清洁卫生,要警钟长鸣。

2. 快餐岛熟食并不能完全取代便当盒饭

快餐岛熟食虽然很受人欢迎,但并不是非设置不可,不要跟风,盲目攀比,以免误入歧途。便当盒饭目前仍然是午餐的首选食品,而且具有较高的毛利率,因此,便利店做餐饮可以先从做便当入手。经营便利店就要做好打持久战的准备,这是一场激烈的争夺战。其实,便利店做熟食并不比快餐店有优势。

3. 要打造自己的招牌菜

便利店做餐饮,一定要有"招牌意识",打造自己的招牌产品,开发自己的招牌好菜,树立自己的饭菜品牌。便利店想要树立区别于大卖场和超市的特色,不能光靠卖一些小包装食品和饮料,或提供冷藏饮料、盒饭、早点,这显然是远远不够的。也应该像那些有特色的饭店和快餐店那样,有自己的招牌好菜,树立自身品牌形象。要做到这一点,就必须打通整个供应链体系,成为供应链链主。7-11从一开始就注重打造自己的饭菜品牌,快餐岛的成功就是一个很好的例子,此外它还把这些推广到其他产品上,如乐思冰、关东煮等。

(作者:李俊磊、谈晓鸣、叶子菀　市场营销2011级学生;指导教师:周勇　上海商学院教授)

3.16　上海便利店的发展趋势

从店铺数量来看,上海便利店历来都是以内资为主导,内、外资门店比例约为 3 : 1。内资以快客、好德、可的为代表,外资以全家、罗森、7-11 为代表,外资的单店日均销售额明显高于内资,在快速扩张、成本提高、毛利较低等多方面原因的综合影响下,上海便利店无论内资还是外资都在亏损的边缘徘徊。上海便利店的未来走势如何? 怎样才能实现有效转型? 应该解决哪些关键问题?

一、上海便利店面临的主要问题

上海便利店经过 20 多年的发展,内外资各自面临问题:外资便利店后来者居上,在快速扩张中也在不断调整,导致巨额亏损;内资便利店经历了 2001 年以后的急速发展,曾进入盈利期,但面临国际化竞争的新环境,转型而没有变型。内资与外资相比,主要面临以下三方面的问题。

(1) 商品同质化。便利店所提供的商品大多由第三方供货,有特色的自有品牌商品比较少,除关东煮、茶叶蛋等即食品外,80% 的商品可以从超市等其他业态买到。如今超市也不断开发出即食品,这就使便利店在商品上更缺乏差异化优势。外资便利店在即食品供应、自有品牌开发、特色定位等方面已具有显著优势。位于西藏南路的 7-11 便利店,自有品牌约占六成,午餐时点挤满了排队就餐的顾客;长宁路 890 号玫瑰坊内的一家罗森柯南店,销售各类柯南衍生产品,并开展以柯南为主题的系列娱乐活动,吸引了不少柯南爱好者。

(2) 服务有待提高。服务方面的问题主要表现为两个方面,一是服务人员缺乏工作热情与激情,更缺乏人性化的服务,常常有气无力,难以吸引消费者;二是服务项目还有待开发。在日本,便利店的服务已经延伸到代理收寄包裹、冲洗照片、临时医疗救护、安全避难等,如有路人向便利店求助而被忽视,便利店要被处罚。在电子商务背景下,生活服务衍生的发展空间很大。

(3) 盈利模式制约发展。开店是为了赚钱,但规模越大越不赚钱,那一定是模式与管理出了问题。怎么赚钱是本土便利店最棘手的问题。便利店的终极模式是特许加盟,但上海内资便利店的加盟比例还比较低,甚至用加盟店的收益来弥补直营店的亏损。对加盟者的管理业比较松懈,加盟变成了服务很少、技术含量很少的挂牌经营,这样的管理模式,最终会砸了自己的招牌。有些公司正是考虑到这一点,目前仍然以直营或内部委托管理为主。归根到底是缺乏核心竞争力,这是本土便利店最大的软肋。

二、上海便利店的未来发展形态

国际上把便利店分为城市型与通道型两种基本类型,我国便利店大部分属于城市型。通过分析影响便利店发展的主要因素,我们认为:未来具有较大发展潜力的便利店主要有以下四种类型。

(1)商务型便利店。传统的商务型便利店是指位于商务区的便利店。商务型便利店的未来发展会延伸出一种远离市区、位于各类园区内的便利店,如张江高科园区、物流园区、软件园区、上海自贸区等。面向园区内的商务人士,虽然从区位来说相对封闭,但此类消费群紧跟时代潮流,对服务要求较高,对商品价格也比较敏感,所以,服务不好就很容易流失顾客。

(2)主题型便利店。主题型综合便利店是以主题特色吸引年轻消费群,以迎合消费需求"群落化"的发展趋势。如罗森便利店以柯南为主题,未来可能会出现多样化主题,如动漫、历史、爱情、社区等,可以结合影视作品、文学经典将便利店演变为特定人群的聚合点,年轻消费者喜欢各类新事物,好尝试,善模仿。

(3)旅游型便利店。传统的旅游型便利店位于旅游景点,是城市型便利店的微缩版,主要提供与旅游活动相关的产品与服务,位于旅游目的地。但未来旅游应该从出发地开始,所以,既然旅游活动越来越频繁,就近便利的旅游服务也会应运而生,如今的旅行社门店有可能转变为以提供旅游服务为特色的便利店。

(4)社区型便利店。上海便利店始于社区,但由于超市、大卖场、折扣店的发展,社区便利店的生意越来越清淡,最终有不少社区便利店不得不退出社区。如今,社区居民老龄化加剧、烦心事不断,希望有机构帮助解决,所以,便利店应该重进社区、服务社区,成为居民生活问题解决方案的提供者,如解决居家养老者中餐问题。社区型便利店未来发展潜力巨大,将会成为便利服务与信息服务中心。

三、改进建议

我们认为,目前上海本土便利店最纠结的问题是:既知道自己不如人家做得好,也知道自己已经走到非转型不可的境地,但就是"转而不变"。大部分本土便利店给消费者的第一感觉就像是小卖部。关键还是目标顾客不明确、消费需求不了解,市场定位不准确,所以,上海本土便利店的改进,首先是战略层面的问题,其次是人力资源政策的问题。如果目标、需求、定位都明确了,也制定了好的战略,但缺乏优秀的服务团队,店头面貌还是难以改变。所以,一切的一切,要落地关键还是靠一线的服务人员。再次是有效的营运管理。这三点是基础,如果没有这三点保证,任何战略与策略,都难以发挥作用。具体建议如下所示。

(1) 选用年轻有活力的店员管理店铺。可以建立一种校企合作模式,聘用大学生做见习经理,服务顾客,管理店铺,以后逐渐把他们培养成为"店主"。

(2) 重点开发优质自有品牌商品。我国超市的自有品牌商品发展得很乱,基本上是贴牌经营,价格稍低,但特色全无。便利店自有品牌商品的开发一定要有自己的特色,让顾客有新感觉,但并不要刻意追求低价。

(3) 转变加盟思路。目前本土便利公司一方面向供应商收费,另一方面向加盟者收费,连自己的直营店都不能保证赚钱,怎么能使加盟者有信心?加盟者难以盈利又怎么可能不违规?各个加盟店中,一个店主一个做法,又怎么能保持统一的服务形象?转变思路是唯一的出路。这正如上海商学院周勇教授所说:"总部不是警察局,而是一个提供服务的机构,只有让加盟者赚钱,便利公司才能长远而稳定地赚钱。"可见,只有让加盟者赚钱,总部才能实现盈利。

此外,现代便利店的经营者一定要有互联网意识、移动终端意识与微时代意识,网络、移动终端、微信与微博这四个方面每时每刻都在实时影响着消费者的行为,怎么强调都不过分。

(作者:汪上元、贺枣、赵晓洁　市场营销 2011 级学生;指导教师:周勇
上海商学院教授)

3.17　上海超市是否正在"老化"

我国目前将超市业态分为便利超市、社区超市、综合超市和大型超市四种类型。在上海超市行业中,一般将超市分为大卖场(综合超市和大型综合超市)、标准超市(便利超市和社区超市)、折扣超市(如伍缘折扣、迪亚天天)。上海超市自 20 世纪 90 年代初开始规模化发展以后,曾经在全国处于引领地位。但近年来上海的零售业社零总额进入个位数增长时代,大卖场与便利店也出现了大面积的巨额亏损。上海市内的 200 余家超市大卖场、2 400 余家标准超市、近 800 家折扣超市,到底面临什么问题? 是网购抢走了超市的生意,还是超市自身存在不可逾越的缺陷?

我们从服务、陈列、促销三个方面,对联华超市股份有限公司下属的"世纪联华"(大卖场)与农工商超市(集团)有限公司下属的"农工商超市"的部分门店(世纪联华南桥店、世纪联华鲁班店、农工商超市南桥店、农工商超市打浦店)进行了实地调查与对比分析。

一、服务状况

服务是一种顾客的感觉,会影响商店形象、声誉、销售量与经营业绩。在调查中发现:世纪联华与农工商超市的服务都比较冷淡。消费者进入商场时,服务人员虽能各自站在岗位上,但均未热情招呼,冷漠淡然地看着顾客,在顾客挑选商品徘徊时,也未能及时提供帮助与建议。

在世纪联华南桥店,营业员能回答商品信息方面的询问,但并不热情,给人一种"勉强"的感觉;在世纪联华鲁班店,促销员会热情邀请顾客品尝,即使不购买也无妨,但对商品的介绍不多。

在农工商超市南桥店,询问促销信息,营业员让顾客自己看海报,当顾客再次询问内容时,未能清晰解释促销内容,并且语气欠和善;在黄浦区某农工商超市,营业员能热情介绍商品信息,但仅限于解释顾客所提问到的问题,缺乏对相关商品信息的介绍与推荐。

卖场内营业员普遍存在扎堆聊天现象。在农工商超市南桥店,顾客挑选商品时,营业员不仅没有热情介绍,还靠在货架上与另一营业员聊天,直到顾客走到面前才让开。南桥世纪联华也大同小异,只是没有发现靠在货架上聊天的情况。

营业员未能及时整理商品。在农工商超市与世纪联华都发现：顾客挑选后放错位置的商品，20 分钟后还没有复位。有些堆头更是显得很杂乱，价格标签和商品很随意地放在架子上。在南桥农工商超市，有空置货架，走道内通畅并无杂物，主干道上的地面整洁，但是堆头附近地面略显脏乱。在南桥世纪联华，顾客不要的推车 20 分钟后还没有被推走，只是被推到了边上，虽没有堵塞主干道，但影响顾客挑选商品。鲁班店与打浦店的店面都比较整洁，走道通畅，但购物车仍然是长时间被随意搁置。

所有营业员都能统一着装，收银员也能做到唱收唱付，但没有热情的送别话术。农工商超市打浦店，广播很杂乱；世纪联华鲁班店的广播虽然没有那么杂乱，但也缺乏对消费者的吸引力。

总的来说，处于繁华闹市地段的商店，服务相对来说比较好，营业员能维持相对较好的形象，但是偏远地区的门店服务则明显冷淡。这两家公司都普遍存在服务人员不尽责、服务工作不尽心、服务状态很散漫的情况。

二、商品陈列

商品陈列具有促销功能，在方便顾客、刺激需求、扩大销售等方面都具有重要作用。从消费者视角来观察两家超市门店的情况如下。

世纪联华南桥店与农工商超市南桥店，在商品布局与陈列上的共同特点是：在入口处的一条特价商品大道。两者差异在于：农工商超市的商品都采取促销车陈列的方式，上面有大价格牌标价，非常显眼，符合黄金陈列线，同时商品堆码也比较整齐，大多数商品是大包装或多件装，呈现出"量感"与"便宜"。世纪联华采用促销车和货架合用的陈列方法，货架上商品摆放不够整齐，且盲目堆高，甚至有一部商品分摆放到了 2 米以上的高度。促销车上的商品也不醒目，促销力度不明显。

从商品布局来看，农工商超市的特价大街，一边是蔬菜、牛奶等食品，一边是收银台，这样的布局对于消费者选购比较便捷，能够迅速找到需要的商品。每个货架上方都悬挂着商品分类标志，如酒类、饮料等，一目了然。在世纪联华购物，有一种逛街的感觉，商品分类比较清晰，但没有特别标明区域，商品陈列比较灵活，不是一个货架接一个货架，如巧克力区域，具有独特风格，进口商品区的装潢也别有一番风情，连地上都安上了木质地板，好似进入了另外一家店铺。同时，世纪联华的环形设计也比较独特,好比学校的操场,可以沿着跑道一直逛下去。总的来说,农工商超市的商品布局具有便利简单的特点,世纪联华则具有美观多变的特点。

世纪联华的商品布局与陈列比较活性化,分类也比较明确,但在促销商品陈列与价格方面需要有所改进,如在特价区的布置上,要营造氛围,吸引消费者。对农工商超市来说,简单便捷的布局,使消费者购物比较便利,但需要有所创新,给消费者提供某些"动感",向顾客提供更好的顾客体验。

三、促销价格

上海市发改委从 2012 年 10 月起试行超市商品价格信息专项公布,每月选择代表性商品,公布各大超市的销售价格。根据已经公布的价格信息,针对食用油、乳制品、猪肉三种食用商品,通过对世纪联华与农工商超市的比较分析,有如下发现。

(1)食用油。被抽查的 20 种食用油,世纪联华有 4 家门店有促销活动,其中,南汇店 2 种、体育场店 12 种、西郊百联店 3 种、青浦店 9 种;农工商超市有 5 家门店有促销活动,其中,打浦店 13 种、南桥店 18 种、总部旗舰店 3 种、宝山店 16 种、金山店 5 种。可见,就 20 种商品而言,促销门店数与促销商品数,农工商超市都比世纪联华多。

(2)乳制品。被抽查的 25 种液态奶,世纪联华有 4 家门店有促销活动,其中,东宝店 3 种、西郊百联店 14 种、体育场店 17 种,南汇店 5 种。农工商超市中有 6 家门店有促销活动,其中,打浦店 16 种、南桥店 23 种、总部旗舰店 10 种、宝山店 22 种、金山店 10 种。可见,就 25 种液态奶来说,促销门店数与促销商品数,农工商超市都比世纪联华多。

(3)猪肉。被抽查的 18 种猪肉,世纪联华有 3 家门店有促销活动,其中,东宝店 12 种、嘉定店 1 种、体育场店 1 种。农工商超市有 3 家门店有促销活动,其中,宝山店 12 种,金山店 8 种,青浦店 4 种。可见,就 18 种猪肉来说,促销门店数与促销商品数,农工商超市都比世纪联华多。

总的来说,农工商超市的促销力度大于世纪联华。农工商超市在促销商品数量上的促销力度较大,但是经过实地考察,世纪联华的促销方式比农工商超市更灵活多变。两家公司下属门店在规范经营的同时也都普遍存在"服务不热情、态度较冷淡"的不良状况,给人一种"老化"与"退化"的感觉。

是标准化管理不规范？是培训不到位？还是人的素养有问题？

（作者:钱弘俊、杨赛赛、严俊杰　市场营销 2011 级学生;指导教师:周勇　上海商学院教授）

3.18　上海老年人服饰消费调查报告

第六次人口普查结果显示,60 岁及以上人口占全国总人口的 13.26%,比 2000 年人口普查上升了 2.93 个百分点,我国老年人口迅速增加。并且现今老年人无论在收入上还是受教育程度上都比 20 世纪的老年人有着一定程度的提高,对服装的消费需求及要求也有了较大的增长和提高。然而,我国老年人服装市场却发展缓慢,无法满足当今老年人对服饰的需求。本课题小组通过问卷调查以及走访形式,选择普陀区、闵行区以及奉贤区的各大超市和百货商场为调查地点,对上海市老年人服装市场进行了调查。共发放问卷 200 份,收回有效问卷 192 份。

一、调查问卷分析

（1）老年人的年龄段分布。80% 的受调查老年人年龄在 60～70 岁之间,17% 的受调查者年龄在 70～80 岁之间,3% 为 80 岁以上的老年人。

（2）老年人家庭成员情况。调查中,3% 的老年人独自一人居住,41% 的老年人是和老伴儿一起居住,20% 的老年人家庭成员共 3 人,36% 的老年人家庭成员共 4 人或者以上。

（3）老年人退休前的职业。1.5% 退休老人之前的职业是公务员,9% 的老年人退休前从事的是教师职业,11% 的老年人之前从事的企业管理工作,31.5% 的老年人退休前是工人,19% 的老人之前是农民,8% 的老人之前无职业,还有 20% 的老年人退休前从事其他职业。即大部分老年人都是正常退休,都有稳定的工作和或多或少的收入。

（4）老年人生活收入情况。32% 的受访者每月生活收入集中在 2 000～3 000 元。并且这些生活收入的来源大多来自退休金。还有一部分老年人依靠低保房租等各种方式来保障自己的生活。

（5）老年人每年对服饰的消费情况。消费金额在 500 以上的占总样本的 59%,其中还不包括子女为他们购买的服装。就老年人的消费倾向而言,存在以下几个特点:一是消费倾向在更大程度上取决于现期收入;二是老年人的消费倾向比较低,基本生活必需品所占的比例比较高,因此对服饰尤其是高档服饰消费弹性较小;三是老年人比较节俭,即使在收入水平稳定增长的前提下,消费水平也不一定会随之提高。因此,老年人对服饰消费的水平较低,却更有开发的潜力。

（6）影响老年人消费者服饰购买行为的因素。引起老年人购买服饰欲望的情况中,仅在需要时购买的情况最多,占据57%,此外是促销优惠、反季节购买以及节假日购买几乎持平。可见现在老年人也不仅仅在需要时消费,促销优惠、反季节购买以及节假日都会引起老年人的购物欲望。

（7）老年人服饰购买方式。购买服饰的方式相对均衡,老年人自己去买服饰的比例略高一点。

（8）购买服饰的场所。受访者中90%的老年人购买服饰的场所在百货商场、大超市和路边小店。

（9）影响购买服饰的主要因素。91.71%的受访者把质量、舒适度和价格作为主要考虑因素,他们希望可以用最低的价格买到质量好、穿着舒适的服装。

（10）最喜欢的服务方式。在调查的样本中,50%的老年人希望在购物过程中能自由购物,不被打扰,他们希望进行自主的选择,他们更注重自己对于商品的感受和判断。41%的老年人希望仅在需要的时候导购员进行帮助,由于自身条件或者环境的原因,自己不得不询问导购员,参考他们的推荐。

（11）最吸引的促销活动。被调查的老年人中有112人认为打折的促销活动是最吸引人的,占56%的比例。但是也有个别老年人存在打折的都是不好的产品的错误认知。部分老年人也喜欢送礼品的促销活动,这迎合了消费者的心理。

二、问卷调查总结

通过以上问卷分析,我们可以总结出上海老年人服饰市场消费行为特征。

1. 求实求廉

老年人购买服装一般要求商品经济实用、朴实大方、质量可靠、穿脱方便、安全舒适、有益健康。与其他年龄层次的消费者比较,他们对价格的敏感度最高,一般不会到高档的购物场所去购物。

2. 理性为主导的习惯性消费

由于年龄和心理的因素,老年人的消费观较为成熟,不具有可诱导性。对消费时尚的反应也较为迟钝。在质量、价格、实用和品牌等影响老年人购买的主要因素中,质量的影响力居于首位,占 50.39%。长期的消费体验也使老年人形成了习惯性购买行为,一旦了解和熟悉了商家,就会经常购买以致形成习惯。

3. 讲求便利,重体验,轻广告

生理变化使老年人行走不便,其消费追求便利性,习惯于就近消费。多年的消费经验,也使老年人有足够的理由相信自己的感受,并且形成了较高的品牌忠诚度。广告对老年消费者的影响程度较低。广播是老年人产品的一个重要的信息传播渠道。

4. 图小利,重服务

尽管老年人购物比较理性,但是,只要是需要的东西,尽管目前不急需,一旦有降价、折扣、买一赠一等促销活动,老年人也会产生消费行为。另外,服务是老年人特别看重的消费内容,一般包括销售过程中的热情导购、适度介绍、周到服务以及无微不至的关心等服务。这些服务使老年消费者买得放心、用得舒服。

三、老年人服饰市场开发建议

1. 老年人服饰开发策略

(1) 老年人随着年龄的增长,越来越注意保健以及运动。厂家应设计研发适合老年人的运动服,且运动服款式能体现老年人的活力。

(2) 老年人在日常生活中,希望在穿得体面的同时也穿得舒适,针对这一点,厂家应将时装和休闲融为一体进行设计。

(3) 在做工上,上衣尽可能开襟,采用暗扣或拉链,不宜采用纽扣。袖口在保持线条流畅的情况下尽可能宽松一点,从而易穿易脱。裤腰最好采用松紧带,在裤裆处最好比平时多出 2 到 3 厘米。

(4) 生产者在面料上应多选用棉、麻等质地非常柔和、轻盈的原料,或者是容易清洗的面料。

2. 老年人服饰营销策略

(1) 合理细分,区别对待。企业应该对老年人服饰市场进行市场细分,应该针对不同层次的消费者制定不同的价格营销策略。如可将老年人服装店里划分为三个区域:①折扣区,出售一些打折服装或过季服装;②平价区,出售价格适中的、大多数老年人可以接受的服装;③高档区,针对有特殊需要的,追逐时尚的老年人而设置的区域。价格相对较高,但有着良好的品质。

(2)给予小惠,以情促销。首先,大多数老年人有着贪图小便宜的心理,销售商可以抓住老年人这一心理制定促销策略。如每一位购买本店服饰的老年人均可获得环保购物袋一个,超过两百元送洗衣粉一袋等。其次,销售商在营销的环节中,要用以"情"字贯穿始终,如老年人一般手脚不是很灵活,试衣服不是很方便,应该在试衣间放置椅子;还有老年人身材也比较特殊,一般衣服型号很难非常适合,店家可根据自身情况提供裁剪服务。第三,老年人视力较差。在服装陈列时应该排放清晰,不同款式中有着适当间隔,不同型号旁边用指示牌表明,让老年人看得更清楚,容易分辨。

(3)增加老年人购买服饰的便利性。老年人的体力一般不如年轻人,购物时多追求便利。店铺的位置可有三种选择:①老年人居住比较集中的地方。如可在小区里面开设老年人服装店。此处的服装店目标顾客是所在小区的所有老年人。②店铺距离住宅区有一定距离,此处的服装店目标顾客可针对某一特定的老年群体,如60~70岁的女性消费者,店内可适当增加休息区。③选择大型超市或百货商场里面,使老年人购买服饰的同时可以购买其他生活用品,节省体力和时间。

总之,老年人服饰市场是个有着巨大潜力而又容易被商家所忽略的市场。老年消费者不同于其他群体的消费者,有他们独特的消费特征和消费习惯。只要企业掌握老年消费者的消费特点,针对这些特点进行老年市场营销组合的设计,做到有的放矢,以真情留住老客户、换取新客户,其产品必定会受到老年人的欢迎,从而占领这个广阔的市场。

(作者:文敏、蔡祎、高洁、张盼盼 市场营销2010级学生;指导教师:朱文敏 上海商学院副教授)

3.19 政府晒价的影响力及企业应对的策略

一、政府晒价

2012年10月12日,上海市发展与改革委员会正式启动"超市商品价格信息专项公布"工作。10 月 12 日,上海市发改委通过微博等网络平台,试行超市商品价格信息专项公布,超市商品价格信息专项公布工作初定为每月开展一次。每个月的第二个周四采集价格,周五公布价格。晒价所涉及的超市包括世纪联华、卜蜂莲花、家乐福、乐购、华联吉买盛、沃尔玛、农工商、大润发、欧尚、易买得 10 家大型综合超市 48 家门店的商品价格。那么,政府晒价之后,效果如何,市民们有何反应,晒价所涉及的企业又是如何应对的呢? 本课题小组对此进行了专项调查。

首次专项公布定于 10 月 12 日,公布的价格为 10 月 11 日采集的实际价格。首次公布的商品为小包装食用油(包含大豆油、花生油、菜籽油等共计约 50 款)。截至 5 月,政府已公布 8 次晒价结果,涉及的产品包括食用油、大米、猪肉、品牌奶粉、乳制品和年货礼盒等商品。涉及的具体产品品牌也是为人们所熟悉的。

在进行的 8 次晒价活动中,调查发现,前两次的晒价,超市之间的同种商品的价格相差甚远。如,在政府第一次的晒价行为中,在 10 个超市 48 个门店,共采集的 50 款食用油,比价结果为:某品牌的同一款食用油在欧尚长阳店的售价为 128.90 元,而在世纪联华体育场店的售价则为 65.90 元,差价高达 63 元。

第二次的公开比价活动中,市发改委又公布了 48 家门店的部分品牌大米和品牌猪肉价格。结果显示,大米和猪肉的最高价分别在欧尚嘉定店和欧尚闵行店,其中大米比最低价世纪联华青浦店高出 27.10 元,是最低价的 139.9%;而猪肉的最高价约是最低价的 3 倍之多。

在之后的几次调查中,虽各大超市间还存在着一定的价格差距,但已不再像前两次那样差距过大,相反价格差距已经在慢慢地缩减,其差距都控制在 10 元之内。这反映出政府的晒价行为正在影响企业的定价,而这也正是政府晒价作用的体现。

二、政府晒价的影响力

此次政府定期开展的商品价格信息专项公布,是最具权威的比价、晒价活动,必然会对市场和企业带来一定的影响。

(一) 对市场的影响

政府晒价渠道都是通过网络平台,包括微博和网站,由于渠道的限制,根据调查数据显示,在所调查的消费者中,大约有 2/3 的消费者对目前正在开展的此项活动不甚了解,许多消费者表示没有听说过这项活动。但也有一定数量的消费者是听说过的,并且有兴趣去具体了解一下。另外,将近1/3的消费者表示了解此活动,且他们会通过网络等渠道来了解政府晒价的动态信息。

调查显示,消费者所能接受的价格底线有三条:①消费者如有多家方便购物的超市选择,那么通常能接受的价格差距在 0~8 元;②如果方便消费者就近购物的超市较少,那么他们能接受的差距也将随之增加,一般在 8~20 元;③在价格差距不大的情况下,消费者会选择自己经常光顾的超市,也不会特意去进行价格比较。

就目前来看,政府进行的晒价活动由于信息传播范围的限制,以及影响消费者购物的原因存在,并且每次晒价的结果都会不同;所以虽然此活动会对消费者产生一定的影响,可是影响不大,也不会在短时间内改变消费者的购物习惯。

(二) 对企业的影响

政府晒价与“民间比价”相比,是由政府部门来主导的公开比价,其在推动超市建立合理的定价机制上作用更加明显。

1. 相关案例——比价结果公布后超市调整油价

经过政府网络晒价后,欧尚长阳店的海狮 5 L 橄榄调和油价格已由原来的 128.9 元下调至 99.5 元。该门店的杂货部经理坦言,比价结果公布后,不少市民来该店反映,超市随后就和供应商协商,把价格调下来。

此外,在政府公布的比价结果中,海狮山茶籽油 2 L 卜蜂莲花天山店价格为 109.9 元,而欧尚长阳店原先的价格为 169.1 元,差价也一度达到59.2 元。因此该超市也将海狮 2 L 山茶籽油价格降低至 110.5 元。

经过此次价格差的案例显示,网络比价让卖场价格更透明,可及时掌握各家商超的价格信息,方便商超市和供应商谈价钱,也可防止售价过低,减少损失。

2. 对企业的影响分析

对于政府大规模公布超市商品价格信息,超市企业是最敏感的。许多商家坦言,政府晒价确实给企业经营带来了一定的压力。事实上,由于各个企业的进货渠道不同,经营策略不同,商品价格自然有高有低。但现在,因为政府公布的这张价格表,企业不得不受价格标的限制而调整商品售价,否则会影响到企业自身的信誉度。

调查发现,政府晒价给超市企业带来压力的同时,也促进了超市卖场积极寻求更好的定价机制。政府晒价的初步效果显示,大部分超市都表示会加强自身现有的市调体系,制定更有竞争力的价格。

三、企业目前的应对举措及建议

(一) 企业目前的应对举措

经过调查发现,目前企业应对政府晒价的措施主要包括以下几项。

1. 定期观望政府价格公布信息

对于企业而言,第一手掌握市场信息是十分重要的,故企业会派专人在每个星期的一、三、五在新浪微博上关注相关信息,时刻观察政府晒价的内容与动向,包括各个门店的价格对比以及对比的商品种类和差价,等等。

2. 价格措施

及时了解竞争对手的价格信息,调整价格。由于政府晒价之前会对企业各个门店进行视察,选取某一样商品进行价格记录。对此,企业以相同的办法在政府派人视察之前先行调查。一般而言,企业会在各个门店派出相关人员对与其相近的竞争对手进行定期的调查,时刻保持对竞争对手价格的掌握。同时,参照竞争对手的价格进行合理调价。在每次政府晒价的结果公布后,超市还会另外派专人到竞争对手所在的门店进行实地再调查,以确认晒价结果信息和了解竞争对手的价格动态信息。在进行实地调查后,超市会对采集到的价格信息进行整合分析,并结合自己门店的经营情况,深入研究价格产生差距的原因,在找出原因之后,会对此作出相应的举措。比如,超市会对价格差异较大的商品马上进行调价举措,以平衡自己的商品价格与其他竞争对手门店商品的价格。

(二) 企业应对的建议

我们认为,上述企业的对策虽然简单易行,具有即时效果,但从长远眼光看,并不能从根本上解决问题。因此,我们认为应该从以下三点来解决企业当前面临的问题。

1. 创建独立调查小组

了解市场动向,明晰同行动态是企业的立足之本。在政府晒价的"危机"下,做好调查工作尤为重要。因此,我们认为每个企业应当配备一个独立的调查小组,无需过多人员,但是这些成员的工作就只是专注于调查市场。

2. 降低采购成本

就企业而言,采购成本是导致卖场间价格产生差距的原因之一。一般来说,成本高的相对售价就高,成本低的相对售价就低。所以,如果差价过大,则价格过高的门店应该着手降低成本,以此平衡价格的差距。而对超市这类型的企业,重点在于采购成本的降低。采购成本包括购买价款、相关税费、运输费、装卸费、保险费以及其他可归属于存货采购成本的费用。

3. 提升服务营销理念

在新时代,一个企业的竞争只着眼于价格是远远不够的,服务理念的营销创新已成为竞争的新生力量。因此,在政府晒价的背景下,企业更应该深入打造服务营销理念,具体需要从整体服务营销特色、商品的品类、商品质量安全、促销服务、商品物流供应链、服务人员、售后服务等方面下手,提高超市整体经营服务水平。超市应及时把握消费趋势;调整门店的经营品类,在关键品类上下工夫;提高商品质量安全;加强促销服务力度;保证商品供应链的顺畅;提高服务人员素质和售后服务水平。

此外,无论哪个企业的一举一动都会影响消费者对该超市的印象,所以,超市的高层管理人士应该经常对超市的员工、服务人员等进行培训、激励与控制,进入基层了解员工心情与需求,并尽量满足其需求和刺激其工作动力。

(作者:吴艳婷、黄燕萍、金婷婷 市场营销 2010 级学生;指导教师:朱文敏 上海商学院副教授)

3.20 30 种畅销品在不同业态的价格分析

一、30 种畅销品在不同业态的价格调查

此次科研活动希望通过调查不同零售业态的 30 种畅销品价格来比较零售业态之间的差别。本科研组选取了沪上 23 家零售商,且随机选取了 30 种畅销品,鉴于不同零售业态的商品品类的不同,为了便于数据比较,在商品选择时选择了各业态共有的同种规格的 30 种商品。详见表 3.20.1、表 3.20.2 和表 3.20.3。

表 3.20.1 大卖场的 30 种畅销品的价格情况

价格:元

产品名/规格	商家	大润发	好又多	欧尚	沃尔玛	卜蜂莲花	家乐福	世纪联华	吉买盛
养乐多	5 * 10 ml	10.00	10.00	10.00	10.00	10.00	×	10.00	10.00
光明鲜牛奶	980 ml	9.90	9.90	9.90	9.90	9.90	9.80	10.20	9.90
味全每日 C（橙汁）	300 ml	6.00	6.20	6.00	6.10	6.30	6.00	6.00	×
绿箭单条装	15 g	1.10	1.50	1.30	1.50	1.50	1.10	1.50	1.40
乐事薯片（原味）	80 g	5.00	5.20	5.20	4.00	5.50	4.60	4.80	5.30
百奇（牛奶味）	60 g	4.00	5.00	5.00	4.60	5.50	5.00	5.50	5.40
德芙巧克力（牛奶）	43 g	5.50	7.00	6.20	7.00	6.90	7.00	7.00	6.50
康师傅方便面（红烧牛肉）	85 g	3.30	3.10	3.10	3.10	3.50	3.30	3.30	3.40
王老吉	310 ml	3.30	3.40	3.60	3.30	3.50	3.10	3.10	3.40
统一冰红茶	510 ml	2.10	2.40	2.10	×	1.90	×	2.40	2.10
可口可乐	600 ml	3.10	3.00	2.70	3.00	3.00	2.35	3.30	3.20
百事可乐	500 ml	2.50	2.60	2.50	2.50	2.60	2.50	2.80	2.60
农夫山泉	550 ml	1.10	1.10	1.00	1.00	1.25	1.00	1.30	1.20
雀巢矿泉水	550 ml	1.30	1.50	1.00	1.10	1.10	0.95	1.30	×

（续表）

产品名/规格	规格	大润发	好又多	欧尚	沃尔玛	卜蜂莲花	家乐福	世纪联华	吉买盛
奥利奥（原味）	130 g	5.00	5.80	5.00	5.70	5.90	5.60	5.80	5.70
雀巢咖啡	11*13 g	12.30	12.70	12.30	12.30	13.90	11.90	14.80	14.60
老坛酸菜方便面	120 g	2.90	3.00	3.20	2.90	3.50	3.05	3.30	3.50
益达口香糖（木瓜）	56 g	10.50	10.50	9.50	9.80	8.90	10.50	9.60	10.50
曼妥思（水果）	37 g	1.42	2.00	1.40	2.00	2.00	2.00	2.00	2.00
洽洽香瓜子	160 g	5.00	5.00	4.90	5.00	5.40	5.40	5.80	6.80
百威啤酒	500 ml	5.70	×	5.60	5.60	6.20	×	6.40	×
三得利乌龙茶（无糖）	500 ml	2.40	2.30	2.35	2.40	2.80	2.60	3.00	2.60
果粒橙（橙汁）	450 ml	3.40	3.00	3.50	2.90	2.90	×	×	3.20
太平苏打（香葱）	100 g	2.50	2.70	2.43	2.50	×	2.90	2.80	2.70
金龙鱼玉米油	5 l	79.90	75.90	×	76.25	78.90	89.80	94.60	×
菜园小饼	100 g	3.40	3.90	3.50	4.20	4.20	3.90	3.60	4.20
椰奶	245 ml	2.90	3.10	2.90	2.85	2.90	2.70	3.20	2.79
利趣拿铁	500 ml	3.40	×	3.40	×	3.90	3.80	3.60	3.70
和酒三年陈	500 ml	15.30	16.30	15.30	16.30	15.80	14.00	15.80	×
和酒（14.5°）	500 ml	5.90	6.10	5.90	5.90	5.90	×	×	×

表3.20.2 标准超市的30种畅销品的价格情况

价格:元

产品名/规格	商家	迪亚天天	华联	家得利	农工商	伍缘
亲乐多	50 * 10 ml	10.00	10.00	10.00	10.00	12.20
光明鲜牛奶	980 ml	9.90	10.30	9.90	10.50	10.70
味全每日C(橙汁)	300 ml	5.80	5.90	6.40	6.20	6.20
绿箭单条装	15 g	1.30	1.50	1.30	1.50	1.60
乐事薯片(原味)	80 g	5.20	5.50	5.80	5.50	5.30
百奇(牛奶味)	60 g	5.10	5.70	5.80	5.30	5.50
德芙巧克力(牛奶)	43 g	×	7.00	6.80	6.50	×
康师傅方便面(红烧牛肉)	85 g	3.20	3.60	3.60	3.50	3.50
王老吉	310 ml	×	3.50	3.70	3.70	3.70
统一冰红茶	500 ml	2.30	2.30	2.40	2.60	×
可口可乐	600 ml	2.40	2.60	3.10	2.90	3.30
百事可乐	500 ml	2.40	2.60	2.60	2.60	2.60
农夫山泉	550 ml	1.10	1.10	1.30	1.50	1.30
雀巢矿泉水	550 ml	1.20	1.10	1.20	1.30	1.30

（续表）

产品名/规格	规格	迪亚天天	华联	家得利	农工商	伍缘
奥利奥（原味）	130 g	×	6.00	6.20	5.90	6.30
雀巢咖啡	11＊13 g	13.90	12.60	14.90	15.20	×
老坛酸菜方便面	120 g	3.20	3.70	3.90	3.60	×
益达口香糖（水瓜）	56 g	8.50	9.90	10.80	10.80	10.80
曼妥思（水果）	37 g	1.90	1.90	1.70	2.00	2.00
洽洽香瓜子	160 g	4.80	4.80	6.20	5.90	5.80
百威啤酒	500 ml	5.90	×	6.50	6.50	8.00
三得利乌龙茶（无糖）	500 ml	×	2.60	2.90	2.80	3.00
果粒橙（橙子）	450 ml	3.40	3.00	3.10	3.50	3.30
太平苏打（香葱）	100 g	×	2.90	3.00	2.90	3.00
金龙鱼玉米油	5 l	79.50	79.20	79.90	79.90	79.60
茉园小饼	100 g	3.50	4.30	4.40	4.20	4.30
椰奶	245 ml	2.90	2.70	3.00	3.15	×
利趣拿铁	500 ml	×	3.80	3.50	3.90	3.90
和酒三年陈	500 ml	15.80	15.90	15.50	15.80	15.80
和酒（14.5°）	500 ml	5.90	×	6.20	6.20	5.90

表3.20.3 便利店的30种畅销品的价格情况

价格:元

商家 产品名/规格	7-11	光明	快客	良友	全家	喜士多	好德	可的	罗森
养乐多 5*10 ml	10.80	10.60	11.20	10.50	10.80	11.40	10.80	×	10.80
光明鲜牛奶 980 ml	11.00	10.20	×	11.20	11.20	11.40	11.40	10.70	11.00
味全每日C(橙汁) 300 ml	6.60	4.90	×	6.60	6.60	6.90	7.00	7.00	6.60
绿箭单条装 15 g	1.60	1.50	1.50	1.50	1.70	1.80	2.00	×	1.60
乐事薯片(原味) 80 g	×	6.80	6.20	6.50	6.80	×	7.00	7.00	6.20
百奇(牛奶味) 60 g	6.50	6.60	6.50	6.50	6.60	6.50	6.80	×	6.50
德芙巧克力(牛奶) 43 g	8.00	8.00	8.20	7.50	8.20	8.20	8.00	8.00	7.20
康师傅方便面(红烧牛肉) 85 g	4.40	4.20	4.20	4.00	4.00	4.50	4.80	3.90	4.50
王老吉 310 ml	4.30	4.90	4.70	4.50	4.30	4.50	5.00	×	4.30
统一冰红茶 510 ml	3.10	3.00	3.00	3.10	3.20	3.40	3.50	3.00	3.10
可口可乐 600 ml	3.20	3.10	3.20	3.10	3.20	3.30	3.50	3.10	3.10
百事可乐 500 ml	3.40	3.00	3.20	3.10	3.20	3.30	3.50	3.30	2.50
农夫山泉 550 ml	1.60	1.80	1.80	1.50	1.70	1.70	1.80	1.50	1.60
雀巢矿泉水 550 ml	1.70	1.70	1.60	1.60	1.60	1.70	1.73	1.40	1.70
奥利奥(原味) 130 g	×	7.40	7.00	6.90	7.00	7.00	8.00	8.00	6.70

（续表）

产品名/规格	规格	7-11	光明	快客	良友	全家	喜士多	好德	可的	罗森
雀巢咖啡	11＊13 g	17.70	18.50	16.50	16.70	17.50	×	17.20	17.30	16.70
老坛酸菜方便面	120 g	×	4.20	4.20	5.00	4.00	4.60	5.20	×	4.50
益达口香糖（木瓜）	56 g	12.80	12.80	12.20	12.50	12.80	13.90	12.50	×	12.80
曼妥思（水果）	37 g	2.10	2.30	2.30	2.00	2.20	2.30	2.50	1.90	2.00
洽洽香瓜子	160 g	×	7.30	7.00	6.80	7.20	7.60	9.00	9.00	×
百威啤酒	500 ml	7.50	6.80	7.50	6.50	8.20	8.20	×	×	×
三得利乌龙茶（无糖）	500 ml	3.30	3.40	3.80	3.30	3.50	3.50	×	×	3.50
果粒橙（橙汁）	450 ml	4.00	4.00	4.50	4.00	4.00	4.20	4.50	4.50	×
太平苏打（香葱）	100 g	×	3.70	3.50	3.50	3.40	3.40	3.80	×	3.50
金龙鱼玉米油	5 l	×	×	×	×	×	×	×	×	×
菜园小饼	100 g	5.00	×	5.00	×	5.20	×	×	5.20	5.00
椰奶	245 ml	4.50	4.00	4.00	4.30	4.30	4.30	4.00	4.00	×
利趣拿铁	500 ml	×	4.80	4.80	4.70	4.50	4.70	×	×	4.50
和酒三年陈	500 ml	×	18.80	18.00	18.00	19.50	×	×	×	×
和酒（14.5°）	500 ml	9.50	7.50	7.50	7.50	8.50	8.50	×	×	×

二、30 种畅销品在不同业态的价格调查结果分析

1. 大卖场与标准超市商品价格水平相近

从上述数据中可以看出,尽管大卖场的平均价格要比标准超市低,但是,两者之间的价格差距微小,两者价格的差距在 0.5 元以内的商品有 23 种,有 7 种商品甚至只有几分钱的价差。可见两种业态价格水平相近。

2. 标准超市与便利店的商品价格差距不大

30 种畅销品在便利店的平均价格都要高于标准超市,但差距不大。数据显示,有 7 种商品的售价与标准超市的价格差额在 0.5 元之内,有 13 种商品价格差额在 0.5~1 元,有 5 种商品售价差额为 1~1.2 元,另有 5 种商品价格差额高于 1.2 元。

3. 大卖场与便利店的商品价格差额略大

从调查数据可以看到,大卖场与便利店的价格差距较为明显。有 8 种商品的售价差距在 1 元以内,10 种商品的售价差距在 1~2 元,有 12 种商品的差价在 2 元以上。

4. 三种业态的乳制品价格相近

调查发现,三种业态的乳制品价格较为接近。以 5 * 100 ml 的养乐多为例,大卖场的平均价格为 10 元,标准超市的平均价格为 10.44 元,便利店的平均价格为 10.86 元,养乐多在大卖场的价格最低,但只比超市低 0.44 元;超市的价格又比便利店的价格低 0.43 元。

5. 商品购买量较大时大卖场优势明显

大卖场的商品价格虽然比其他两种业态的要低,但是在购买单个商品时差距并不明显。但当购买数量增加时,大卖场的优势较为明显,以 30 种商品的价格总额为例,大卖场的价格比标准超市便宜 7.42 元,比便利店便宜 37.53 元。

6. 标准超市的日常用品价格与大卖场不相上下

标准超市的价格虽然比大卖场的平均要高 0.5 元,但是在有些商品价格方面比大卖场便宜。例如,日常生活中必不可少的食用油,标准超市的 5 升规格的"金龙鱼"食用油的平均价格为 79.62 元,大卖场的平均售价为 82.56 元,两者差距为 2.94 元。

7. 便利店的矿泉水及休闲食品较其他商品在价格上更有竞争力

便利店的价格是三种业态中最高的,但是仔细分析后可以发现,便利店

的有些商品价格与其他业态相比差距不大。例如,乳制品、矿泉水、饮料以及休闲食品。

三、导致三种业态商品价格接近的原因分析

1. 零售业态之间竞争激烈

随着外资零售巨头加快争夺中国市场的步伐,给本土零售业带来了巨大冲击。与此同时,内资零售企业也加大追赶力度。于是,零售市场的竞争愈发激烈,不仅仅是同种业态之间的互相争斗,不同业态之间也开始错位竞争。零售商要争夺消费者,价格自然是一种重要的手段,而随着价格竞争,导致商品的价格被逐渐地压低,不同业态之间的价格差距逐渐地缩小。

2. 供应商发展快速,商品种类增多

随着市场上商品品牌的增多,供应商之间的竞争比以往更加激烈,为了能够在市场上占主导地位,零售商开始在他们的货架上做文章。要比竞争对手拥有更好的货架空间,自然需要适量的降价来谋取更多的利益。这样一来,零售商获取商品的进价就随之降低,也就有更多的商品降价空间。

3. 供应链愈发完善,物流成本降低

如今,无论零售商运营规模是大是小,供应链的完善都为其节约了一大笔流通开支。大卖场、标准超市、便利店都有各自一套高效的物流系统,因而,不同业态之间物流成本的差距逐渐缩小。

4. 零售业态发展方向变化,零售业开始注重服务

随着消费者需求的不断变化,为消费者提供多元化的服务成为零售行业竞争的核心武器。而这一发展方向的转变,使得零售商不再一味依靠价格来吸引消费者,不同业态之间的价格也就不像从前那样大相径庭了。

四、对于不同零售业态的销售建议

1. 大卖场可以将商品整合销售

根据调查结果可知,大卖场的价格优势在消费者购买大量商品时体现得较为明显。所以,大卖场可以通过整合各类畅销品,为消费者提供畅销商品组的方式,从而积少成多,让消费者感受到大卖场的价格优势。这样不仅可以通过低价吸引消费者,还可以带动其他商品的销量。

2. 标准超市以低价日常用品吸引消费者

如上述调查数据所示,标准超市的日常用品价格与大卖场不相上下。标准超市可以以此为竞争优势,来吸引店铺周围的社区消费者。标准超市可以通过促销、特价等方式将消费者吸引至店铺,以低价日常用品带动其他商品的销售。比大卖场平价的商品价格、快速便捷的购物方式以及距离居民区近的地理优势提高了标准超市的竞争力。

3. 便利店将商品组合销售

便利店的商品价格虽然是三种业态中最高的,但是便利店的乳制品、矿泉水以及休闲商品价格相比其他商品在价格方面较有竞争力。所以,便利店可以将低价与高价商品进行组合销售,通过低价商品来弥补高价商品的价格劣势。具体可以以两种商品组合销售以及某样商品加 1～2 元得到另一样商品的销售方式,从而增加商品的销售量。

(作者:王舒翔、王妍、董琰　市场营销 2009 级学生;指导教师:朱文敏　上海商学院副教授)

3.21　关于竞争关系下的"价格战"的研究

一、价格战爆发

(一)价格战由来已久

"价格战"在中国市场上不算一个新名词,开始主要集中在家电领域。最早是长虹的倪润峰搞彩电降价,淘汰一批落后的彩电商。接下来就是类似国美的家电连锁零售商对单个家电厂商的颠覆性竞争。到了第三个阶段,就是线上电商对线下家电连锁零售商的一种颠覆性竞争。而到了"互联网+"的今天,电商之间、线上电商与线下店商之间也多采取价格战的形式,竞争产品销量,抢占市场份额。

(二)改革开放以来几次大的价格战

1. 长虹两次大幅度彩电降价,淘汰一批落后的彩电商

第一次,在 1989 年彩电市场供过于求的情况下,1989 年 8 月 9 日长虹每台彩电降价 350 元,随即长虹上半年积压的近 20 万台彩电一销而空,同时也提升了长虹在彩电行业的地位,其于 1990 年首次荣登彩电行业销售冠军。

第二次,在 1996 年 3 月 26 日长虹彩电凭借"同样的技术、同样的质量",在全国范围内降价 18%,与此同时,长虹的市场占有率由 1995 年的 22%提高到 1996 年的 27%左右,彩电销量比上年同期增长 61.96%,带动国产彩电夺取市场份额。

2. 家电连锁零售商以价格战方式抢占家电销售的主渠道

新兴的家电连锁零售商凭借多元化产品的优势,通过向供应商收取通道费用、压低采购价格来随意减价,以低价吸引消费者并且迅速扩张。

比如,2004 年 2 月国美的 6 家门店,把格力两款畅销空调的价格大幅度下降,零售价原本是 1 680 元的 1P 挂机被降为 1 000 元,零售价原本为 3 650元的 2P 柜机被降为 2 650 元,降价幅度不可谓不大,而这种挤压供应商的营销模式也正是支持家电连锁零售商的盈利模式。

3. 线上电商对线下传统家电连锁零售商的颠覆性竞争

随着互联网技术的发展,电商平台出现了。为了鼓励消费者踊跃尝试线上渠道购买家电,打造 O2O 营销模式,电商们纷纷采取大力度的折扣优惠抢占实体店消费者份额。

2012 年 5 月和 6 月,京东商城凭借"与 30 多家国内外知名家电厂商签约"的采购优势,投入 5 亿元对家电产品进行促销,将实惠带给消费者,以拉动大家电的销售,着重发力家电业,以巩固京东商城在 3C 数码家电的优势地位,京东商城此次大手笔促销活动,掀起了电商行业的促销狂潮。

(三) 近年来电商频频打价格战

近年来,最火的渠道商就是"电商",而伴随着价格战在家电领域里愈演愈烈的过程,电商们也纷纷效仿,将价格战作为最主要的抢占市场份额的手段。

1. 京东商城对战当当网,大打价格战

2010 年 12 月 16 日上午,当当网表示将拿 4 000 万元进行促销,随之下午京东商城表示将斥资 8 000 万元用于图书促销,是当当网宣布 4 000 万元促销的一倍,京东商城和当当网两家的价格战从图书领域蔓延开来,开始白热化。

京东商城 CEO 刘强东在微博正式向当当网宣战,在京东商城上网购图书的会员可享受在京东价基础上再打八折的优惠,确保比竞争对手当当网便宜 20%以上。

2. 快的、滴滴打车软件烧钱抢市场份额

2014 年 2 月 18 日上午,在嘀嘀打车宣布将打车代金券增加至 12 元之后,快的打车也给出了新政策作为回应——乘客每单最低减 13 元。打车软件的价格战再次升级,成了"巨头烧钱抢份额"的游戏。

3. 同程网 1 元抢购景点门票

从 2013 年开始,同程网陆续一轮轮开始推出 1 元抢购景点门票,并于 2014 年 9 月 2 日同程旅游宣布将送出覆盖近千家景点的 1 亿张门票,总面值约为 70 亿元,势必再掀价格战。

(四)"价格战"的实质

价格战的实质就是一场客流争夺战,线下店商受到线上店商挤压,线下连锁零售商又去挤压传统零售商,通过资金链的较量抢夺顾客。

资料显示,在资金链的较量中,电商的钱基本上已经烧得差不多了,事实上,参加价格战的各方确实纷纷都在寻找资金支持。线下拥有近 1 000 亿元规模的苏宁云商曾经在两个月内融资 127 亿元人民币,而国美则通过卖掉国美商都,获资 60 亿输血电商。大手笔投入的价格战并不能为企业带来利润,很可能卖得越多赔得越多。但在商家普遍亏损,毛利率偏低的情况下,烧钱成为不得不继续的游戏。

二、线下价格竞争的表现形式

对线下不同类型实体店开展调查,分析比较不同店家所进行的价格竞争。具体调查时间为 2014 年 9~12 月。基本结论如下所示。

(一)百货店中不同品牌服饰的价格竞争表现形式层出不穷

通过走访百联集团、永安百货、南方友谊商城、仲盛商城等一些沪上大型商城实体店,发现各大商城都推出了各自的优惠降价活动,并且优惠力度普遍较大,例如百联集团就推出了满 500 送 500 的优惠活动。特别是服装专柜,消费者不仅能享受到整个商城的优惠,还能享受到专柜自己的折扣价。尤其是电子商城的促销力度更为显著,普遍采取折上优惠方式,不时推出"无门槛店内优惠券、限时 1 元抢购、消费参与抽奖"等优惠活动。

以服装品牌为主的实体店、网店,多以降价为主要促销手段。特别是节庆日,各大百货的各大品牌男女服饰纷纷推出"限时折扣",进行品牌竞争,如表 3.21.1 与图 3.21.1 所示。

表 3.21.1　同时期几家代表性服饰品牌的优惠策略

品牌名 （南方友谊商城）	Jack Jones	ONLY	艾格	Lagogo
优惠策略	全场购物满1 049元＋69元送价值499元的Jack jones专柜香水；换季商品5折、6折	购两件满999元＋49元送知名香水（＋59元送价值349元护肤品套装）；换季商品5折	全场一件5折，两件4折；制定商品折后买一送一；换季商品低至2.5折，两件2折	全场满200立减80元；换季商品3.8折

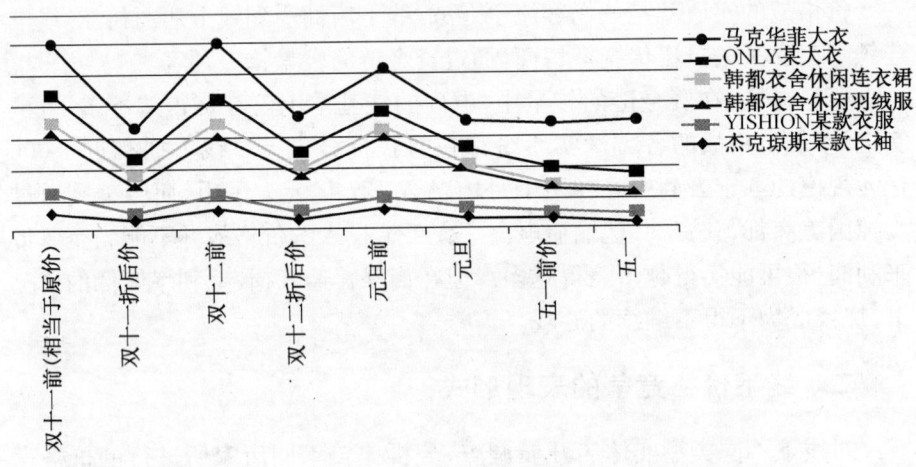

图 3.21.1　永安百货各节庆各大品牌代表服饰的价格走势图

　　在电商不断争夺客流的当下，实体店往往通过举办各类优惠活动，想方设法增加客流量。但是店家仅仅采用价格竞争，往往又会造成消费者视觉疲劳，店家又不得不采取更大力度的价格促销。店家如果更加关注自己的目标客群需求，用很好的服务或差异化营销来维系自己的目标客群，不陷入恶性价格竞争，店家的竞争力就会不断增强。

（二）汽车4S店促销大战

　　小组成员在走访了几家4S店后发现，汽车4S店的促销力度大得惊人，店方主要采取打折促销和赠送红包的优惠策略吸引消费者前来选车。

　　很多品牌采取整车打折促销。国产轿车基本都设置了优惠价：上海大众整车优惠均价为3 000～5 000元；进口轿车优惠促销力度更大：别克凯越让利16 000元左右、奥迪A6优惠2万元起，另还可参加厂方推出的"左邻右礼"活动,优惠非常吸引人。

此外,还有免费红包礼包赠送。大部分汽车4S店购车会送红包或大礼包(含有次数限制的免费保养维修)。购比亚迪车赠送2 000元优惠券并送2 000元大礼包;购东风日产目前暂不送优惠,不过购车可送万元大礼包;广汽丰田、凯美瑞感恩三周年,购车赠送2万元礼包,等等。

三、价格竞争的成因分析

(一) 从消费者角度分析

从消费者对商品价格的敏感程度来看,确实存在大部分的消费者在购买商品时比较看重价格,商家的促销优惠活动对他们的吸引作用确实存在。调查显示以下信息。

(1) 83位抽样调查者中,参与各大线下折扣促销活动的平均每次都在60人以上,参与率较高(见图3.21.2)。

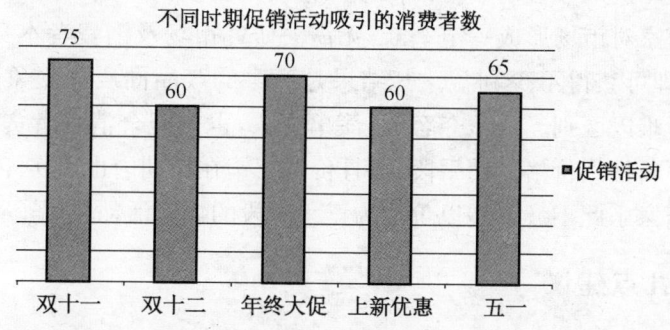

不同时期促销活动吸引的消费者数

■促销活动

双十一　双十二　年终大促　上新优惠　五一

图3.21.2　不同时期开展促销活动所吸引的消费者数

(2) 83位抽样调查者中有62%愿意相信商家的促销活动确确实实是有优惠的,并且愿意购买;比较相信的也有20%;一般相信、对优惠活动比较无所谓的占了5%;而不相信商家折扣,并且基本不购买促销品的仅仅只占2.3%。可见消费者对商品价格的反应是非常敏感的(见图3.21.3)。

消费者愿意参与价格促销,基于消费者的求实惠、求便宜的心里。一般消费者都会认为店家总是要赚钱的,店家少赚一点,消费者就会多得一点实惠,因而很多消费者购买时间都会选择在节假日店家打折促销时,实体店如此,网店亦如此,这也是导致"双十一""双十二"出现的原因。

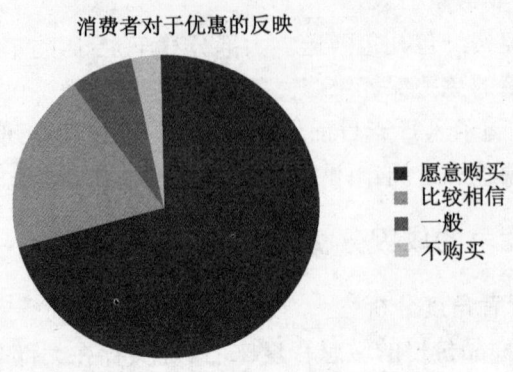

消费者对于优惠的反映

■ 愿意购买
■ 比较相信
■ 一般
■ 不购买

图 3.21.3 不同费者对优惠的反应

(二) 从商家角度分析

从制造企业看,由很多企业创新能力不强,品牌创建及推广力度也不够,很多产品进入零售终端时都依赖商家的渠道空间。随着连锁规模的不断扩大,商家对市场形成一定垄断,无需去研究市场及消费者本身,商家通过进场费即可获得不少利益。其结果是商家的产品同质化现象越来越严重,消费者难以区别。为争夺客流,简单方法,也是迎合消费者贪图便宜心理,商家不断推出价格促销手段,而且价格促销在短期内也确实能够拉动消费,所以商家乐此不疲开展以价格为竞争手段的促销活动。

四、几点建议

作为商家,价格战是否真的能促进产品的销售、扩大产品的市场份额?如果不进行价格战也能达到同样目的的话,建议商家不要选择价格战,因为要获得价格战胜利的代价是很昂贵的,也就是说,即使你能靠降价50％争取到比原先多1倍的顾客,但是赚到的利润几乎和原先持平,那就不妨留给其他竞争对手一些生存的空间。

因此,企业要注意避免价格战。在价格竞争的成因分析中,一方面应考虑的是消费者对价格的敏感程度,这是由消费者的消费心理决定的,商家很难对这方面产生积极的作用;而另一方面,则是由商家单方面的同质化现象造成的,作为价格战形成的关键因素,商家可针对产品同质的现象采取以下措施。

(一) 关注消费者需求,开发差异化产品

商家应注重培养员工的创新能力,建立企业的研发团队,在引国内外先

进技术的同时,对所处市场的消费者需求进行调查研究,改进现有的产品,开发差异化产品,尽量避免同质现象。在加强技术差异化的同时,还可以在产品包装、营销模式、生产工艺等方面发挥企业的创造力,尽量将产品做"新",减少恶性的同质竞争。

(二) 行业制定相关产品统一市场价,进行行业自我保护

同行商家选择合作还是竞争,关系着该行业所呈现的是"双损"还是"双赢"的局面,如果能够打破传统的对立思维与对峙状态,以合作的方式参与竞争,可以有效地避免恶性价格战的发生。

如果商家一时无法对产品进行改进,即企业之间依旧存在同质产品,不妨采取合作定价。这样一来,一是可以维持产品的高价,减轻商家彼此之间对对方产品价格的顾虑,避免恶性的价格竞争;二是可以避免消费者对价格的敏感度,商家就不必再以缩小各自利益的代价去争取更大的市场份额,可以去追求盈利最大化。

(三) 提升产品价值与服务,回归商业本质

因为商业的本质是实现客户价值的最大化,这种客户价值的实现并不是停留在使顾客能以更低的价格获得相同利益的层面上,而是要使他们以同样的价格获得更多的利益,只有本着以最优实现形式去满足客户需求、实现客户价值的态度,才能真正打造企业的独特价值。

所以,商家在开发差异化产品的同时,应该注重产品与服务所带给顾客的价值,时刻关注消费者的需求。

(作者:吴寒、刘镜澄、陈苗、周伟　市场营销 2013 级学生;指导教师:池丽华　上海商学院副教授)

3.22　上海便利店即食品比较分析

便利店最初于 20 世纪 90 年代引入中国市场。尽管起步较晚,但是伴随着经济的持续增长,便利店在我国取得了较快发展。

便利店作为一种追求便捷、即时性优质服务的商业形态,在零售业中占据着举足轻重的地位。随着社会经济发展和生活方式的日益多样化,人们对即食品的需求也不断增多,而即食品又是便利店经营的一个重要组成部分。目前,上海的便利店品牌有快客(上海联华快客便利有限公司)、全家(上海福满家便利有限公司)、罗森(上海华联罗森有限公司)、好德(上海好德便利有限公司)、7-11(上海统一超商有限公司)、可的(上海可的便利店有限公司)、喜士多(上海喜士多便利连锁有限公司)、良友(上海良友金伴便利连锁有限公司)等。因此,通过对上海具有代表性的部分便利店即食品的调查与分析,总结出他们即食品经营的差异,从而找出便利店即食品经营的最好方式,无疑会在给便利店增加盈利的同时也给相应的便利连锁企业增加竞争力,使其在激烈的竞争中取得优势。

一、便利店即食品

便利店指以经营即时性商品或服务为主,以满足便利性需求为第一宗旨,采取自选式购物方式的小型零售店或网上商店,它们大多位于居民区附近。根据便利店的经营特点,我们可以分析得知其经营的商品可分为食品、非食品和服务三大类。

即食品是指不需要额外加工处理,打开包装(或散装)可直接入口食用的一类食品。在便利店中,食品至少占全店销售品项的 50% 以上,而在所有的食品中即食品占主要部分,因为即食品不仅能适应便利性需求,而且也是毛利率高、周转快的商品,便利店往往将它作为经营重点进行开发。

二、同一品牌便利店的比较

(一) 快客

上海联华快客便利有限公司(简称“联华便利”,原名上海联华便利商业有限公司)成立于 1997 年 11 月 28 日,由联华超市股份有限公司全额投资管理。“联华便利”成立于 1997 年 11 月,系联华超市股份有限公司全额投资的子公司。2002 年 7 月,它正式更名为“联华快客”,进行全方位的转型和提升。“联华快客”一直以直营、合资、特许加盟等形式,全面拓展全国市场。现在选定的两家便利店分别是莘庄地铁站店和南桥环城东路 481 号店。

1. 周围环境的比较

快客莘庄地铁站店:莘庄站位于上海闵行区莘庄镇,为地面车站,是上海轨道交通 1 号线和 5 号线的换乘站。莘庄站也是 1 号线的南起讫站和 5 号线的北起讫站。从地铁站下来就是公交车站,周边公交发达,有 150 路、166 路、700 路、712 路、725 路、747 路、753 路、756 路、759 路、763 路、816 路、闵行 1 路、闵行 6 路、莘庄 1 路、莘庄 2 路、徐闵线、松莘线、鲁莘线、莘纪线、春线、闵莘线、莘金专线、莘龙线、莲庄专线等数十条公交线。莘庄站周围还有好世鹿鸣苑、中祥歌德堡等居民小区。地铁站内客流很大,进入便利店购物的顾客多数为上下地铁的乘客。

快客南桥环城东路 481 号店:附近交通便利,拥有莘南线、莘海线、南桥 3 路、南桥 7 路等数十条公交线;临近景怡佳苑、玫瑰苑等小区,附近酒店众多,对面为大学学校,同时周围也有很多白领的工作单位,但店铺面积与快客莘庄地铁站店相比较小。

2. 即食品种类和数量的比较

由表 3.22.1 可见,在产品种类上,同为"快客"品牌的便利店即食品种类基本相同,但在数量上相差较多。值得注意的是,在莘庄地铁站的快客便利店提供便当,而在南桥环城东路 481 号快客店内则没有提供此类商品,经询问得知,便当等快餐在该店不好销售,因此不出售。由于南桥环城东路 481 号在居民区,对面即为学校,上班白领较多且附近酒店也很多,因此此便利店内面包、粥类、休闲食品较多。

表 3.22.1　快客便利店即食品种类和数量

计量单位:种

便利店		即食品种类													
		便当	沙拉	饭团	三明治	面包	粥	方便面	香肠	休闲肉类(鸭脖鸡爪)	休闲食品(果脯类)	薯片	饼干	巧克力	糖	冰淇淋
快客	莘庄地铁站	10	—	—	—	16	5	20	4	16	46	38	50	30	20	26
	南桥环城东路 481 号	—	—	—	—	20	12	20	7	28	50	23	48	22	11	10

3. 内部摆放设置的比较

图 3.22.1 和图 3.22.2 显示,在摆放上,两家便利店均是采用先按包装进行分类,如桶装和袋装,然后再按食品的类别把同一种类的放到一起,在同一种类下面按照品牌进行分类陈列。如此摆放有利于顾客进行查找。莘庄地铁站矿泉水等饮料以及便当等食物放在距门较远的地方,因为购买此类商品的顾客目的性明确,这样摆放可以增加顾客在店内的停留时间,可以促进即食品以及其他商品的销售。

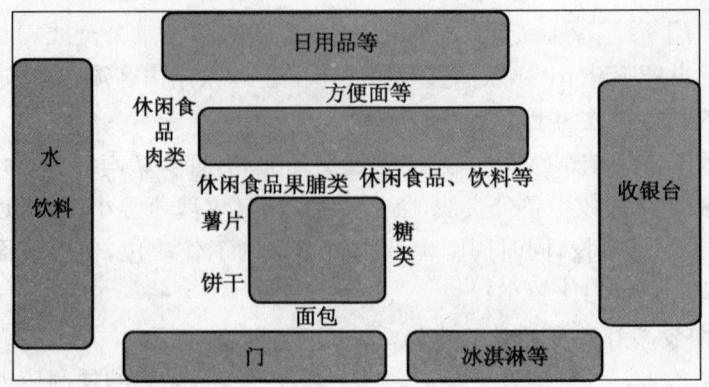

图 3. 22. 1 南桥环城东路 481 号

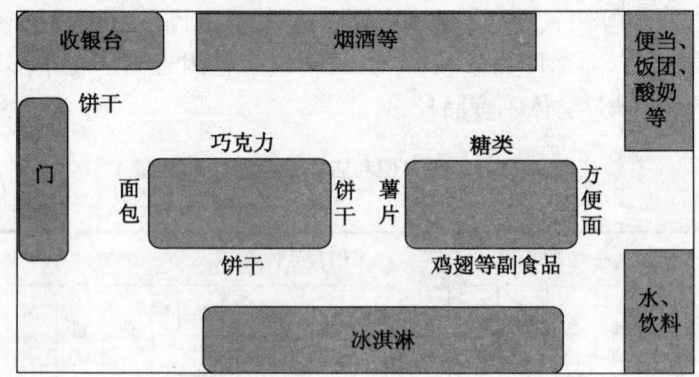

图 3. 22. 2 莘庄地铁站

(二) 全家

Family Mart 在 1981 年 9 月 1 日创办,原是西友商店(1983 年改名"株式会社西友")子公司,在中国叫做全家。中国台湾地区全家便利店在 1988 年获得日本 Family Mart 的地区加盟权。中国大陆地区则于 2002 年成立上海 Family Mart 筹备处,2004 年上海福满家便利有限公司获商务部批准成立。全家 Family Mart 品牌正式进入中国上海市场,开始在中国大陆地区的便利店经营事业。我们选定的两家便利店分别是环城东路南桥新都汇店和人民东路店。

1. 周围环境的比较

南桥新都汇店位于南桥新都汇 1 楼,周围有 DQ、移动营业厅、KTV、网吧、餐厅等娱乐休闲设施,在其南边还有一家地下超市,在其正南方还有居民小区等,其正门口有公交车站,南嘉线,川奉线等都经过。

人民东路店位于人民东路南祝路交界处,为交通要道,周围的大量小区以及学校补习机构为其提供了大量的人流量,在其南面是东门汽车站,北面为初中,东面是美食街以及 KTV,这些极大人流量的地方为其提供了大量顾客,使其在竞争极其激烈的路段能够很好地生存。

2. 即食品种类和数量的比较

由表 3.22.2 可见,全家人民东路店内即食品种类以及数量大多比南桥新都会店内的少,但是在主食如饭团、便当、沙拉等和新都汇内的量相差不大甚至单纯的主食类的数量隐隐超过新都汇店,其余食品数量则种类较多数量较少,主要还是其店面过小以及周围环境限制。

表 3.22.2　全家便利店即食品种类和数量

计量单位:种

便利店		即食品种类													
		便当	沙拉	饭团	三明治	面包	粥	方便面	香肠	休闲肉类(鸭脖鸡爪)	休闲食品(果脯类)	薯片	饼干	巧克力	糖	冰淇淋
全家	环城东路南桥新都汇西区1层	16	7	7	10	41	5	54	6	9	90	46	58	47	45	19
	人民东路	12	5	7	9	39	7	48	7	10	85	39	50	45	38	17

3. 内部摆放设置的比较

图 3.22.3 和图 3.22.4 显示,两家店在摆放上都是种类集中摆放,即同一类的放一起,相比之下新都汇店零食果脯类距离收银台更近,或许是由于周围的大量娱乐设施导致顾客更需要购买零食等在唱歌或者上班的时候吃以打发时间,而人民东路店便当等主食是紧挨着收银台的,可能是由于店面大小的缘故以及顾客对这类食品的需求更大的缘故,这样更方便店员去及时补充不足的便当等,也更方便顾客去收银台加热等避免取食品过慢导致大排长龙。非常奇怪的一点是两家店铺的饮料都是放在偏角落的位置,也许是饮料的盈利比较低,所以希望将利润更高、更好卖的食品放在易见、易得到的地方,以提高收益。

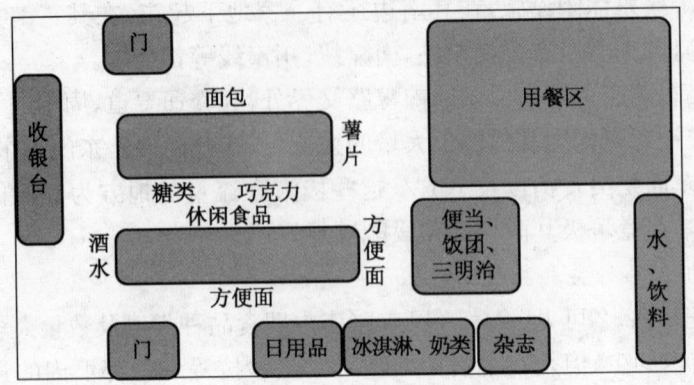

图 3. 22. 3　环城东路南桥新都汇西区 1 层

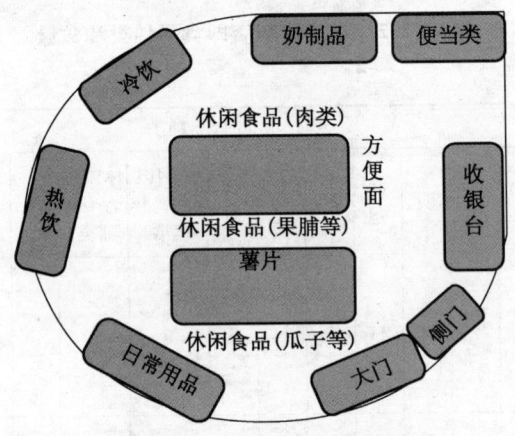

图 3. 22. 4　人民东路 2981～2983 号

（三）罗森

上海华联罗森有限公司,由日本上市企业罗森株式会社同上海华联(集团)有限公司(现名为百联集团)于 1996 年合资设立。同年 7 月,在上海市长宁区的古北新区成功开设了中国大陆第一家便利连锁店。我们选择的两家便利店是闵行区莲花路地铁站店和徐汇区肇家浜路美罗城店。

1. 周围环境的比较

闵行区莲花路地铁站店位于上海市闵行区沪闵路莲花路,地处南方商城商圈,近原梅陇火车站,附近有莲花国际广场、南方商城、南方休闲广场等商业设施,靠近沪闵高架莲花路下闸道口。周边公交有 757 路、753 路、747

路、720 路、712 路、704 路、704B 线、700 路、162 路、152 路、150 路、166 路、816 路、徐闵线、徐闵夜宵线、古美环线、闵行 3 路、闵行 6 路、闵行 13 路、闵行 20 路(原鲁莘线)、闵行 22 路(原 162 区间)、南梅线、沪金线、沪松线(高速)、上石线、石梅线、卫梅线、枫梅线、松梅专线、莲庄专线、莲金专线、莲卫专线、莲漕专线、莲枫专线、莲石专线等数十条公交线路。顾客多为上下车的乘客,客流量较大。

徐汇区肇家浜路 1111 号美罗城店近漕溪北路,位于美罗城商圈,附近有打浦桥商圈、徐家汇商圈、中国银行、工商银行、建设银行、上海银行、农业银行、招商银行、交通银行、浦发银行、中信实业银行、深圳发展银行、中国邮政储蓄银行、天津银行、中国邮政储蓄,中山医院、龙华医院、日晖医院、瑞金医院、肿瘤医院等。周边交通有 44 路,72 路,15 路,93 路,43 路等公交线路。因为地理位置优越,交通便利、四通八达,所以顾客较多,且周围便利店多,竞争较为激烈。

2. 即食品种类和数量的比较

闵行区莲花路地铁站店主要面向人群为上班族、青年学生,过路乘客等,该便利店的特点以米饭便当、面类便当、沙拉、饭团、三明治、方便面、饮料,以及该店的特色食品面包为主,见表 3.22.3。因地处地铁站,人员流动性强,工作日时早高峰、晚高峰人员流动最大,周末则变为全天人流量都较大。相对于这样的地理环境,且考虑到 3 分钟一趟的地铁,进出该店的消费

表 3.22.3　罗森便利店即食品种类和数量

计量单位:种

便利店		便当	沙拉	饭团	三明治	汉堡	面包	粥	方便面	香肠	休闲肉类(鸭脖鸡爪)	休闲食品(果脯类)	薯片	饼干	巧克力	糖	冰淇淋
罗森	莲花路地铁站内	16	3	5	8	—	34	7	26	6	3	16	6	38	20	16	14
	浜路1111号美罗城1楼外围	5	2	4	5	—	13	3	23	4	4	33	10	45	36	33	25

者多选择方便携带、饮用、可以填充饥饿,充当早、中、晚饭的速食食品为主。配合消费者的选择习惯,该店将主打的面包类、便当类、饮料类都摆放在正对着两个门的货架上,节省消费者的购买时间,也在一定程度上对消费者的消费习惯进行引导。同时添加了餐台,方便消费者食用食品。

徐汇区肇家浜路美罗城店的地理位置优越,交通便利,以商圈和写字楼为主,该店的消费者较为稳定,80%以上都是回头客和"老带新",每天午饭时间和晚上下班后的 1 个小时内,店里客人最多,为配合消费者,该店里的餐台也相对较多,为消费者提供了较多的座位。因为该店所处位置较为繁华,且配合消费者的消费习惯,便利店除了各类便当种类丰富,多以饼干、果脯、糖果、巧克力、冰淇淋等休闲食品为主,该便利店除提供商品服务外,还贴近需求,满足消费者的消费需求。例如公共事业费保险费代收、话费充值、家政服务、包裹邮件快递、微波加热、提供书刊杂志游戏软件、售 OTC 药品、城市一卡通消费充值等多个服务项目。

3. 内部摆放设置的比较

图 3.22.5 和图 3.22.6 显示,在摆放上,两家店铺都采用了根据食品的种类不同、品牌集中的方式进行摆放。位于闵行区莲花路地铁站的这家便利店,为配合 3 分钟一班的地铁,同时配合消费者的选择习惯,将主打的面包类、便当类、饮料类都摆放在正对着两个门的货架上,节省消费者的购买时间,也在一定程度上对消费者的消费习惯进行引导。且该店面的餐台正对着地铁线,可以简洁明了地看到地铁的动向,极大程度地方便了顾客的消费。徐汇区肇家浜路 1111 号美罗城的便利店,因为该店的消费者较为稳

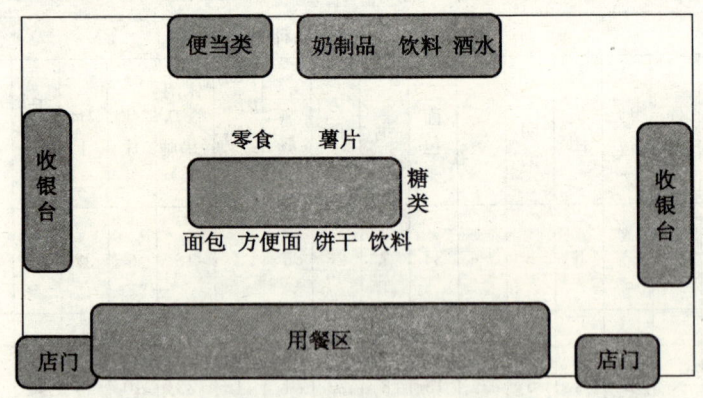

图 3.22.5　闵行区莲花路地铁站

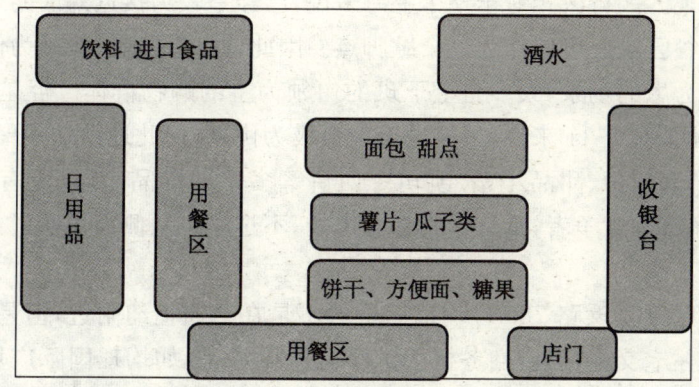

图 3.22.6　徐汇区肇家浜路 1111 号美罗城

定,所以整体的消费习惯也较为稳定,所以该店主打的饼干、果脯、糖果、巧克力等休闲类物品,都摆放在进门处和收银台附近,冰淇淋和冷饮类也是正对店门,方便消费者进行选购,且该店的餐台较多,方便消费者进行用餐和休息。

(四) 7-11

7-11 品牌原属美国南方公司,2005 年成为日本公司。Seven&I Holdings 公司是 Seven-Eleven Japan 公司、Ito-Yokado 公司、Denny's Japan 公司在 2005 年 9 月合并成立的新公司。7-11 的名称则源于 1946 年,藉以标榜该商店营业时间由上午 7 时至晚上 11 时,后由日本零售业经营者伊藤洋华堂于 1974 年引入日本,从 1975 年开始变更为 24 小时全天候营业。发展至今,店铺遍布中国、美国、日本、新加坡、马来西亚、菲律宾、泰国等国家和地区。2008 年 5 月,台湾地区统一超商取得上海市 7-11 便利店的经营权,并设立 100% 持股子公司——统一超商(上海)便利有限公司。我们选择莲花路地铁站北 2 出口店和徐汇区肇嘉浜路 789 号的均瑶店进行比较。

1. 周围环境的比较

莲花路地铁站北 2 出口店位于上海市闵行区沪闵路莲花路,地处南方商城商圈,近原梅陇火车站,附近拥有莲花国际广场、百联南方旗舰总店、南方休闲广场、家乐福等商业设施。此站有南北两个出入口,而 7-11 便位于北 2 号出口,南出口则为梅陇西路罗秀路,正对梅陇城大型住宅小区。另外,附近的莲花路地铁站公交车站有古美环线、闵行 3 路等几十路公交车,人流量可观。闵行区相对于整个上海来说,已经是较为接近郊区的地方了,店内的用餐区刚好可以作为一个歇脚点。因此,此店地理位势极为优越,常常是人满为患的场景,大多是上下班的白领为主的购物群体。但是优势并不是绝对的,对 7-11 来说,虽然地理位势极为优越,但此地铁站集聚了银菓子西饼屋、来伊份、甜品小站、凯司令西饼等多个即食品小站,更有一心面馆、全福超市等竞争者,瓜分了其部分市场,不过这也从侧面说明了 7-11 店铺选址的正确。

徐汇区肇嘉浜路 789 号均瑶店虽然不是在交通枢纽附近,但是其位于商务区与住宅交界之处,商务楼公寓小区比比皆是,如均瑶国际广场、欧江大厦、高安公寓等。如果说莲花路店是以庞大的客流量取胜,那么均瑶店则是以固定客源为主。便利店即食品符合年轻白领对午餐快捷而方便的需求,同样的,有优势便有竞争,相隔不过数十米便有一家全家,更不用说商务餐之类的了。

2. 即食品种类和数量的比较

表 3.22.5　7-11 便利店即食品种类和数量

计量单位:种

便利店		即食品种类													
		便当	沙拉	饭团	三明治	面包	粥	方便面	香肠	休闲肉类(鸭脖鸡爪)	休闲食品(果脯类)	薯片	饼干	巧克力	糖	冰淇淋
7-11	沪闵路7387号	13	6	7	10	30	5	22	5	31	55	28	56	27	50	18
	肇家浜路789号	13	4	13	6	43	5	29	4	27	52	50	38	90	35	28

沪闵路店与肇嘉浜路店相比而言,即食品种类相差无几,基本上是一致的,特别是主食类食品,如便当,见表 3.22.1。但有些数据相差较大,如巧克力。不同的调查时间可能是原因之一,但是,最主要的还是与客源有关,流动性大的客源对主食类食品需求大,而稳定型的客源才会更趋向于休闲食品。其他少许的食品如汉堡、粥等可能是因为客流量高潮期造成的缺货。

3. 内部摆放设置的比较

首先,共同之处便是用餐区一定在店门旁边并且靠窗,收银区一定通向店门,其次,面包往往和牛奶放在同一货架(可在常温下存放的牛奶)。两家店铺在整体布局上还是极为相像的,事实上,7-11 的店面布局都是经过严格设计的。仔细看,我们还是能够看出一些不同的,莲花站的进门就是面包牛奶,对于赶路者来说,这是个诱惑。而方便面更是划分了一个单独的区域。相比,均瑶店则是休闲食品更为吸引人,主食区域在都是贴墙而立。详见图 3.22.7 和图 3.22.8。

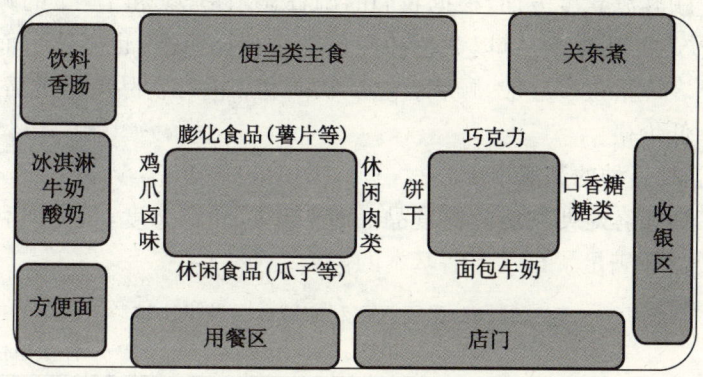

图 3.22.7 闵行区沪闵路 7387 号(莲花路地铁站)

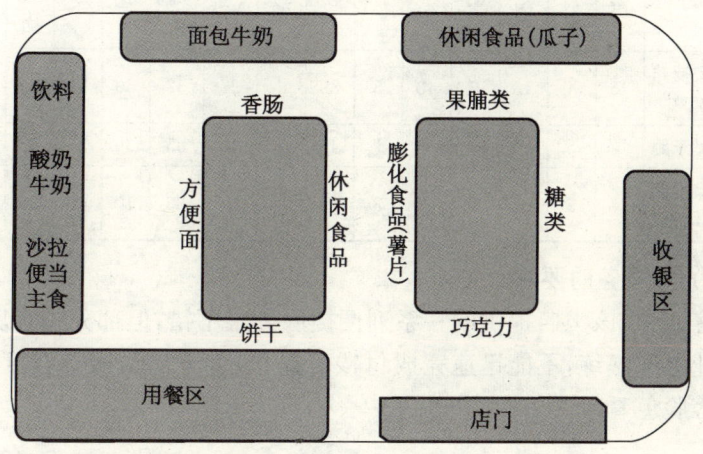

图 3.22.8 徐汇区肇家浜路 789 号

三、居民区便利店即食品种类比较

三家便利店的比较之下,我们不难发现,在食品种类上,相差不大,但是,在数量上还是存在差别的,较为突出的是罗森的便当饭团和面包等主食上的数量差距,在休闲食品上的数量则相较为接近。详见表3.22.6。

四、顾客调查

(一) 顾客对便利店的评价

关于顾客满意度方面,根据我们的调查显示,全家和7-11的顾客满意度较高,快客推出的新店(以黄色和黑色为主色调)评价也不错。而好德和罗森的顾客评价大多一般,顾客普遍反映便利店内即食品价格过高,他们希望能够降低价格。

(二) 对品种的满意度

大多数顾客对便利店的即食品品种数量持满意态度,认为便利店的即食品种类已经满足了日常生活基本的需要。

表 3.22.6　居民区便利店即食品种类比较

计量单位:种

便利店		即食品种类													
		便当	沙拉	饭团	三明治	面包	粥	方便面	香肠	休闲肉类	休闲果脯类	薯片	饼干	巧克力	糖	冰淇淋
7-11	肇家浜路789号	13	4	13	6	43	5	29	4	27	52	50	38	90	35	28
全家	人民东路	12	5	7	9	39	7	48	7	10	85	39	50	45	38	17
罗森	肇家浜路1111号	5	2	4	5	13	3	23	4	4	33	10	45	36	33	25

(三) 对服务的要求

顾客认为,该类店提供的一系列便捷服务很不错,但部分顾客反映有些店员对业务不熟练,不能迅速完成付钱等操作;部分店员服务态度较差,喜欢给顾客脸色看。

五、即食品经营建议

(1)即食品的种类和数量要求。即食品的种类和数量要依据周围环境设定,要和周围人群需要相一致,并且与店铺大小相适应,不能全部采用统一的标准。

（2）摆放要求。摆放时先按照种类不同摆放,再按照品牌不同进行摆放,方便顾客查找。

（3）提供更多绿色健康食品,特别是在商务区附近。同时,控制保质期之内的食品数量,如果超出保质期应立刻下架。

（4）价格。可以适当调低某些即食品的价格。

（5）多做优惠活动。可以适当增加配套销售、推出买就送、会员卡可降价、团购等活动,例如买便当加 2 元可换购饮料、买泡面送香肠等。价格划算和搭配适度更能吸引消费者的消费欲望。

（6）服务方面。现在顾客更加注重服务,因此便利店应保证服务人员年轻化,并且对服务人员进行标准的培训,使其业务熟练,提高工作效率。

（7）支付方式。如果周围年轻人或者白领较多,则应推出刷卡支付或者支付宝等一系列便捷的支付方式;若中老年人居多则应提供现金支付。

（8）知名度。适当增加店铺数量或者投放广告,以提高品牌知名度。

（作者:李大海、张艺曼、陈楚、施立华、马俊凤　市场营销 2013 级学生;指导教师:李仉辉　上海商学院副教授）

3.23　上海百货 O2O 现状调查

大型百货这种零售业态在中国发展已久,上海作为中国经济发展的先驱,其大型百货的发展已经极为成熟。经过多年的积累,上海大型百货已与多家知名品牌建立了长期良好的合作关系,拥有丰富的品牌资源并且有了一定的知名度。然而目前,电商的分流,境外代购和境外旅游的冲击,致使上海百货业整体疲软。上海百货纷纷探索转型之道。大型百货纷纷宣称要抓住 O2O 这根救命稻草。所谓 O2O 营销模式又称离线商务模式,是指线上营销和线上购买带动线下经营和线下消费。那么上海大型百货的 O2O 现状如何了,带着这个疑问,我们课题小组调查了上海的 13 家大型百货公司,他们分别是百联又一城、中环百联、新世界大丸百货、上海新世界城、华联商厦、市百一店、东方商厦(南东店)、芮欧百货、汇金百货、第六百货、第一八佰伴、妇女用品商店、浦东商场。具体调查情况见表 3.23.1。

经过调研小组的讨论分析,调研结论如下所述。

表 3.23.1 上海大型百货 O2O 调查

编号	百货公司名称	WIFI	网站	网站主要功能	第三方平台	何种平台	微信	微信主要功能	APP	APP主要功能
1	百联又一城	有	有	公司基本情况、促销活动、会员服务等	是	大众点评	有	推送促销信息	无	无
2	妇女用品商店	无	有	公司基本情况、促销活动、会员服务等	是	京东商城	有	推送促销信息	无	无
3	浦东商场	无	有	公司基本情况、促销活动、会员服务等	是	大众点评	有	推送促销信息	无	无
4	新世界大丸百货	是	否	没有	有	大众点评	有	推送促销信息	有	消费资讯、服务信息
5	华联商厦	无	有	公司基本情况、促销活动、会员服务等	无	无	无	无	无	无
6	市百一店	有	有	公司基本情况、促销活动、会员服务等	是	微博	无	无	无	无

（续表）

编号	百货公司名称	WIFI	网站	网站主要功能	第三方平台	何种平台	微信	微信主要功能	APP	APP主要功能
7	东方商厦	有	有	公司基本情况、促销活动、会员服务等	是	微博	有	推送促销信息	无	无
8	尚欧百货	无	是	公司基本情况、促销活动、会员服务等	否	否	是	推送促销信息	否	否
9	汇金百货	有	否	公司基本情况、促销活动、会员服务等	是	徐家汇商城	是	推送促销信息	有	消费资讯、服务信息
10	第一八佰伴	有	有	公司基本情况、促销活动、会员服务等	有	大众点评网	有		无	APP正在积极构建中
11	中环百联	有	有	公司基本情况、促销活动、会员服务等	有	大众点评网、美团网	有	扫码店内微信就可直接进入LOCAS系统	无	无
12	第六百货	无	否	公司基本情况、促销活动、会员服务等、线上销售	是	徐家汇商城	是	推送促销信息	否	否
13	上海新世界城	有	有	公司基本情况、促销活动、会员服务等、线上销售	是	微博	是	推送促销信息	有	消费资讯、服务信息

（一）WIFI

在调查的 13 家百货公司中，共有 8 家百货公司营业场所为消费者提供 WIFI。没有为消费者提供 WIFI 的通常是老百货，比如妇女用品商店、华联商厦等。现代消费者离不开网络，消费者的自身流量不够用，通常想利用商家的 WIFI。WIFI 也是百货公司精准了解顾客的入口，企业可以在消费者接入 WIFI 时，统计消费者的相关数据，也为 O2O 提供便利，WIFI 是 O2O 的基础设施。

（二）网站建设普及但功能有限

此次调查对象中，基本上所有的百货公司都有网站，大部分公司是自建网站，但是功能都非常有限。其主要功能局限于告知消费者楼层布局，公布最新促销活动，提供会员进行积分查询，还附有商场平面图等功能。具有线上销售功能的网站只有徐家汇商城旗下的汇金百货、第六百货，据悉线上销售情况也不是很理想。

（三）微信和 APP

在所调查的 13 家百货公司中，只有 2 家没有微信，但微信的主要功能只是推送促销信息和商场基本信息，大部分企业通过微信平台绑定自家的会员系统，这样微信公众平台至少起到了会员中心的功能。拥有 APP 的企业只有 3 家，它们分别是新世界大丸百货、汇金百货和上海新世界城。APP 的主要功能为推送促销信息和服务信息。新世界大丸百货的 APP 功能虽然比较全面，但是由于用户基数少，信息更新速度慢等硬性限制，在用户体验上它并没有大众点评美团等平台方便。目前来看，百货自建 APP 的确不是性价比很高的投入。

（四）O2O 营销模式探索

1. 汇金百货试水 E-MEC 的无缝销售

汇金百货试水 E-MEC 的无缝销售，在"线上线下"的一体化整合方面，将百货店与供应商的商品信息实现完全同步，且精度细化到色、到款的单品码管理，与专柜供应商共同对商品库存进行管理，突破传统实体店不管商品库存的做法。拥有了线上线下实时同步的"透明化"库存，就可以随时随地满足顾客任意下单购物的需求。

2. 百联中环推出 Locas 系统

所有进入百联中环的顾客只要连上免费 WIFI，就能收到 Locas 平台发送的简单注册信息，一旦注册成功，活动现场的地图就能自动发送到顾客手机上,包括发券点、饮水点、洗手间等全部在地图上标明。同时,还有相关活动信息、租户优惠活动、电子优惠券等信息自动推送到客户手机上,并引入OK卡手机支付,极大提升购物效率。

3. 借助第三方平台

此次调研发现大部分百货公司积极利用第三方平台,妇女用品商店在京东商城开有旗舰店。许多百货公司纷纷利用大众点评、美团网等以优惠的价格销售抵用券,实现预付,由线上带动线下营销。

通过此次调研发现,目前上海的百货公司在积极探索 O2O,但是效果不是特别理想。大部分企业在做 O+O,而不是 O2O。并且我们的 O2O 围绕着促销活动。美国的梅西百货,即是典型的传统零售企业利用 O2O 构建全渠道销售的模式。梅西百货 O2O 的营销核心是:围绕商品,贴合用户的消费习惯,创造全新的消费体验。消费者进入梅西百货门店后,将被提示开启 APP,随后入口的传感器会推送该店促销信息以及电子优惠券等。在每个区域,消费者都可以从 APP 中浏览到附近区域商品的促销情况和查询进一步的信息,例如评价、商品原材料和价格比较等。而这个步骤,就可以自然地链接到虚拟渠道和各种社交媒体,实现渠道间的无缝转移。今后,上海百货公司的 O2O 除了围绕促销活动展开,还可以围绕"消费者体验"进行提升,为顾客创造更多价值。

（作者:王琳娜、张赛鹏、瞿峰、贺双双、刘晓薇、蔡永菲　市场营销 2012级学生;指导教师:康海燕　上海商学院老师）

3.24　上海市大学生国产手机消费调查

随着信息技术的发展,手机日渐普及,成为人们日常生活中不可或缺的通讯工具和社交娱乐工具。大学生是手机消费的重要群体,在一定程度上影响或代表了手机市场未来的消费趋势。本次调查的目的是了解上海大学生手机消费的现状,为国产手机厂商提供建议。

一、上海大学生手机市场调查情况介绍

为确保调查的质量和范围,本次调查采用线下实地调查和网络调查相结合的方式。本次实地调查范围包括上海海湾大学城高校、松江大学城高校、上海大学、上海商学院等 10 所高校。线下实地调查采用随机抽样问卷调查。

网络调查是通过问卷星和 QQ 等工具,给大学生发送电子版问卷以节约成本。

本次调查问卷覆盖的内容如下:调查对象的基本信息,如性别、年级、手机更换频率、月消费额、对手机的了解渠道以及各自所占比重。调查对象对国产手机的消费意愿、消费心理,觉得国产手机显著的优缺点是什么,以及选择国际手机品牌的主要原因。调查对象在选购手机时会优先考虑的因素以及重视哪些手机功能。

调查对象认为国产手机可以在哪些方面提高竞争力以及他们对国产手机的意见和想法。

二、调查结果分析

本次调查累计发放问卷 1 000 份,纸质版问卷 600 份,电子问卷 400 份。本次调查回收问卷共计 823 份。男生 345 人,占比 41.92%;女生 478 人,占比 58.08%。大一 315 人,大二 327 人,大三 139 人,大四 42 人,分别占比 38.27%、39.73%、16.89% 和 5.1%。其中,填写了对国产手机的意见和想法的问卷共计 260 份。

国产手机的使用情况如图 3.24.1。目前,上海大学生使用的手机主要还是非国产手机,但国产手机使用人数的占比也达到了 42.04%。在使用手机的大学生中,国产手机小米的使用人数高于其他的国产品牌,使用的人

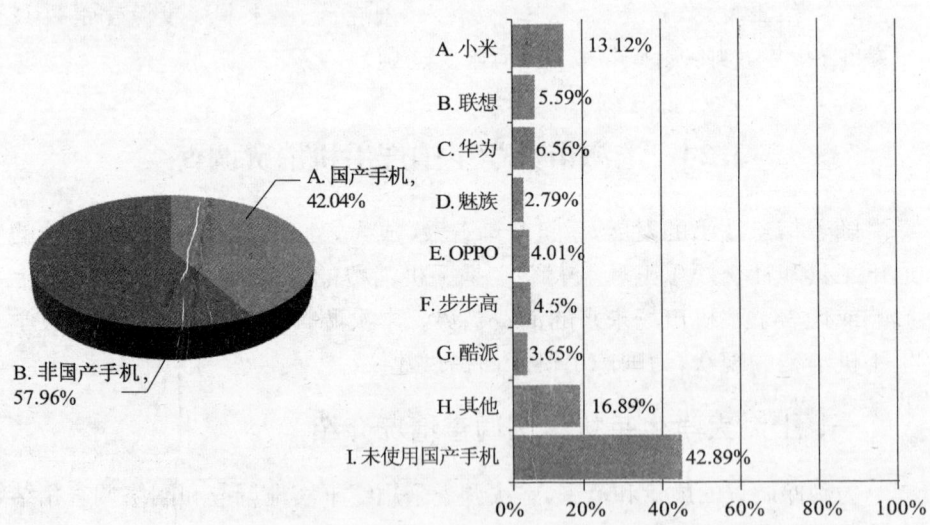

图 3.24.1　大学生目前国产手机的使用情况

数有 13.12％。华为、联想的占比也分别达到了 6.56％、5.59％。这表明现如今使用国产手机的大学生没有特别集中于使用某一国产手机品牌，各国产手机品牌在大学生手机消费市场的占比相差不大，但国产手机小米的发展情况是优于其他国产手机的。

将来是否考虑国产手机如图 3.24.2 所示。将来上海大学生在购买手机时，62.94％的人会考虑购买国产手机，只有 37.06％的不会考虑购买国产手机。而在考虑购买国产手机的人中，考虑购买小米的人数最多，占比为 44.35％。其次为华为，占比为 14.09％。再就是 OPPO 和魅族，占比都为 8.99％。这表明现上海大学生将来对小米的购买欲望远远高于其他的国产品牌。

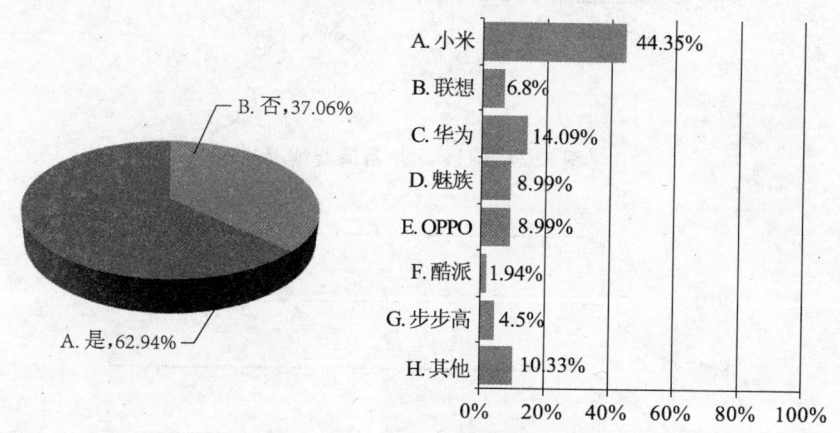

图 3.24.2　国产手机购买意向

而且另一调查表明，上海市大学生认为身边有人在使用国产手机，给自己的感觉是不错的为最多，占到 38.64％，没感觉的占 37.67％，还有 8.26％的同学认为这是爱国的表现，只有 5.95％的同学认为使用国产手机档次低，没面子。这说明同学们对于使用国产手机并没有太多负面的心理感觉，也不会让购买国产手机的同学面临太多来自外界的舆论压力和自身的心理因素。

图 3.24.3、图 3.24.4 表明，现上海大学生的月消费额多为 1 000 至 1 500元，再为 600 至 1 000 元，占比分别为 41.07％和 33.9％，购买力处于中等水平。上海大学生的手机更换频率多为 1～2 年，其占比为 45.69％，两年以上的 33.78％。这表明现上海大学生对手机的消费还是较为理智的，没有出现高频率的更换情况。

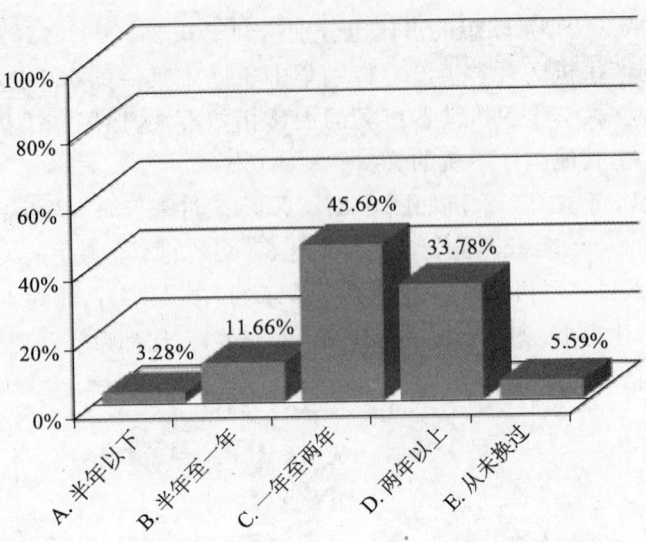

图 3.24.3　大学生月消费情况

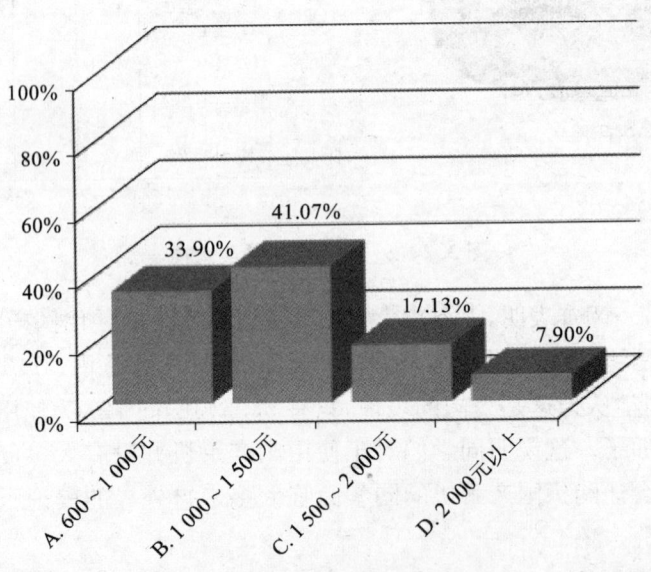

图 3.24.4　大学生手机更换频率

　　图 3.24.5 表明,28.92％的上海大学生最能接受的手机价位是 2 000～3 000 元,22.36％的人最能接受的手机价位为 1 500～2 000 元,极少数的人会接受低价位 1 000 元以下和高价位 5 000 元以上的手机。图 3.19 表

明，上海大学生对手机的了解渠道主要为网络和朋友介绍。国产手机在针对大学生消费市场的宣传推广渠道的选择上应该有所侧重。

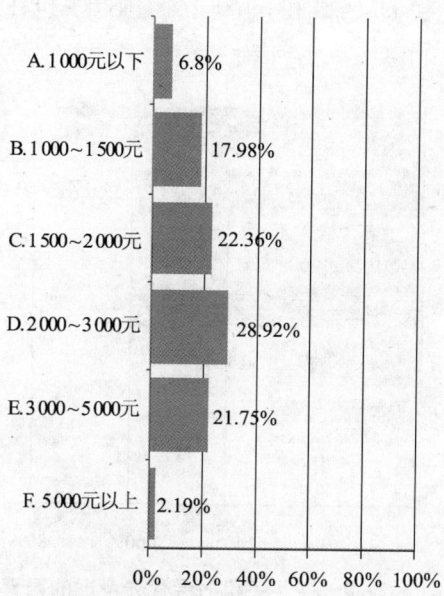

图 3.24.5　大学生最能接受的手机价位

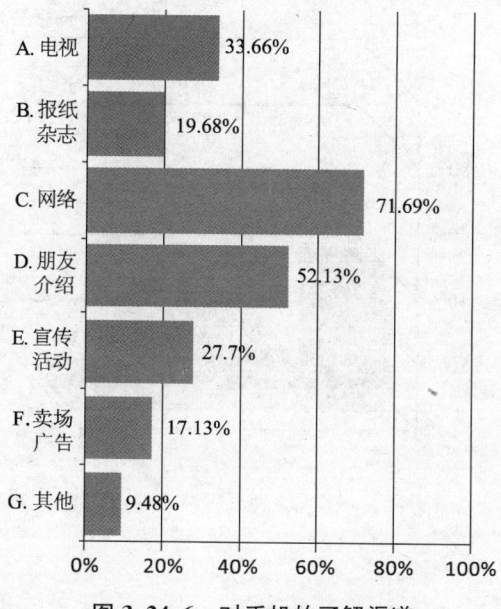

图 3.24.6　对手机的了解渠道

图 3.24.7 表明，上海大学生在购买手机时比较注重手机的实用性能，75.58%的人对手机的配置性能考虑的较多。此外，就是手机的外观质感和品牌价位，占比分别为 59.66% 和 59.05%。国产手机在生产销售时应该注重这些方面。

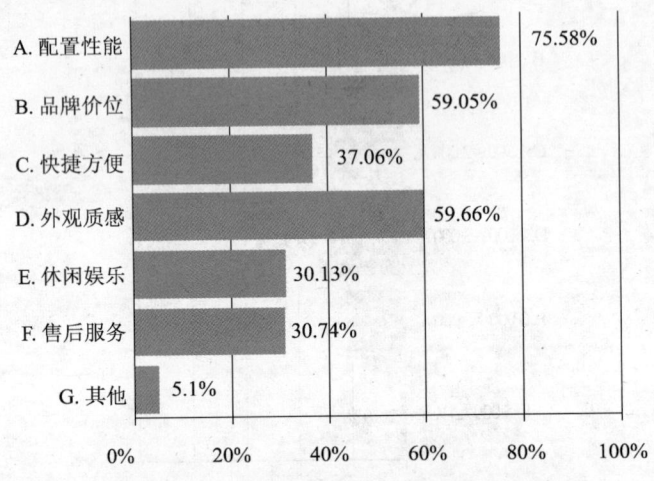

图 3.24.7　购买手机时会优先考虑的因素

图 3.24.8 和图 3.24.9 表明，上海市大学生觉得国产手机存在的显著

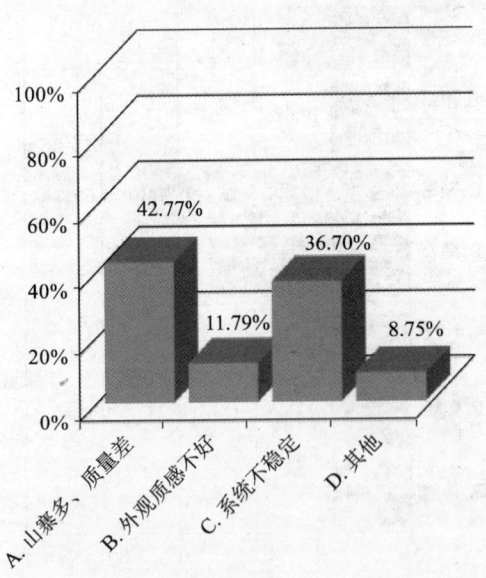

图 3.24.8　国产手机存在的显著缺点

缺点是山寨多、质量差、手机系统不稳定。国产手机存在的显著优势是价格便宜。国产手机在发展中应注重质量的提高,多做创新,抵制山寨,在保证质量的同时继续保持价格便宜这个竞争力。

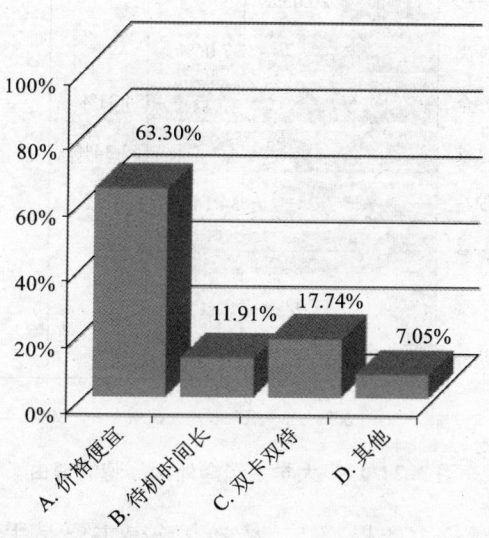

图 3.24.9 国产手机存在的显著优势

上海市大学生比较注重手机的拍照摄像和无线上网功能,其占比分别为 67.44％和 64.64％,国产手机在手机的设计上应该注重这两方面的优化,具体见图 3.24.10。

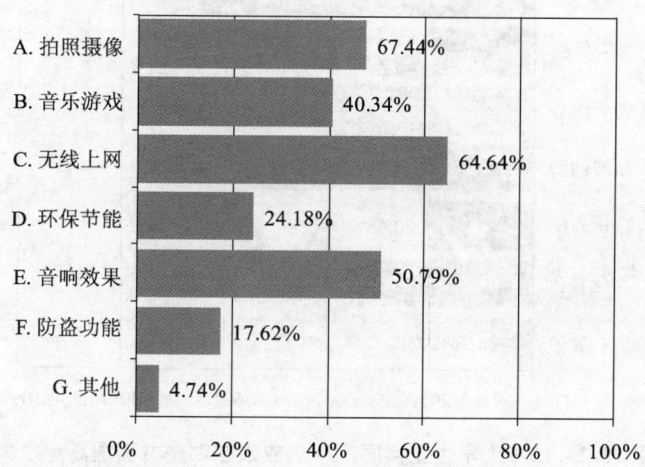

图 3.24.10 大学生较为注重的手机功能

图 3.24.11 表明，上海市大学生选择国外品牌主要是比较看好国外手机品牌的功能齐全、质量过硬、有品牌保障。

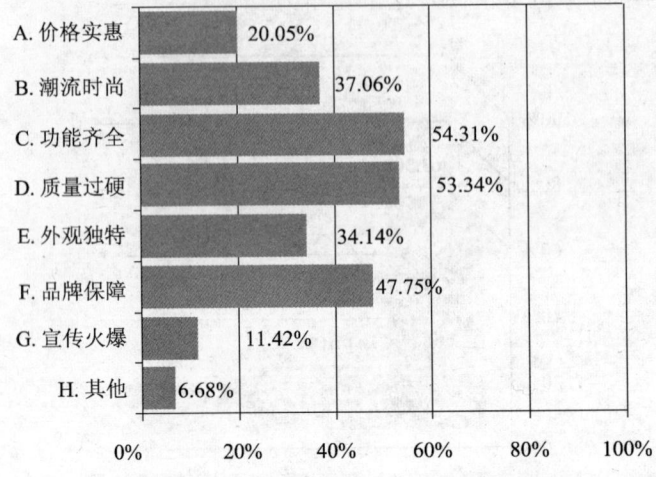

A. 价格实惠　20.05%
B. 潮流时尚　37.06%
C. 功能齐全　54.31%
D. 质量过硬　53.34%
E. 外观独特　34.14%
F. 品牌保障　47.75%
G. 宣传火爆　11.42%
H. 其他　6.68%

图 3.24.11　大学生选择外国品牌的理由

在国产手机竞争力的提高上，大学生觉得主要是手机功能系统的提高，也要进行品牌的创新，这两项的占比分别为 65.25% 和 59.66%。同时也要注重手机的售后服务，打造属于自己品牌的文化特色，图 3.24.12。

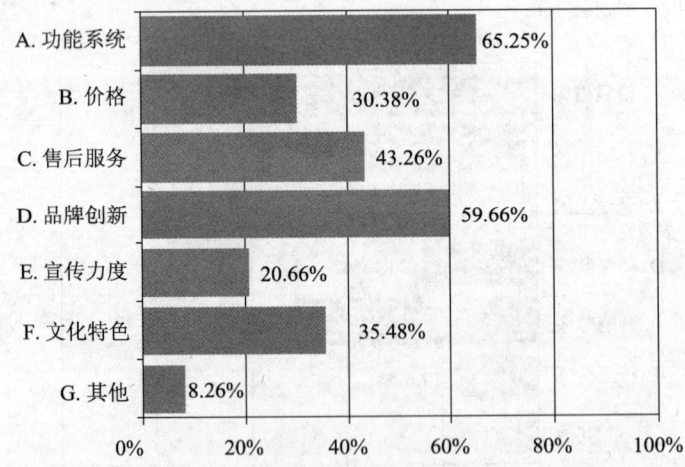

A. 功能系统　65.25%
B. 价格　30.38%
C. 售后服务　43.26%
D. 品牌创新　59.66%
E. 宣传力度　20.66%
F. 文化特色　35.48%
G. 其他　8.26%

图 13.24.12　大学生觉得国产手机应该在哪些方面提高竞争力

三、建议

基于数据分析,为更好地争取上海市的大学生手机消费市场,国产手机应从以下方面努力。

1. 新产品开发是根本

上海市大学生选择手机考虑的首要因素是外观和功能。在外观方面,消费者越来越关注时尚潮流,手机外观设计应从消费者的实际需求出发,带着高端大气的质感更受大学生欢迎。在功能方面,人性化需求日益被追捧,像素的提高、系统升级、配置优化应成为研发重点,并在研发中应该以人为本,生产独特新颖性能的产品。加大研发力量,不断创新,掌握核心技术,抓住 4G 网络发展机遇,跟上时代发展潮流。

2. 加强宣传促进品牌建设

大学生的品牌意识浓厚,倾向于选择自己认可的品牌。所以,企业要重视产品宣传,特别是新媒体的宣传,舍得在广告上投入。此外,不能虚假宣传,应该在质量及功能上取胜,要让顾客相信看到的和用到的是一样的。负起社会责任,参与公益,树立良好形象,着力打造品牌效应。

3. 加强渠道建设

渠道不仅促进产品所有权转移,还需帮助企业更好地了解消费者的需求,提高售后服务质量。从目前的情况来看,电商、公开市场渠道、运营商市场各有各的要求,三个渠道热销的手机也有所区别。企业应适应大学生获取手机信息的方式。销售方式上也应有创新,例如小米饥饿营销的方式就获得了众多"米粉"的热崇追捧。

(作者:温峥、贺双双、海丽且姆·艾合麦提、李俊磊　会计 2012 级、市场营销 2012 级、市场营销 2011 级学生;指导教师:康海燕　上海商学院老师)

3.25　在校大学生眼中的"双十一"

2015 年"双十一"过后,对 912 亿元的天猫销售额,网上有很多指责甚至谩骂!这有点像全球第一家超市开张后被同行围攻而禁止其做广告那样。冷静思考以后,大家不得不佩服:中国商界有谁能达到一天做几百亿的境界? 没有,过去没有,将来恐怕也没有! 马云所从事的虽然算不上"经典艺术",但他确实颠覆了传统经济中的腐朽。下面是上海商学院师生在今年

"双十一"前所作的针对在校大学生的调查。

"双十一"购物节的焰火从淘宝自玩发展到电商众玩,从线上单线燃烧发展到城内城外、线上线下、国内国外的全线燃烧,淘宝单日销售额从 2009 年 5 000 万元一路飙升,到 2014 年淘宝和天猫全天销售额达 571 亿元,前后经历了 7 年时间。

"双十一"购物节不仅销售年年攀升,问题也不断演变。2009 年缺货严重,2010 年虽然备货充足但物流崩溃,2011 年出现了渠道冲突与支付不给力的问题,2012 年商务模式有所创新,但网络通道严重堵塞,2013 年开始实施 O2O 等新模式,2014 年移动支付约占四成,但消费者开始抱怨价格与质量问题。2015 年 11 月 2 日,联商网特约专栏作者老笑撰文:《双十一,这是一场畸形病态的消费狂欢》。11 月 3 日,"三鼎智汇"也发布了《双十一七年之痒:哪一个逆天数据最震撼》一文。

针对有关"双十一"购物节的各种"传说",上海商学院市场营销系师生在 2015 年 10 月份针对在校大学生开展了一项题为"今年双十一您还准备做贡献吗?"的小型调查。调查对象主要是上海地区的在校大学生,包括上海商学院、上海师范大学、上海工程技术大学、上海海洋大学、上海财经大学、上海应用技术大学、上海电力学院、上海海事大学、华东政法大学、上海政法学院、上海电机学院、上海大学及上海金融学院等 35 所高等院校。通过随机拦截或网上访问等方式,获得调查问卷 800 份,有效问卷 572 份,有关调查发现如下。

(1) 大学生"双十一"购物热情继续攀升。在 572 份有效问卷中,男生 216 人,占 38%;女生 356 人,占 62%。被调查对象中,去年"双十一"有购物经历的为 304 人,占 53%,其中男生 108 人,占 36%,女生 196 人,占 64%。今年"双十一"有购买意愿的学生占比提高到 65%,比去年提高了 12 个百分点,但在计划购买学生中,男女生占比并没有显著变化,男生占 35%,女生占 65%。这一调查数据可以得出两个基本结论:①传说中"女生比男生更有购买欲望"的说法缺乏依据;②大学生在"双十一"的购买欲望不仅没有下降,而且有显著提高。对于如此忠诚的"双十一"购物节粉丝们,商家应该做得更好,这是必需的。

(2) 因为便宜,劲爆商品惊爆价的诱惑无法抗拒。在对"双十一"购买商品原因的多个选项统计分析中发现:大部分被调查者在允许的三个选项中只选择了两项,这说明购物意愿比较集中,选项占比最高的是"因为便宜,劲爆商品惊爆价的诱惑无法抗拒",占 59%,即被调查者中有 59% 的学生选择了这一选项。其次是"正好要买东西",占 54%。再次是"把想买的放到双十一一起买",占 50%。而只有 18% 的学生选择了"习惯了,有过节的感觉"的选项,选择"从众行为,众人抢购比较有兴趣"的学生也仅占 17%。从这些数据来看,传说中"跟风购买""从众购买""有过节的感觉"等都不是主流的消费行为,大学生购物也越来越理性,他们有自己的判断与选择,不会随波逐流,像节日狂欢那样毫无节制地购物。可见,"双十一"对学生来说并不是什么节日,而仅仅是因为价格便宜,才对学生有吸引力。在问卷调查后的补充调查中有被调查者说:"我觉得双十一的销售可能与当年市场整体情况关系不是特别大,而是与促销力度直接相关,我们年年都参加,但是今年可能买得最多,因为今年红包领得特别多,都是 10 元 10 元地发,领了快 200 元了,觉得今年销售额可能超预期"。也正是由于这个原因,有大学生在开放式问题中写道:"希望价格 down down down""希望有更多良心卖家,价格降降降""希望真的降价,不要先涨价后降价"。经营者应该已经听到消费者的呼声。

(3) 买后感觉上当和怀疑价格真实性并不是"双十一"不想购买的主要原因。有关"双十一"的不良传说不绝于耳,但对于那些不想在"双十一"凑热闹的学生来说,主要并不是受此"传说"的影响,主要是自身原因。本次调查数据显示:有 28% 的学生选择了"不想凑这个热闹";有 24% 的学生选择了"没兴趣";有 20% 的学生选择了"随时都可以买,需要的时候再买";有 16% 的学生选择了"没有真正便宜多少";有 12% 的学生选择了"快递变慢递";分别有 5% 的学生选择了"买后感觉上当"和"怀疑价格真实性"。这些数据表明:不购买的原因是多种多样的,这一方面与学生的个人购买习惯有关,另一方面是因为大多数学生并不会单纯受舆论的影响,他们凭自己感觉与需求来决定是否参与购买。其中,关于"双十一"物流配送方面所存在的不足,也不是影响购物意愿的主要原因。关于这一点,上海百联电子商务有限公司的一项调查也得出了类似的结论。消费者对已经有预期的缺陷有比较强的忍受度,他们也不一定会去投诉,但会改变购买取向与购买频率。这是值得经营者关注的一个隐含问题,消费者的点滴不适沉积到一定程度就会从量变转化为质变。

(4) 淘宝天猫与京东商城成为"双十一"购物首选。在购物网站的选择上,85% 学生选择淘宝天猫;47% 的学生选择京东商城。其他包括:1 号店为 23%;唯品会为 22%;聚美为 15%;苏宁易购为 12%;亚马逊与当当同为 11%。这是一个可以任选五个选项的问题,被调查者平均仅选择了两个选项,这说明大学生有既定的购物路径,已经形成了一定的购物习惯。但由于我国人口众多,地域广袤,消费水平参差不齐,社会经历千差万别,导致我国流通渠道错综复杂,即使电商也毫不例外。大公司、大平台、大财力自然能营造独占鳌头的营销效果,但小公司、小平台、小财力也照样具有一定的生存与发展空间,几家独大并不一定会出现"你活我死"的结果,大小并存、综合与专业并存、强势与弱势并存,可能是很长时间内中国流通的恒常态。

第一个应反思的问题是:"双十一"购物节能否协调与中和各方利益,给中国流通事业带来更大的动力。数学研究发现:7 是一个奇特的数字。用中国圣人的哲学观念来度量,7 位于 1 与 9 之间,具备了向"至极"发展的基本条件。7 个 1 乘 7 个 1 的结果居然是 1234567654321,7 位于中间。这一数字规律,与中国先哲提出的"一变七,七变九"的论断完全一致。中国哲学家认为,自然万物遵循着"一、七、九、一"的循环变化规律,七居正中,具有协调与中和作用。如衡量物质酸碱度的 PH 值小于 7 为酸性,大于 7 为碱性,纯净的水的 PH 值即为 7。可见,7 是一个承上启下、稳中求进、继往开来、转折求变的数字。从自然界到人文世界再到商业领域,到处都是"7"的影子:天上有七星与七彩,地上有七洲与七迷,人有七窍,生物分七等,瓢虫有七点,每周有七天,开门有七事,战国有七雄,哈利波特有七部,丧葬有七祭,中国有"七仙女",西方有"七个小矮人",老虎机上有 777 幸运组合,Casino里有 21 点,骰子面背点数相加为七,音乐有七个音阶,古有七言绝唱和七擒,人有七情婚,有七痒,记忆有七项之坎,算盘有七子,汽水有七喜,香烟有七星,便利店有 7-11,酒店有七天,电影有《七年》。既然 7 是一个具备了向"至极"发展的基本条件,那也就意味着"双十一"已经具备了转型升级的条件。

第二个需要反思的问题是:"双十一"仅仅作为低价购物的节日(上述调查数据显示,至少对富有激情的中国部分大学生而言,"双十一"还不能说是"狂欢节",只能说是"低价购物节")。虽然销售额在攀升,但就被调查的大学生来说,对价格与质量的抱怨已经比较明显。在 572 份调查问卷中有255 人写下了对"双十一"的看法,其中,约有 25% 的人提到了价格或质量问题。这是一个十分值得关注的问题。虽然目前还不至于严重影响消费者的购物意愿,但是,冥冥之中有一种力量正在一步步推动着消费者购物意愿的改变,正如涓涓溪流最终汇集成汪洋大海,经营者应该具有从源头看穿尽头,从量变预见质变,从现象洞察本质的意识和能力。能不能把"双十一"从"购物节"演化成为一个具有中国特色"感恩节"? 每当那一天,人们都会想到用最好的东西去关爱自己的亲人,去感恩曾经帮助过自己的人,用一份问候去展现自己感恩的心情? 到那个时候,价格就变得如此渺小,品味、品质与品格才彰显力量。

第三个需要反思的问题是:经营者的底线在哪里? 企业做大了,理应更大气,更守则。在和平年代,还用"白刀子进红刀子出"的办法打天下,会让消费者感到不适与不安! 作为创业者,作为挑战者,作为旧规则的破坏者,这没什么错,也是社会进步的表现,但不要忘记中国是一个渠道问题最复杂的社会,没有任何一两家公司可以独吞某一个市场。传统零售商确实存在不诚信的情况,甚至还比较普遍,但由于那时候手段有限,反而对消费者的伤害比较轻。如今由于技术手段的广泛应用,派生出各种手段去忽悠信任自己的粉丝、顾客、用户就更有条件。如果这是一种常态的话,再这样下去,必将出现粉丝倒戈的情况,粉丝也不是终身制的。我们要提倡:不该挖掘的数据不挖掘,不该提升的数据不提升,不该宣扬的数据不宣扬,不该展示的数据不展示。零售转型最基本的就是要回归"童叟无欺"的商业伦理。有了互联网,更应该公开透明、公平公正,不要滥用技术手段去挖掘消费者的隐私数据,更不要滥用技术手段去获得虚拟的好评、业绩与信誉。企业大了,可能就有帝王情节,特别想做第一,特别想做行业皇帝,特别想做教父。但企业的基本底线有两条,这是两条类似铁轨的平行钢线:一条是政府规制的底线,另一条是行业自律的底线。两条线平行的时候,行业就快速发展,不平行的时候就转弯减速,加速超车,就很有可能车毁人亡。如果说还有一条线的话,那就是天线,如高铁,动力来自于天线,那就是电动。企业自己应该还要有一根接地线。平行线与天地两线对接、四线协调,才是良好的营商环境。

"双十一"销售做多少? 这实在是一个并不重要的问题,问题是这些销售的背后有多少是令人传颂的美好体验。

(调查设计与作者:上海商学院周勇教授;组织实施:上海商学院池丽华副教授;问卷调查:上海商学院管理学院市场营销系、工商管理系学生;数据整理与统计:周泓)

参 考 文 献

[1] 陈云岗. 品牌批判[M]. 广州:广州出版社,1999.

[2] 池丽华,朱文敏. 市场营销学[M]. 上海:立信会计出版社,2011.

[3] 樊智勇. 市场调查与预测[M]. 大连:大连理工大学出版社,2010.

[4] 龚曙明. 市场调查与预测[M]. 北京:清华大学出版社,北京交通大学出版社,2005.

[5] 景奉杰,曾伏娥. 市场营销调研[M]. 2 版. 北京:高等教育出版社,2010.

[6] 雷鸣,马明峰. 品牌调研[M]. 广州:华南理工大学出版社,2009.

[7] 马庆国. 管理统计[M]. 北京:科学出版社,2002.

[8] 邬丽萍. 市场调查与预测[M]. 北京:机械工业出版社,2014.

[9] 辛玲,龚曙明. 市场调查与预测[M]. 2 版. 北京:清华大学出版社、北京交通大学出版社,2014.

[10] 闫秀荣. 市场调查与预测[M]. 上海:上海财经大学出版社,2009 年.

[11] 宇传华. SPSS 与统计分析[M]. 2 版. 北京:电子工业出版社 2014.

[12] 于磊,元明顺,叶明海. 市场调查与预测[M]. 2 版. 上海:同济大学出版社,2014.

[13] 余明阳,杨芳平. 品牌学教程[M]. 2 版. 上海:复旦大学出版社,2009.

[14] 庄贵军. 市场调查与预测[M]. 2 版. 北京:北京大学出版社,2014.

[15] 周勇. 商业创新主张[M]. 上海:立信会计出版社,2015.